岩 波 文 庫

38-610-3

過 去 と 思 索

(二)

ゲルツェン 著
金 子 幸 彦
長 縄 光 男 訳

岩 波 書 店

Александр Герцен

БЫЛОЕ И ДУМЫ

凡例

一、翻訳に当たっては、『ゲルツェン三十巻著作集』第八巻―第十一巻(ソヴィエト科学アカデミー編集、一九五六―一九五七年、モスクワ)を底本とした。
二、本巻には、まえがきから第二部第十二章までを収録した。
三、本書の基になっているのは金子幸彦と長縄光男の共訳による筑摩書房版『過去と思索』全三巻(一九九八―一九九九年)である。これを本文庫に収録するにあたり、長縄が改めて全巻を原文と逐一照合しつつ点検し、適宜これに修正・改訳を施した。
四、長く続くパラグラフは、読みやすさを考慮して、適宜に節を分けた。
五、フランス語、ドイツ語などロシア語以外の言語により記述されている部分は、読みやすさを考慮して、訳語のみとした。その部分は〈　〉で示した。
六、『著作集』版では題名の付いていない章があるが、これには、読者の便宜を考慮して、訳者の判断により章題を付けた。
七、『著作集』版では各章ごとにその内容を示す「小見出し」が、一括して冒頭に記載されている章もあるが、これも読者の便宜を考慮して、記事に相応しい場所に配置し直した。ただし、「小見出し」の名称や順序は必ずしも『著作集』版と同一ではないし、また、すべてでもない。

八、文中に現われる著作の題名は『 』により、新聞や雑誌の名称は《 》、論文や詩歌の題名は「 」によって示した。

九、本文・原注とも( )は著者によるもの、〔 〕は訳者による補注である。

十、原注は*で示し、各段落末に置いた。訳注は(1)(2)で示し、巻末にまとめた。

十一、人名・地名の表記は、今日広く用いられている形を踏襲した。

十二、文中には今日の観点から見て、不適切と思われる表現もあるが、時代性を勘案して、敢えて削除ないし修正を施さなかった。

目　次

凡　例
ゲルツェン関係地図
モスクワ要図
ゲルツェン家系図

第二部　牢獄と流刑（承前）――19
（一八三四―一八三八）

第十三章　ペルミ……21
流刑　21　ヴォルガ　29　ペルミ　34　ペルミからヴャトカへ　42

第十四章　ヴャトカ……53
ヴャトカ 53　ある医師の話 58　官房と食堂 74　チュファーエフ 79
第十五章　シベリアの行政……89
官僚主義とシベリア総督たち 89　強欲な市警察署長 99　温和な判事 105　焼き殺された郡の警察署長 114　使徒のごときタタール人 116　検察官の随員になったわたし 121　「じゃがいも暴動」その他 127　ロマの教化 130
第十六章　アレクサンドル・ラヴレーンチエヴィチ・ヴィトベルク……141
第十七章　皇太子の行啓……169
ヴャトカにおける皇太子と知事の失脚 169　ウラジーミルへの移住 182
第十八章　ウラジーミルにおける生活の始まり……189

第三部　クリャジマ川の畔なるウラジーミル――203
（一八三八―一八三九）
第十九章　公爵夫人と公爵令嬢……205
第二十章　みなし児……221
第二十一章　別　離……251
第二十二章　わたしの去った後のモスクワで……291
第二十三章　一八三八年の三月三日と五月九日……315
第二十四章　一八三九年六月十三日……355
ナターリア・ザハーリイナへの手紙　372

第四部　モスクワ、ペテルブルク、ノヴゴロド——（一八四〇—一八四七）　385

第二十五章　モスクワの新しい仲間……387
オガリョーフを取り巻く不協和音　387　新しいグループ　402　ベリンスキーとの論争と和解　413　スタンケーヴィチのグループ　438

訳　注　461

訳者解説2　483

略年譜2

全巻の構成

第一部　子供部屋と大学(一八一二―一八三四)
第一章〜第七章
第二部　牢獄と流刑(一八三四―一八三八)
第八章〜第十二章　(以上、第一分冊)
第十三章〜第十八章
第三部　クリャジマ川の畔なるウラジーミル(一八三八―一八三九)
第十九章〜第二十四章
第四部　モスクワ、ペテルブルク、ノヴゴロド(一八四〇―一八四七)
第二十五章　(以上、第二分冊)
第二十六章〜第三十三章　(以上、第三分冊)

第五部　パリ、イタリア、パリ(一八四七―一八五二)
第三十四章〜第四十二章　(以上、第四分冊)
第四十二章(承前)
第六部　イギリス(一八五二―一八六四)
第四十三章〜第四十八章　(以上、第五分冊)
第四十九章〜第五十二章
第七部　自由ロシア印刷所と《コロコル(鐘)》(一八五八―一八六二)
第五十三章〜第五十六章　(以上、第六分冊)
第五十七章〜第五十八章
第八部　断章(一八六五―一八六八)
第五十九章〜第六十二章　(以上、第七分冊)

ゲルツェン関係地図（概念図）

ゲルツェンの滞在した所には下線を付した.

大西洋
北海
オスロ
ストックホルム
バルト海
コペンハーゲン
ハンブルク
ベルリン
エルベ河
ヴィスワ川
オーデル河
ドレスデン
プラハ
ロンドン
テームズ川
ライン河
ブリュッセル
ケルン
ガンジー島
ジャージー島
ルアーブル
セーヌ河
パリ
フライブルク
ロアール川
ウィーン
ドナウ河
ヌシャテル
チューリヒ
ローザンヌ
リヨン
ジュネーヴ
ローヌ河
ミラノ
ヴェネツィア
トリノ
ジェノヴァ
マルセイユ
ニース
フィレンツェ
トゥーロン
リヴォルノ
コルシカ島
ローマ
ナポリ
サルデーニア島
カラブリア
地中海
パレルモ
メッシナ
シチリア島

ヤウザ川
プレオブラジェンスカヤ関門
セミョーノフスカヤ関門
陸軍幼年学校
アンドロニク修道院
プロロームナヤ関門
ロゴーシスカヤ関門
0
2
km

クレムリンとその周辺

イーヴェル小聖堂
モスクワ大学
歴史博物館
ニコーリスカヤ
イリインカ
赤の広場
武器庫
元老院
アレクサンドル庭園
聖ワシーリー寺院
宮殿
モホヴァーヤ
ネグリンナヤ
寺院
宮殿
武器庫
イワン雷帝の鐘楼
モスクワ川
0
400
m

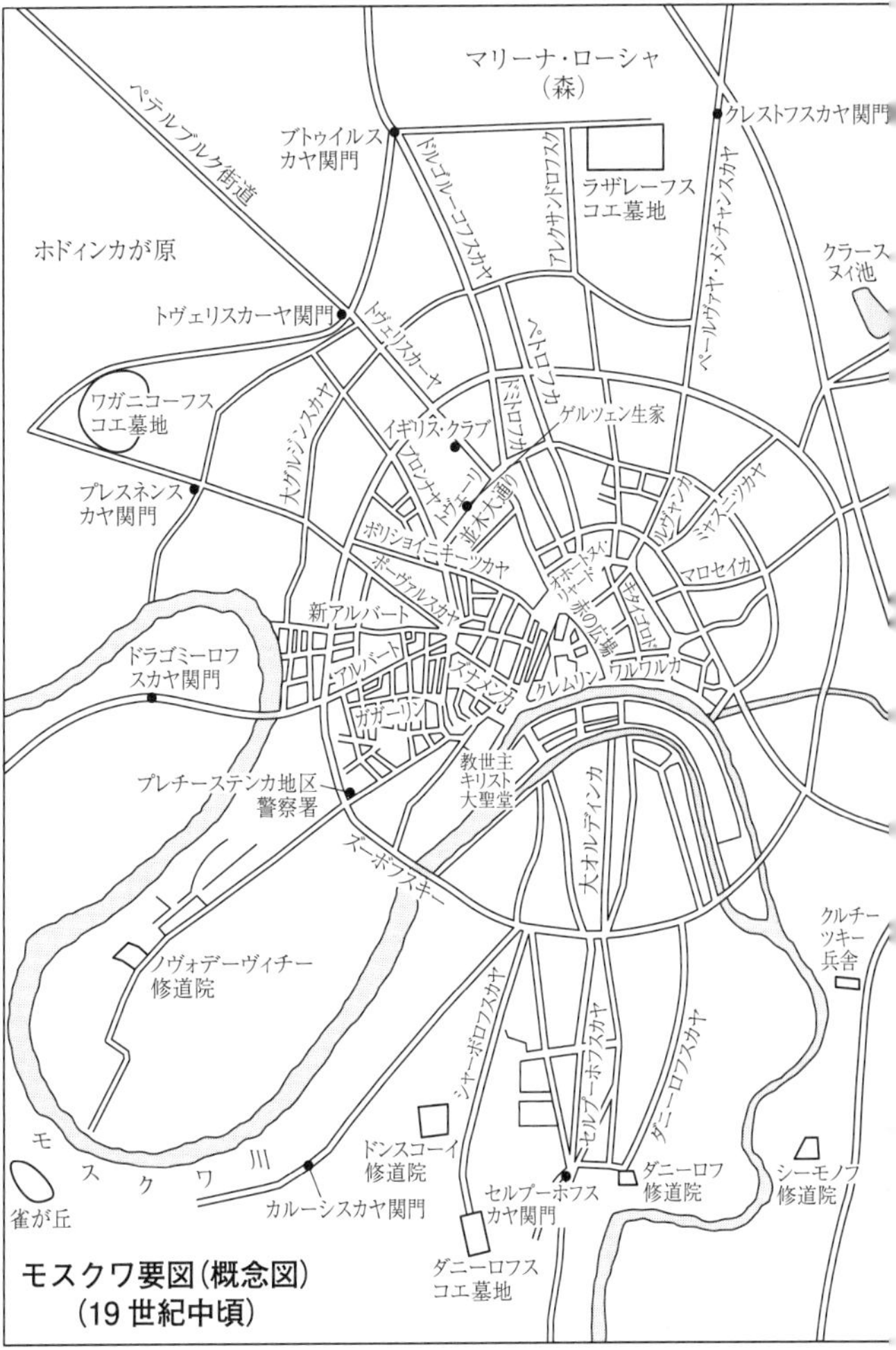

マリーナ・ローシャ
（森）
クレストフスカヤ関門
ブトゥイルス
カヤ関門
ペテルブルク街道
ドルゴルーコフスカヤ
アレクサンドロフスク
ラザレーフス
コエ墓地
ペールヴァヤ・メシチャンスカヤ
ホドィンカが原
クラース
ヌイ池
トヴェリスカーヤ関門
トヴェリスカーヤ
ペトロフカ
ワガニコーフス
コエ墓地
大グルジンスカヤ
イギリス・クラブ
ドミトロフカ
ゲルツェン生家
ブロンナヤ
トヴェーリ並木大通り
プレスネンス
カヤ関門
ルビャンカ
ミャスニツカヤ
ボリショイ・ニキーツカヤ
ポーヴァルスカヤ
オホートヌイ・リャード
キタイゴロド
マロセイカ
赤の広場
新アルバート
ドラゴミーロフ
スカヤ関門
アルバート
ズナメンカ
クレムリン
ワルワルカ
ガガーリン
プレチーステンカ地区
警察署
教世主
キリスト
大聖堂
大オルディンカ
ズーボフスキー
クルチー
ツキー
兵舎
ノヴォデーヴィチー
修道院
シャーボロフスカヤ
セルプーホフスカヤ
ダニーロフスカヤ
モ
ス
ク
ワ
川
ドンスコーイ
修道院
ダニーロフ
修道院
シーモノフ
修道院
雀が丘
カルーシスカヤ関門
セルプーホフス
カヤ関門
ダニーロフス
コエ墓地
モスクワ要図（概念図）
（19 世紀中頃）

ゲルツェン家系図

ボリース
メシチェールスキー（公）

アレクセイ
アレクサーンドロヴィチ
ヤーコヴレフ
（1726-1781）
＝
ナターリア
ボリーソヴナ
メシチェールスカヤ
（ヤーコヴレワ）
（1734-1818）

アンナ
ボリーソヴナ
メシチェールスカヤ
（1738-1827）
「公爵令嬢」

フョードル
セルゲーエヴィチ
ホワーンスキー（公）
（1753-1822）
＝
マリーア
アレクセーエヴナ
ヤーコヴレワ
（ホワーンスカヤ）
（1755-1847）
「公爵夫人」

エカテリーナ
フョードロヴナ
ホワーンスカヤ
（1788-?）

ナターリア
フョードロヴナ
ホワーンスカヤ
（ナサーキナ）
（1792-1821）
＝
ワシーリー
アブラーモヴィチ
ナサーキン
（1779?-1843）

ピョートル
アレクセーエヴィチ
ヤーコヴレフ
（1760-1813）

ナターリア
ペトローヴナ
ヤーコヴレワ
（クーチナ）
（?-1822）
＝
ピョートル
イワーノヴィチ
クーチン

アレクセイ
ペトローヴィチ
クーチン
（1808?-1839?）

タチアーナ
ペトローヴナ
クーチナ
（パッセク）
（1810-1889）
「コールチェワの従姉」
＝
ワジーム
ワシーリエヴィチ
パッセク
（1808-1842）

オリンピアーダ
マヒーモヴナ
（1775-1865）
＝
アレクサンドル
アレクセーエヴィチ
ヤーコヴレフ
（1762-1825）
「長兄」
宗務総監

アレクセイ
アレクサーンドロヴィチ
ヤーコヴレフ
（1795-1868）
「化学者」

クセニア
イワーノヴナ
ザハーリイナ
＋

ナターリア
アレクサーンドロヴナ
ザハーリイナ
（ゲルツエン）
（1817-1852）

凡例

○〔=〕は正式の婚姻関係を示す.

○〔+〕は内縁あるいは婚外関係を示す.

○「　」は本文中での別称を示す.

○ヤーコヴレフはゲルツェンの生家の家名「ゲルツェン」という姓は父イワンによって創られた姓．ゲルツェン本人とその兄がこの姓を名乗った.

○女子名中の(　)内は結婚後の姓を示す.

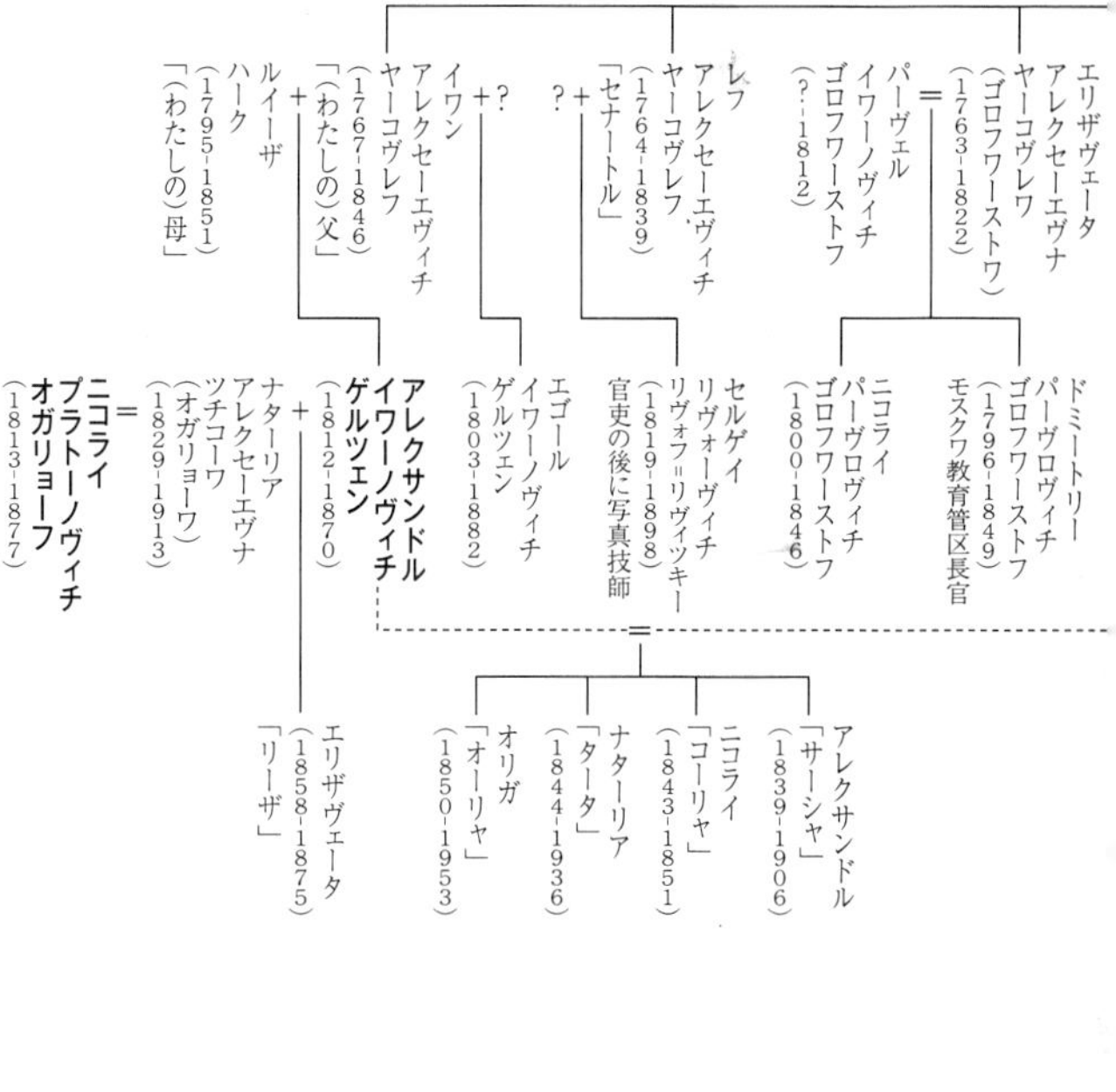

ゲルツェン　過去と思索　(二)

第二部　牢獄と流刑（承前）

一八三四―一八三八

若きオガリョーフ

第十三章　ペルミ

流刑

四月十日の朝、ひとりの憲兵隊の士官がわたしを総督の家に連れて行った。わたしの家の者たちは、そこの官房の特別室で、わたしと別れることを許されていたのである。むろん、これはすべて気詰まりな、胸の締めつけられるようなことであった。スパイや書記官たちがうろつきまわり、わたしを護送することになっていた憲兵に対する命令書が読み上げられ、立会人なしには何一つ話すこともできなかった。つまり、これ以上侮辱的な、これ以上惨めな状態は考えられなかったのである。

馬車が遂にウラジーミル街道に沿って動き出した時、わたしはほっとした。

〈われを過ぎれば愁いの都あり

われを過ぎればとわの悩みあり〉(1)

どこかの駅でわたしはこれらの二行の詩を書き付けた。これは地獄の入口にも、またシベリア街道にも同じようによくあてはまる詩句である。

モスクワから七露里のところに、「ペロフ」という名の旅籠屋《はたご》がある。そこにわたしの親しい友人のひとりがわたしを待っている約束であった。わたしはウォッカを飲もうと憲兵にもちかけた。彼は同意した。すでに町から遠く離れていたからである。わたしたちは中へ入った。しかし、そこに友人はいなかった。わたしは色々と手を尽くして、旅籠屋の中に長く留まっていようとしたが、憲兵はそれ以上待つことを承知しなかった。御者《ぎょしゃ》は馬を出そうとしていた。と、トロイカ〔三頭立ての馬車、あるいは橇《そり》〕が走ってくる、しかも、真っ直ぐに旅籠屋の方に向かって。わたしは戸口に駆け寄った……。だが、馬車から騒々しく下りてきたのは、二人の見知らぬ遊び人風の商家の息子たちであった。わたしは遠くを見やった。モスクワに通ずる道の上には、一つの動く影もひとりの人間の姿も見えなかった……。馬車に乗り、このまま行ってしまうのは悲しかった。わたしは御者に二十コペイカ銀貨を与えた。そして、わたしたちは弦《つる》を離れた矢のように走った。

わたしたちは止まることなく進んだ。憲兵は一昼夜に二百露里を下らない行程を進むことを命ぜられていたのだ。これはもし四月の初めのことでさえなかったら、どうにか我慢できたかもしれない。道はところどころ氷に覆われ、またところどころ水たまりやぬかるみになっていた。しかもシベリアに近付くにつれて、一駅ごとに、ますますひどい道になっていくのだった。

ポクローフにおいて、この旅の最初の逸話があった。

わたしたちは、川を流れる氷のために対岸との交通をすっかり遮られて、空しく数時間を過ごさなければならなかった。憲兵は焦った。ポクローフで駅長がいきなり、空いた馬がないというのだ。憲兵は「駅逓馬《えきていば》のない場合は飛脚馬《ひきゃくうま》を提供すべし」という、駅逓馬券に書き込んである命令を示した。駅長は馬を内務大臣の方へ差し向けてしまったのだと答えた。そこで憲兵が文句をつけて、怒鳴り始めたのは言うまでもない。駅長は個人の持ち馬を探しに駆けて行った。憲兵も一緒に出て行った。

わたしは駅長の汚い部屋で彼らを待つことにうんざりした。わたしは門の外に出て、駅舎の前を行ったり来たりし始めた。これは九カ月の勾留の後に、兵卒の監視を受けずにした最初の散歩であった。

三十分ほども行ったり来たりした時、突然、肩章のない制服のようなフロックコートを着て、首に青い勲章を下げたひとりの男が、わたしの方へ近付いてきた。彼はいかにも執拗にわたしを見ていたが、一旦通り過ぎてから、すぐに引き返してきて、高飛車な態度でわたしに訊いた。

「憲兵にペルミまで護送されて行くのはあんたかな。」

「わたしです。」わたしは足を止めずに答えた。

「これはしたり、憲兵は一体どうしてこんな……。」

「失礼ですが、あなたはどなたです。」

「わしはここの町長じゃ」と見知らぬ男は、自分の社会的地位の高さを深く意識しているような響きのこもった声で答えた。「なんとかならんもんかな、まったく、わたしは次官のおいでを、今か今かと待っておるんじゃ。ところが政治犯たちがこうして街を歩きまわっておる。あの憲兵は何という馬鹿者なんじゃ！」

「憲兵に直接話したらどうですか。」

「話すどころじゃない。わしは奴を逮捕する。わしは奴に笞《むち》を百打ち喰らわせるように命ずる。そしてあんたをすぐ警察官に送らせる。」

わたしは話の終わるまで待たずに、彼に会釈をすると、急ぎ足で駅舎の方に向かった。彼が憲兵を相手に怒鳴ったり、脅し文句を言ったりしているのが窓越しに聞こえてきた。

憲兵は謝っていた。しかしさほど恐縮した様子でもなかった。三分ほど経ってから、彼らは二人して入ってきた。わたしは窓の方を向いて腰をおろしたまま、彼らの方を見なかった。

町長が憲兵に話している言葉から、わたしがすぐに察したところでは、彼はわたしがどんな事件で、何故に、またいかにして流刑に処せられたのかをしきりに知りたがっているようであった。わたしは頑《かたくな》に黙り続けた。町長はわたしと憲兵のいずれに向かうともなく、喋りはじめた。

「われわれの立場を誰も考えてはくれん。兵卒相手に怒鳴り合ったり、生まれて初めて会った人の気を悪くさせたりして、何が面白いもんか。お役目というものだよ！　町長というのは、町の主人だからね。何が起きたって責任を負わされる。公金が盗まれてもわたしの責任、教会が焼けてもわたしの責任、街に酔っ払いが多過ぎてもわたしの責任、酒を飲む者が少な過ぎても、やっぱりわたしの責任だ(この最後のせりふは大いに彼の気に入ったらしい。そこで彼は一段と愉快そうな調子で続けた)。あんたはわたしに出会って、いいことをしましたよ。大臣がやってきて、あんたのそばを通るとする、大臣はおっしゃるでしょう。「どうしたことだ、政治犯が歩きまわっておるじゃないか――町長を裁判にかけろ……。」」

わたしは遂に彼の雄弁に飽きあきした。そこでわたしは彼の方に向き直って言った。

「あなたの職務の命ずるところを何でもしてください。だがわたしに説教を聞かせるのは勘弁してください。あなたの言葉から察すると、あなたはわたしが頭を下げることを期待していたようですが、わたしは知らない人に頭を下げる習慣を持っていないんです。」

町長は戸惑ってしまった。

「我が国ではいつでもそうなんだが」とA・Aがよく語っていた。「相手よりも先に脅かして、怒鳴りはじめた方が勝ちだ。もしあなたが士官と話していて、彼に声を張り上げさせたら、あなたの負けです。自分の怒鳴り声を聞いて、彼は獣のようになる。彼が一言荒々しい言葉を口にしたら、あなたはすぐに怒鳴り返せばよい。そうすれば彼は必ず驚いて譲歩するでしょう。あなたがしっかりした人間で、こういう人間はあまり怒らせては損だ、と考えるからです。」

町長は憲兵をして馬がどうなったか聞かせにやってから、わたしの方を向いて謝るような調子で言った。

「今のことは、どっちかと言えば、あの兵卒のためにしたことなんですよ。我が国の兵卒というものがどんなものか、あんたは知らんでしょう。どんな僅かなことだって、見逃しておくわけにはいかんのです。だがわたしはひとさまの区別はつけられます。一つ伺いたいもんですが、一体どんな不幸な事件のために……。」

「事件のあとでわれわれは口止めされているんです。」

「それなら……むろん……あえてわたしは……。」町長の視線は好奇心のあまり、苦痛を表わしていた。彼はちょっと口を噤《つぐ》んだ。

「わたしの遠い親戚の者で、一年ほどペトロ・パウロ要塞に入っていたのがいます。やはり関係があったんですよ。これが気にかかっていましてね。あなたはまだ腹を立てていらっしゃるようですね。わたしは軍人で、規律正しい人間です。習慣になってしまいましてね。十七の年に連隊に入りました。わたしは熱しやすいたちですが、さめるのも早いんです。あなたの憲兵は大目に見ておきましょう。勝手にするがいいです……。」

憲兵が入ってきて、馬は一時間以上経たなければ牧場から連れては来られないと報告した。

町長は彼に向かって、わたしのとりなしで彼を許すことにしたと言い、それからわたしの方を向いて付け加えた。

「そこであなたもわたしの頼みを聞き入れてくださるでしょうね。腹を立てていないという証拠にですな。わたしはここからすぐの二軒先に住んでいるんですが、ありあわせのものですが、朝食を食べて行っていただけませんか。」

　これは、われわれの今書いたような出会いの後では、すこぶる滑稽なことであった。そこでわたしは町長のところへ行って、彼の燻製の蝶鮫《ちょうざめ》やイクラを食べ、彼のウォッカやマデラ酒を飲んだ。

　彼はすっかり打ち解けてしまって、自分の家庭内のことを、妻が七年も病気をしていることまで話した。朝食の後で彼は、誇らしげな満足をもって、机の上の壺の中から手紙を取り出して、わたしに彼の息子の作った「詩」を読ませた。これは陸軍幼年学校の試験の時に、朗読の光栄に浴した詩だということであった。このような、疑いの余地のない信頼の印を見せておいてから、彼は遠まわしに、わたしの事件の問題へと、巧みに移って行った。今度は、わたしはある程度、町長の望みを満足させることにした。

　この町長はシチェープキンが話してくれた郡裁判所の秘書官の話を、わたしに思い出させるのだった。

　郡警察署長が次々と九人も転勤になったのに、秘書官だけは同じ職に留まって、相変わらず郡の管理をしていた。

「あなたはよくその連中とうまくやってゆけますね」と、シチェープキンは聞いた。

「なあに、おかげさまで、なんとかやってゆけるもんですよ。来るそうそう腹を立てて、前足と後足でじたばたやって、怒鳴ったり、わめいたりするのもいます。くびにするだの、県庁に報告するだのと言いますがね……。ご存知のように、わたしらは下積みですから、黙ってるんです。時期が来れば、くたびれちまうだろうと思ってね。これは言ってみれば、先ず鞍《くら》を置かせろというやつですな。実際の話、それからあとはこっち、いいい、いいのままですよ。」

ヴォルガ

……わたしたちがカザンに近付いた時、ヴォルガは春の雪どけの真っ最中であった。ウスロンからカザンまでの丸々ひと駅を、平底舟に乗って渡らなければならなかった。川は十五露里、あるいはそれ以上にわたって溢れていた。荒模様の日であった。渡し舟が出ないので、多くの荷馬車やその他の色々な荷車が岸で立ち往生していた。

憲兵は駅長のところへ行って、平底舟を要求した。駅長は渋々それを出したが、しかし、危険だから待った方がいいだろう、と言った。憲兵は急き立てた。酔ってもいたし、自分の権力を見せたかったのだ。

わたしの馬車は小さな平底舟に乗せられた。そして、わたしたちは岸を離れた。風は静まったように見えた。半時間ほどして、タタール人は帆を上げた。すると、今まで静かだった風が急に再び強くなってきた。わたしたちは非常な速さで流木に追いつき、それに強く突き当たったので、やくざな平底舟に割れ目ができて、水が甲板に溢れ出した。困ったことになった。しかし、タタール人は舟をうまく浅瀬に乗り上げさせた。

商人たちを乗せた一艘の小舟の通って行くのが見えた。わたしたちは声を張り上げて、ボートを回してくれるように頼んだ。舟曳《ふなひ》きたちはそれを聞きつけたが、何もしないで通り過ぎてしまった。

ひとりの百姓が女房と一緒に小さな丸木舟に乗って近付いてきて、どうしたのかと尋ねた。

「ああ、そうかね。では穴をふさいで、元気を出して行きなせえ。なんのくよくよすることがあるもんかね！　おまえさんはタタール人だから、それでなんにもできねえんだよ。」こう言って、彼は平底舟に乗り込んできた。

タタール人は実際ひどくうろたえていた。第一に、眠っている憲兵に水がかかった時、憲兵は飛び起きて、早速タタール人を殴り始めたからである。第二に、平底舟は官有のものだったからである。タタール人は繰り返した。

「あ、あ、沈んでしまう。おれはどうなるんだ！　おれはどうなるんだ！」

わたしは、平底舟が沈めば彼も一緒に沈むことになるんだ、と言って彼を宥めた。

「だんな、おれが溺れてしまえばええが、もしそうでねえと、どうなりますかね」と彼は言った。

百姓と人夫たちとは、ありとあらゆるものを取り出してきて、穴を塞ぎ始めた。百姓は斧《おの》で叩いて小さな板片《いたぎれ》を打ち付けた。それから、腰まで水に入って浅瀬から舟を引き出す手伝いをしてくれたので、間もなくわたしたちはヴォルガの水路に乗り出すことができた。川はすさまじい勢いで流れていた。風と雪まじりの雨とが顔を打ち、寒さが骨にまでしみ通った。しかし間もなく霧と水の流れの彼方に、イワン雷帝の記念碑が見えてきた。危険は過ぎ去ったように思われた。するとにわかにタタール人が悲しげな声で叫び始めた。「もれてる。もれてる！」事実、先ほど塞いだ穴から水が勢いよく流れ込んでいた。わたしたちは川の真中にいた。平底舟の動きは次第にのろくなった。やがてそれがまったく沈んでしまうことは想像に難くなかった。タタール人は帽子を脱いで神に祈った。わたしの侍僕はすっかりうろたえて、涙を流しながら言った。

「もうおわかれだ、おっかさん、もう二度とおまえさんに会えねえですよ。」

憲兵は罵りわめいた。そして、岸に着いたらみんなを思いきり打ちのめしてやる、と約束した。

初めの内わたしも不安になった。しかも風と雨とがある種の混乱と動揺とを付け加えていた。しかし、自分が何一つしないで死んでしまうなど、ありえないという考え、この青年らしい「〈お前は何を恐れる？　お前はカエサルを乗せている！〉[2]」が勝ちを占めた。わたしは自分がウスロンとカザンとの間で死ぬようなことは決してないと確信して、静かに事の成り行きを待っていた。現実は、その後において、この誇り高い確信を揺るがし、この確信の故にわれわれを罰することになるのだが、しかしそのためにこそ青年時代は勇敢でヒロイズムに満ちている。そして年を取ると共に、人は慎重になり、稀にしか熱中しなくなるのである。

……十五分後にわたしたちは、ずぶ濡れになり凍え切ってカザン城塞の壁に近い川岸に上がった。わたしは最初に見つけた居酒屋に入って、強いウォッカを一杯飲み干し、焼き卵を食べた。そして郵便局へ向かった。

村や小さな町では、駅長のところに旅行者のための小さな部屋があるのだが、大きな町では、すべての者は旅館に泊まることになっているので、駅長のところには旅行者用の何の設備もない。そこでわたしは郵便局の事務室に案内されたのだ。ここの駅長はわたしに自分の部屋を見せた。そこには子供たちや女たちや、床についたきりの病気の老人がいた。わたしが服を着替えるための僅かな片隅すらまったくなかった。わたしは憲兵隊の将軍に手紙を書いて、身体《からだ》を暖め服を乾かすために、どこかに部屋を見つけてくれるように頼んだ。

一時間経って憲兵は戻ってきた。そしてアプラークシン伯爵〔カザンの憲兵少将〕が部屋の手配をすることを命じたと伝えた。わたしは二時間ほど待ったが、誰も来なかった。そこでわたしは再び憲兵を使いにやった。彼の持ち帰った返事によれば、将軍からわたしのための部屋の手配を命ぜられたポーリ大佐が貴族クラブでカルタをしているので、部屋は明日まで見つからないだろうということであった。

これは乱暴な話であった。わたしはアプラークシン伯爵に再度手紙を書いて、次の駅まで行けば泊まるところが見つかるだろうから、すぐに出発させてくれるようにと頼んだ。伯爵はお休みになったとのことで、手紙はそのまま朝まで放置された。どうしようもなかった。わたしは濡れた衣服を脱いで、「分隊長」の外套にくるまり、郵便局の机の上に寝た。枕の代わりにわたしは分厚い本を取り出して、その上に何枚かの下着を敷いた。

朝になって、わたしは朝食を取りにやった。官吏たちがすでに出勤してきた。会計検査官がわたしに注意を与えて言った。役所で朝飯を食べることは、本来よくないことである。もっとも彼個人としてはどちらでもよいのだが、局長にはこれが気に入らないかもしれないと。

わたしは冗談を彼に言った。ここを出て行く権利のある者を追い出すことはできる、しかし出て行く権利のない者は、自分の止めおかれている場所で飲み食いする他はないのだ、と……。

次の日、アプラークシン伯爵はわたしに対して、三日以内ならカザンに留まってもよいし、旅館に泊まってもよいと伝えてきた。

この三日の間、わたしは憲兵と共に町を歩きまわった。顔を隠したタタールの女たち、頰骨の突き出たその夫たち、正教の教会と並んで建っているムスリム寺院——これらすべてがアジアと東方を思わせる。ウラジーミルやニージニー・ノヴゴロドでは、モスクワに近いという感じが強いが、ここでは、モスクワからの遠さが感じられる。

ペルミ

……ペルミに着くと、わたしは真っ直ぐに知事のところに連れて行かれた。その家では大きな集まりが催されていた。この日、彼の娘がある士官と結婚したのである。彼はわたしに中へ入ることを求めた。そこでわたしは汚れた旅行用の上着を着て、泥や埃《ほこり》にまみれたままで、ペルミの全社交界の前に出る羽目になった。知事は下らぬことをあれこれ喋った後で、わたしにポーランド人の流刑者たちに近付くことを禁止すると言った。

そして近日中にもう一度彼のところへ来るように命じ、その時わたしに役所の仕事を見つけてやろうと言った。

この知事は小ロシア〔ウクライナのこと〕の出身で、流刑者を迫害することもなく、概して穏やかな人柄であった。彼はどのようにしてかは分からないが、密かに自分の身代を築き上げていた。どこか地面の下で、もぐらのように気付かぬ内に一粒一粒をかき集め、不時のための蓄えを積み重ねていたのである。

理解し難いある種の監督と秩序とのために、彼はペルミに居住するすべての流刑者たちに、毎週土曜日の朝の十時に、自分の家に集まることを命じていた。彼はパイプを手に名簿を持って出てきて、すべての者がその場にいるかどうかを確かめた。もし来ていない者があると、巡査をやってその理由を調べさせた。そして、ほとんど誰とも何一つ口をきかないで、われわれを解散させるのであった。こうしてわたしは、彼の広間で、初めに彼がわたしに対して近付きにならないようにと警告したポーランド人たちのすべての者と、すっかり近付きになることができた。

わたしの到着した次の日に、憲兵は帰った。わたしは逮捕されて以来、初めて自由の身になった。

自由の身……だが、シベリアの境の小さな町で、ほんの僅かな経験もなく、自分がそこで生活してゆかなければならない周りのことについて、いささかの理解もなしに。

子供部屋からわたしは講堂に移った。講堂から友人たちの親しいグループ、理論、空想、仲間の者たちの中へと移った、そこにはいかなる実際的な関係もなかった。その後、すべてを定着させるために牢獄が現われた。現実との実際的な触れ合いは、ここ、ウラル山脈の近くで始まることになった。

現実はすぐさまおのれの姿を現わした。到着した次の日、わたしは知事官房の守衛と共に、自分の住む家を探しに出かけた。彼はわたしを大きな平屋建ての家に案内した。わたしが自分の探し求めているのはごく小さな家であって、むしろ間借りの方がいいのだということをどれほど彼に説明しても、彼はわたしにその家の中へ入ることを頑に要求するのだった。

その家の主婦はわたしを長椅子に座らせた。わたしがモスクワから来たことを知ると、彼女はわたしがモスクワでカブリート氏に会わなかったかと聞いてきた。わたしはそんな名前は聞いたこともないと答えた。

「それはまたどうしたことでござんしょう」と老婆は言った。「カブリートでござんすよ。」そして彼女は彼の名と父称とを言った。「ほんにまあ、おまえさま、あの方はね、わたしらの県で副知事をしてらしたですよ。」

「そう、わたしは九カ月も牢屋に入っていましたから、それで名前を聞かなかったのかもしれませんよ」と、わたしは微笑みながら言った。

「きっとそうなんでござんしょう。それで、おまえさま、家を借りなさるんでござんすか。」

「大き過ぎます。ひどく大き過ぎるんですよ。わたしはこの人に言ったんですがね。」

「余分の財産は肩の重荷にはならぬって言いますですよ。」

「それはそうです。だが余分の財産には、あなたはそれだけ余計にお金を取るんでしょう。」

「ああ、おまえさま、誰がお代のことを言いましたかね。わたしはまだ何も言いませんのに。」

「こんな大きな家は安くはないと思うからですよ。」

「幾らお出しなさるつもりでござんすか。」

彼女から逃れるために、わたしは(紙幣ルーブルで)三百五十以上は出せないと告げた。

「はい、それで結構でござんすよ。トランクを運ぶようにお言いつけなさいまし。そしてテネリフェ・ワインでも一杯おあがりなさいましな。」

彼女の値段は法外に安いものに思われた。わたしは家を借りることにした。わたしが出て行こうとした時、彼女はわたしを呼びとめた。

「お聞きするのを忘れましたが、おまえさまはご自分で牡牛をお飼いになるんでござんすか。」

「いや、とんでもない」とわたしは答えた。わたしはこの質問を聞いて、驚きのあまり、ほとんど馬鹿にされたような気がした。

「それではクリームは手前どもの方から差し上げることにいたしましょう。」

わたしは家に帰った。道々わたしは、自分の牡牛を飼えるような人間だと人から思われたとは、そもそもわたしはどこにいるのか、わたしは何者なのか、と恐怖の念をもって考えた。

しかしわたしが自分の周りを見回す暇もない内に、知事がわたしに対して、わたしがヴャトカに移されることになったことを伝えてきた。これは、ヴャトカに送られることになっていたもう一人の流刑者(3)が、自分の親戚のいるペルミに移してくれるように、知事に頼んだためである。知事はわたしにすぐ次の日に出発するようにと言った。これは無茶な話であった。ペルミにしばらく留まることになるものと思ったので、わたしはありとあらゆる物を買い込んでしまっていたからだ。今やこれをたとえ半分の値段ででも、売り払わなければならなくなった。色々な言い逃れの返事をした挙句、知事はわたしに二昼夜の滞在を許可した。ただし、もう一人の流刑者と会う機会を求めるようなことはしないと、わたしに約束させた。

わたしは馬とあらゆるがらくたとを、次の日に売り払うつもりでいた。すると突然、市の警察署長が、二十四時間以内に出発せよとの命令を持って現われた。わたしは知事から猶予を与えられていることを彼に説明した。署長は書類を見せた。そこには、確かに、わたしを二十四時間以内に護送すべしとの命令が書かれてあった。書類はまさにその同じ日付になっていた。従って、それはわたしとの会見の後で書かれたものである。

「ははあ」と署長は言った。「わかった、わかった。あの大将、おれに責任を負わせようというんだな。」

「一緒に行って、とっちめてやりましょう。」

「ゆきましょう!」

知事はわたしに与えた許可のことを忘れていたのだと言った。署長は抜け目なく、では書類を作り直させましょうか、と言った。

「そんな手間をかける必要があるかね」と知事は無造作に答えた。

「とっちめてやった。」署長はすっかり満足して、手をこすり合わせながら言った……。

「こっぱ役人め!」

ペルミ市の署長は軍人上がりの文官の、特別のタイプに属していた。これは軍隊勤務の間に、何かの幸運な巡り合わせで、銃剣に突かれるか弾《たま》に当たるかして、主に町長とか会計検査官とかの地位を与えられた人びとである。連隊内で彼らは率直さのある種の習慣を養い、名誉の犯すべからざることについての、また高潔な精神についてのさまざまな警句や、書記官に対する辛辣《しんらつ》な嘲りの言葉を諳《そら》んじてきたのである。彼らの内の年の若い者たちはマルリンスキーやザゴースキン(4)を読み、「カフカースの虜」や「ヴォイナロフスキー(5)」の冒頭の部分を暗記し、そして暗記した詩句をしばしば繰り返している。例えばある者たちは、人がたばこを吸っているのを見ると、必ずこう言う。

琥珀《こはく》は彼の口元に煙る(6)。

彼らはすべて、例外なく、次のことを心に深く、そして声高に意識している。すなわち彼らの地位が彼らの功績に比べて遥かに低いものであること、生活の困窮の故に彼らはこの「インクの世界」に止まっているのであって、もしも貧乏でもなく怪我もしなかったならば、彼らは多くの兵団を指揮していたか、あるいは、侍従武官長くらいにはなっていたことだろうと。彼らはすべて昔の同僚の内の誰かの、目覚ましい例を付け加えて言う。

「それ、あのクレイツ(7)にしたって、リジゲル(8)にしたって、一緒の辞令で少尉に任官したんですよ。同じ宿舎に住んで、ペトルーシャ、アリョーシャと呼び合った仲です。ところが、わしはご覧のとおり、ドイツ人でもないし、おまけに引きというものがまるっきりなかった。それでお巡《まわ》りでもしていろというわけです。わしらのような考えをもった上品な人間に警察勤めは、あなた、楽じゃないですよ。」

彼らの妻たちはもっとこぼし屋である。彼女たちは、病気の母親か伯母が死ぬ前にひと目会いたいと言っている、というような口実を設けてモスクワへ出かけて行き、胸の締めつけられるような思いをしながら、毎年へそくりを銀行に預けてくるのである。

このようにして彼らは十五年ほども暮らしてゆく。夫はおのが運命をかこちながら、巡査を笞でひっぱたいたり、町人を殴ったり、あるいは知事におもねり、泥棒を庇い、文書を盗み、「バフチサライの泉」の中の詩句を繰り返したりしている。妻は運命と田舎の生活とをかこちながら、地上のあらゆるものをかき集め、請願人や商店から賄賂を取り、月夜を愛し、これを「ルーンナヤ・ノーチ(月夜)」と名付けたりしている。

わたしがここでわざわざこのような特徴づけをしたのは、わたしが初めの内、これらの紳士たちにだまされて、彼らを他の人間よりは幾らかましだと、本気で考えていたからである。ところが、彼らはまるっきりそうではなかったのである……。

ペルミからヴャトカへ

わたしは自分にとって尊い、一つの個人的な思い出を抱いてペルミを去った。

知事官邸における流刑者の点呼の時に、ひとりのポーランド人の牧師がわたしを自宅に招いてくれたことがある。彼の家で、わたしは何人かのポーランド人に会った。その内の一人は、小さなパイプを物思わしげにくゆらせながら、黙って座っていた。悲哀——出口のない悲哀が彼の顔の一つひとつの表情の中に見られた。彼は猫背であった。背中が曲がっているとさえ言えるほどであった。彼の顔は、初めは人を驚かせはするが、後には人を魅了することになる、あの均衡のとれないポーランド・リトアニア型に属していた。ポーランド人の中の最大の人物、タデウシュ・コシチューシュコもこのような容貌をもっていた。ツェハノーヴィチの服装は恐ろしい窮乏を物語っていた。

幾日か過ぎて、わたしはペルミの町外れに通じるひと気のない並木道を散歩していた。それは五月も半ばを過ぎた頃のことであった。若葉が萌え始め、白樺の花が咲いていた（すべての並木が白樺であったことが思い出される）。人っ子ひとりいなかった。我が地方人たちはプ、ラ、ト、ニ、ッ、ク、な散歩を好まないのである。長いことぶらついていたが、とうとうわたしは並木道の一方の側、すなわち野原に面した側に人が一人いるのに気がついた。その人は植物の採集をしているか、あるいは、ただこの地方の単調で貧相な花を摘み取っている様子だった。頭を上げたのを見ると、それはツェハノーヴィチであった。わたしは彼の方へ近付いて行った。

その後、わたしはポーランド問題の受難者たちにしばしば出会った。ポーランドの闘いの殉教者伝はきわめて豊富だが、ツェハノーヴィチはその第一の者であった。彼が侍従武官長の制服を着た死刑執行人たち、冬宮の兇暴なる専制君主の鉄拳の役をしているこれらの者たちが、いかにポーランド人を迫害したかをわたしに物語った時、わたしにはわれわれの不幸、われわれの牢獄、われわれの裁判などは、取るに足りないものに思われたものだ。

ヴィリノにおいてその頃「勝利せる敵側の」長官をしていたのは、有名な背教者ムラヴィヨーフ(9)であった。これは、その歴史的な格言──「彼は絞首刑に処せられるムラヴィヨーフ一門ではなく、絞首刑を執行するムラヴィヨーフ一門に属する」によって、自己を不滅のものとした男である。ニコライの復讐心の強い偏狭な考えからすれば、苛立ちやすく権勢欲の強い人間、粗暴で残忍な人間は最も使いやすい存在であり、少なくとも、最も共感の持てる存在である。

拷問部屋に居座り、密使やその知人、その知人の知人たちを責め苛《さいな》んできた将軍たちは、逮捕された者たちに対しても、教養も繊細な感情もまったく持たない、ごろつきのように振舞った。しかもこれらの連中は、自分たちのすべての行ないが、ポーランドの殉教者の血やポーランドの母たちの涙の染み込んだ、ニコライの兵卒用外套によって覆い隠されていることを、非常によく知っていた。さらに、一つの国民全体の受難週間は、自分たちのルカやマタイを待っているのである。しかし彼らをして知らしめよ、死刑執行人たちは次々と歴史の晒し台の上に引き出され、そこにおのが名前を留めるだろうということを。これは一八一二年の軍司令官たちの画廊[10]に付設された、ニコライ時代の肖像画廊となることだろう。

　ムラヴィヨーフは囚人たちを「きさま」と呼び、卑しい言葉で罵った。ある時、彼はひどく腹を立て、ツェハノーヴィチのそばへきて、その胸倉を摑もうとした。あるいは殴ろうとしたのかもしれない。だがその時、鎖につながれたこの囚人の視線に出会った。そしてまごつき、調子を変えて言葉を続けた。

　わたしはその目がどんなものであったかを察することができた。この出来事から三年ほど経って、これをわたしに物語る時も、ツェハノーヴィチの目は燃え、その額と歪んだ首とには、青い筋が浮かんでくるのであった。

「あなたは鎖につながれていて、どうするつもりだったのですか。」
「わたしは奴を歯で引き裂いてやったでしょう。頭と鎖で叩き殺してやったでしょう」と彼は身を震わせながら言った。

ツェハノーヴィチは初めヴェルホトゥリエに流された。これはペルミ県の最も外れの町の一つで、ウラル山脈の奥深く、雪に埋もれ、冬には交通のまったく途絶えてしまうほど、すべての道から遠く離れたところにある。言うまでもなく、ヴェルホトゥリエに住むことは、オムスクやクラスノヤルスクに住むよりも、もっと辛いことである。ツェハノーヴィチはその町で、まったくひとりぼっちで自然科学の研究をし、ウラルの山脈地帯の乏しい植物群の採集をしていたが、遂にペルミに移る許しを得た。これだけでも彼の境遇には改善であった。再び彼は祖国の言葉の響きを聞いた。同じ不幸の同志たちと会うことができた。リトアニアに残された彼の妻は手紙を寄こして、ヴィリノ県から歩いて彼のところへ行くと書いてきた……。彼は彼女を待っていた。

わたしがかくも突然ヴャトカに移されることになった時、わたしはツェハノーヴィチに別れを告げに行った。彼の住んでいた小さな部屋は、ほとんどまったく空っぽだった。小さな古びたトランクが、みすぼらしい寝台の傍らに置いてあった。木の机と一つの椅子とが家具のすべてであった。わたしは我がクルチーツキーの僧房を思い出した。

わたしの出発の知らせは彼を悲しませた。けれども、彼はさまざまな喪失に慣れているので、一分後には、ほとんど明るいと言ってもよいほどの微笑みを浮かべて、わたしに言った。

「だからわたしは自然を愛するのです。人間はどこにいても、自然を奪われることは決してないですからね。」

わたしは何か記念の品を残したいと思った。わたしは上着のボタンを一つもぎとって、彼にこれを受け取ってくれるように頼んだ。

「わたしの上着には、これは合わない」と彼はわたしに言った。「しかしあなたのボタンをわたしは死ぬまで大切にしまっておきます。そして埋葬の時には、きっとそれをつけます。」

それから彼はちょっと考え込んで、急にトランクの中をせわしげにかき回し始めたが、小さな袋を取り出して、その中から、特別な形に作られた鉄製の小さな鎖を引き出した。その幾つかの環を引きちぎって、こんな言葉と共に、これをわたしに手渡した。

「この鎖はわたしにとって、とても大切なものです。ある時代の非常に神聖な思い出が、これに結び付いているのです。みんなあなたに差し上げてしまうわけにはゆきませんが、それだけ受け取ってください。リトアニアからの追放者であるわたしが、ロシアの追放者にこれを贈ることになろうとは思いませんでした。」

　わたしは彼を抱きしめた。そして、別れを告げた。

「いつお発ちですか」と彼は尋ねた。

「あすの朝です。しかしお呼びしません。もうわたしの家には、絶えず憲兵が待ちかまえていますから。」

「では、ごきげんよう。どうか、わたしよりも幸せであってください。」

　次の日は朝の九時から、警察署長がわたしの家に来て、わたしを急き立てた。クルチーツキーの憲兵よりも遥かに大人しいペルミの憲兵は、これから三百五十露里の間酔っ払っていられるという期待から来る喜びを隠さずに、馬車の支度をしていた。すべての用意ができた時、わたしはふと通りを見た。と、ツェハノーヴィチがそばを通って行く。わたしは窓のところに駆け寄った。

「ああ、よかった」と彼は言った。「わたしはせめて遠くからでもいいから、あなたに別れを告げたいと思って、こうやってもう四度もここを通ったのです。しかしあなたはいつも気が付かなかった。」

　わたしは涙がいっぱいの目で彼に感謝した。この優しい女性的な配慮に、わたしは深く感動した。彼との出会いがなかったならば、わたしにはペルミに何の心残りもなかったのだが！

……ペルミを発った次の日には、森林地帯によくある、激しい、絶え間ない雨が夜明けから降り出して、終日やむことがなかった。二時頃に、わたしたちはヴャトカ県のみすぼらしい一寒村に着いた。駅といっても建物はなく、（読み書きのできない）ヴォチャーク人[11]が駅長の役を務め、駅逓馬券を広げて見て、判が二つあるか一つあるかを調べた上、「アイダー、アイダー（さあ出かけよう）！」と叫んだ。そして馬を馬車につないでいた。言うまでもなく、物事は駅長のいる駅の場合よりも二倍も速く取り運ばれた。わたしは服を乾かしたり、身体を暖めたり、少し何かを食べたりしたいと思った。ペルミの憲兵は、二時間ほど休んでゆこうというわたしの提案に同意した。この提案と同意とは、村に着く前になされたことだったが、息苦しい薄汚れた小屋の中に入っても、まったく何一つ手に入れることもできないし、およそ五露里以内には、一軒の居酒屋さえもないことを知った時、わたしは後悔し始めた。そして、馬の支度を頼もうかと思った。ところが、わたしが行こうか行くまいかと迷っていると、ひとりの兵卒が入ってきて、宿営地の士官がわたしをお茶に招待していると報告するのであった。

「それはありがとう。君の士官はどこにいるの。」

「すぐそこの小屋にいるのであります！」

そして兵卒は例の「回れ左！」をした。

わたしは彼の後について行った。

かなりの年配の背の低い士官が、死ぬほどの退屈さが生みだす親切なもてなしの限りを尽くして、わたしを迎えてくれた。その顔は彼が今までに耐え忍んで来た多くの苦労、細々した窮乏、上官に対する恐れの跡を留めていた。これはものを考えることもなく、昇進することもなく、あたかも老いぼれた馬が夜明けにくびきをつけられ、何かを引くことを、それが当然のことなのだと恐らく考えながら働いているように、二十五年もの間自分の曳き綱を引っぱって、ただひたすら忠勤を励んできた、目先のきかない善良な老軍人のひとりであった。

「誰をどこへ護送して行くんですか。」

「それは聞かんでください。まったく断腸の思いですよ。お偉方だってそれを知っているはずですがな。わしらの任務は、命令を遂行することです。わしらには責任はありません。だが人間として考えると、これはやはり良くないことですわ。」

「一体どういうことです。」

「それがですね、八、九歳から上の、可哀想なユダヤ人の子供たちを狩り集めたんですわ。海軍に入れるんだということですが、わしは知りません。はじめペルミに連れてゆくように命令が出ていたんですが、それから変更になって、今度はカザンに連れてゆくことになったんですわ。わしは百露里ほど先から彼らを預かっているんですが、引き継ぎをした士官も「みじめと言う他はないですよ。三分の一は途中で落伍しました」と言っていましたがね（そう言って士官は地面を指した）。目的地まで行きつける者は半分もいないでしょうよ」と彼は付け加えた。

「伝染病にでもかかったのですか。」わたしは心の底から深い衝撃を受けて尋ねた。

「いや伝染病というわけではないんですがね。まあ、蠅のように死ぬんですわ。ユダヤ人の子供という奴は、ご承知のように、恐ろしく弱虫で、痩せこけて、まるで皮をひんむかれた猫みたいなものでしてね。一日十時間もぬかるみの中を歩いたり、乾パンを食べたりするのには慣れていないんですわ……。おまけに、知らない人間の間で、父親もいないし、母親もいないし、可愛がってくれる人間もいない。そこで咳《せき》をして、咳をして――そしてモギレフ〔実在する地名ではあるが、ここでは墓の意〕に行ってしまうんですわ。そこでお伺いしたいんですがね。こんなことをしていて、一体何の役に立つんでしょう、子供たちをどうしようというんでしょう。」

わたしは黙っていた。

「いつお発ちになるんですか。」

「もうとっくに行かねばならんのですが、雨がかなりひどかったものですからね。……おい兵隊、ちびどもを集めろ！」

子供たちは連れられてきて、整列させられた。それはわたしの見た最も恐ろしい光景の一つであった。哀れな、哀れな子供たちよ！　十二、三歳の少年なら、なんとか持ち堪えることもできたであろうが、八つや九つの子供では……。どんな暗い筆もこのよな、恐ろしい有様を画布の上に描き出すことはできないだろう。

怯えた顔をして青ざめ、疲れきって、彼らは襟を立てた不恰好な厚い兵卒用の外套を着て立っていた。そして、自分たちを荒々しく整列させていた守備隊の兵士たちの上に、力のない悲しげな眼差しを注いでいた。白い唇と目の回りの青い隈《くま》は、熱病か悪寒《おかん》を示していた。そしてこれらの病気の子供たちは、世話されることもなく、労《いたわ》られることもなく、北氷洋から絶え間なく吹きつける風の中を、墓場へと進んで行くのであった。

しかも、彼らを連れているのが、明らかに子供たちのことを哀れに思っている、善良な士官であることにも注意しなければならない。これがもし軍事的、政治的節約家に連れられているのであったなら、どうなっていることだろう。

わたしは士官の手を取った。そして「子供たちを大事にしてやってください」と言い残して、馬車の方へ走った。わたしは声を上げて泣きたくなった。わたしは自分を抑えることができないのを感じた……。

ニコライの邪《よこしま》で不道徳な支配の記録の中には、何という奇怪な犯罪の数々が、人知れず埋もれ、葬られていることだろう！　われわれはそれらの犯罪に慣れてしまった。それらは日常のありふれたことのように、何でもないことのように行なわれてきた。遠い隔たりの彼方に隠れて誰の注意も引かずに、役所の沈黙の深みの中に音もなく沈められて、あるいは、警察の検閲によって押し隠されて。

われわれは自分自身の目で見なかっただろうか――強制的にトボリスク県に移住を命ぜられて、ドミートリー・ゴリーツィン公爵が自費でその保護を命ずるまで、食べるものも宿るべき場所もなく、モスクワのトヴェーリ広場で途方に暮れていた、あのプスコフの餓《う》えた百姓たちの家族を。

第十四章　ヴャトカ

ヴャトカ

ヴャトカの知事は、わたしが行っても会おうとはしなかった。そしてわたしに、次の日の十時に彼のところへ来るようにと、伝えてきた。

あくる朝にわたしが行った時、広間には、郡と市の警察署長、それから二人の官吏がいた。彼らはみな立ったまま、ひそひそと話していた。そして、絶えずそわそわとドアの方を見ていた。ドアが開いて、背の低い肩幅の広い老人が入ってきた。その首は、ブルドックのそれのように肩の上に乗っていた。大きなあごが犬とのこの類似をさらに強めていた。しかもそのあごは何となく好色な笑みを浮かべているのだった。その顔の年寄りじみた、それでいて淫らな表情、小さいながら、よく動く灰色の目、そしてまばらな直毛は、このうえもなく不潔な印象を与えていた。

彼は先ず、自分がきのう通ってきた道の状態のことで、郡の警察署長をひどく叱りつけた。署長は同意と従順の印に、やや頭を下げて立っていた。そして、昔の下僕がよくしたように、相手の言葉の区切りごとに、付け加えていた。

「かしこまりました、閣下。」

郡警察署長の方を済ますと、知事はわたしの方に向きなおり、尊大な調子でわたしを見て、そして言った。

「君はモスクワ大学を卒業したんだな。」

「わたしは学士《カンジダート》です。」

「それから勤めたんだな。」

「クレムリン政庁に。」

「はっはっはっ！　結構なお勤めだ！　そういうお勤めをしていたんでは、むろん宴会を開いたり歌を歌ったりする暇もあっただろうさ。アレニーツィン！[1]」と彼は叫んだ。

不潔な感じの男が入ってきた。

「おい君、これがモスクワ大学の学士様だ。勤務以外のことは、恐らく何でも知っとるじゃろう。われわれのところで勤務を学ばせようというのが、陛下の思召《おぼしめし》じゃ。この御仁を君のところで働かせて、わしに特別の報告を出したまえ。それから君はあしたは朝の九時に出勤しなさい。今日はもう帰ってよろしい。あ、ちょっと待ちなさい。わしは君がどういう字を書くか、聞くのを忘れた。」

わたしはすぐには分からなかった。

「つまり筆跡だがね。」

「ここには、何にも持っていません。」

「紙とペンをやれ。」アレニーツィンがわたしにペンを渡した。

「何を書いたらいいですか。」

「何でもお好きなことを」と秘書官は言った。「こうお書きなさい、調、査、の、結、果、判、明、し、た、る、と、こ、ろ、に、よ、れ、ば。」

「陛下にあてた書類を清書させたりするようなことはないからな」と、知事は皮肉な微笑を浮かべながら言った。

わたしはすでにペルミにおいてチュファャーエフ〔ヴャトカ県知事、第六章訳注(75)参照〕のことを色々聞いていたが、彼はわたしのあらゆる予想を遥かに超えていた。

ロシアの生活は実にさまざまなものを生み出す！

チュファャーエフはトボリスクに生まれた。彼の父は恐らく流刑囚で、きわめて貧しい町人のひとりであった。十三歳ぐらいの時、若いチュファャーエフは旅回りの喜劇役者の群れに加わった。彼らは綱の上で踊ったり、とんぼ返りをしたりして、定期市を追って渡り歩くのである。彼はこの一座と共に、正教の民たちを慰めつつ、トボリスクからポーランドの諸県にまで流れて行った。そこで彼は、どういうわけかは知らないが、警察に捕えられた。そして、証明書を持っていなかったので、浮浪者として、囚人の一団と共に、徒歩でトボリスクに送られた。彼の母は寡婦になってひどく貧乏していた。ペチカが壊れると息子が自分で直した。何か仕事を探さなければならなかった。少年は読み書きができた。そこで彼は市庁の写字生として雇われた。幼い頃から目端のきく子であった上に、軽業師の群れや流刑囚の仲間と共にロシアの隅から隅まで歩いて、多面的な教養によってその才能に磨きをかけていたので、彼は大胆なやり手となった。

アレクサンドルの支配の初めの頃、ひとりの検察官がトボリスクに来たことがあった。彼は熟練した書記官を必要としていたので、誰かがチュファーエフを彼に紹介した。検察官はこの書記官に大いに満足して、自分と一緒にペテルブルクに来るように彼に勧めた。チュファーエフ自身の言によれば、それまでの彼の自尊心は、郡裁判所の秘書官以上のものを望んではいなかったのだが、この時彼は自分に対する評価を変え、経歴を築くことを心中深く決意したのである。

そして、彼は経歴を築いた。十年後には、すでにわれわれはその頃主計総監をしていたカンクリーン[2]の、倦《う》むことなき秘書官[3]としての彼を見いだす。さらに一年経つと、すでに彼は全ロシアを監督していたアラクチェーエフの官房の一つの部署を預かっていた。実に、彼はアラクチェーエフ伯爵と共に同盟軍占領下のパリにいたのである。

　チュファーエフは、遠征軍の官房に閉じこもったまま働きとおし、〈文字通り〉パリの一つの街も見物しなかった。昼も夜も机に向かったまま、彼は自分の名誉ある同僚クレインミーヘリと共に、文書を作ったり書き写したりしていたのであった。

　アラクチェーエフの官房は、数カ月を限って労働者を送りこむ銅山のようなもので、労働者たちをそれ以上そこに止めておくと、彼らは死んでしまうのである。チュファーエフも遂に、この命令と布告、管理と施設との製作所で働くことに疲れてしまって、もっと落ち着いた地位に移してほしいと願うようになった。アラクチェーエフは、チュファーエフのような男、すなわち余計な望みを抱かず、気晴らしも求めず、自分自身の意見もなく、見た目には正直で功名心にはやり、服従を人間の第一の美徳と考えているような男を、好ましく思わないではいられなかった。アラクチェーエフは、チュファーエフに副知事の地位を与えて、その労をねぎらった。数年後には、アラクチェーエフは彼にペルミ県知事の地位を与えた。チュファーエフが、一度は縄の上を渡って、また一度は縄で縛られて通ったこの県は、今や彼の足元に横たわることになったのである。

一般に、知事の権力はペテルブルクからの距離に比例して大きくなってゆくものだが、ペルミやヴャトカやシベリアのように、貴族階級のいない諸県ではそれは幾何級数的に増大する。こういう地方こそチュファーエフにとって必要なのであった。

チュファーエフは東洋式の悪代官《サトラプ》であった。それも小まめにこせこせとあらゆることに干渉し、いつも多忙な代官であった。チュファーエフは一七九四年の〈国民公会〉の兇暴なる警察署長ともなり、一種のカリエ(4)ともなりうる人間であった。

生活の上では淫乱であり、性質の上では粗暴であり、いかなる反対をも許さないこの男の影響は、きわめて有害であった。彼は賄賂を取らなかった。もっとも、死後に判明したところによれば、やはり、かなりの財産を築き上げていたのであるが。彼は部下に対して厳しかった。悪事の露見した者は容赦なく追及された。だが官吏たちは、今までにないほど盛大に盗みをした。彼はおのれの権勢を極端に濫用した。例えば官吏を事件の審理に差し向けるにあたって（むろん彼がこの事件に関心を持っている場合の話だが）、彼はこれこれのことがたぶん発覚するだろうとその官吏に語る。もしも何か別のことが発覚した場合には、その官吏はひどい目にあわなければならない。

ある医師の話

ペルミでは、いまだにチュファーエフのことが人びとの口の端にのぼっていた。そこには彼の追随者の一団がいた。彼らは新しい知事に敵意を抱いていた。もちろん新しい知事の方も、自分の取り巻き連中で身辺を固めていた。

しかしまた、チュファーエフを憎む連中もいた。彼らのひとりで、ロシア社会のひび割れの、かなり独特な産物ともいうべき男が、チュファーエフの何者なるかについて、わたしに特に注意を与えてくれた。わたしはある工場の医師のことを言っているのである。この医師は頭のいい、きわめて繊細な男ではあったが、学業を終える暇もなく、何故か不幸な結婚をして、その後エカテリンブルクに移り、これといったことを体験するでもないままに、地方生活の沼の中に閉じこめられてしまったのであった。こういう環境の中で、かなり独立した立場にあったにもかかわらず、彼はやはり損なわれてしまった。彼の活動は手厳しい皮肉をもって官吏たちを追及することに向けられた。彼は面と向かって彼らを嘲笑した。彼は顔をしかめたり歪めたりしながら、彼らに向かって、この上なく侮辱的なことを言った。誰ひとりとして容赦されなかったので、逆に誰も特にこの医師の毒舌に腹を立てる者もいなかった。彼は攻撃によって自分の社会的地位を築いたのである。そして無性格なる社会をして、絶え間なく打ちおろされる彼の鞭《むち》を耐え忍ぶことを余儀なくさせた。

人びとがわたしに教えてくれたところによると、彼は善良な医師ではあるが、少し異常なところのある、礼儀知らずの人間だということであった。

彼のお喋りや冗談は粗暴でも月並みでもなく、まったく反対に、ユーモアと凝縮した苛立ちとに満たされていた。これは彼の詩であり復讐であり、悔し紛れの叫び、あるいは、絶望の叫びとさえ言えるものだった。彼は芸術家として、また医師として、官吏の社会を観察した。彼は官吏たちのあらゆるごまかしや、秘められた欲情を知り抜いていた。そして、これらの知人たちの愚鈍さや臆病さに気をよくして、彼はあらゆる遠慮会釈をかなぐり捨てたのである。

一言いうたびに彼は「一コペイカの値打ちもない」と付け加えるのであった。わたしはある時冗談にこの口癖のことを彼に言ったことがある。

「何も驚くことはないでしょう」と医師は答えた。「すべての話の目的は人を納得させることにあります。わたしはこの地上にある、最も有力な論拠を付け加えることを急ぐわけです。人に自分の生みの親を殺すことが、一コペイカの値打ちもないということを確信させてご覧なさい、その人は父親を殺します。」

〔この医師〕チェボタリョーフ[5]は紙幣ルーブルで百か二百程度の少額の金を貸すことを決して拒んだことがなかった。誰かが頼みに来ると、彼は手帳を取り出して、いつ返すかを詳しく訊くのだった。

「では」と彼は言う。「あなたが期日までに返さないということに、一ルーブルの賭けをしましょう。」

「ご冗談を」とその人は抗議する。「あなたはこのわたしを何だと思っていらっしゃるんですか。」

「わたしがそのあなたを何だと思っているか」と医師は答える。「これはあなたには一コペイカの値打ちもないことです。わたしの言いたいのは、つまりわたしはこれで足かけ六年も手帳に記録を書き込んでいるが、期日までに返してくれた人は一人もいない、ということですよ。」

期日が過ぎる。ドクトルは大真面目な顔をして、勝った一ルーブルを請求するのであった。

ペルミの徴税請負人《オトクープシク》が旅行用の馬車を売りに出したことがあった。医師は彼のところへ出かけて行って、次のようなことを滔々《とうとう》と述べ立てた。

「あなたは馬車をお売りになる。わたしにはそれが入用です。あなたは金持ちだ。あなたは百万長者だ。このことであなたはみんなから尊敬されている。そこでわたしも、あなたに敬意を表するためにやって来たわけです。あなたは金持ちだから馬車が売れようが売れまいが、そんなことは、あなたには一コペイカの値打ちもない問題でしょう。しかし、わたしにはそれが大変必要なんです。ところがわたしには金があまりない。あなたはわたしを困らせて、わたしの必要につけこもうと考えているのでしょう。そして馬車の代として千五百ルーブルを求めるでしょう。わたしは七百ルーブルほど出します。毎日値切りにやってきます。一週間経つと、あなたは七百五十か八百に負けるでしょう。このへんから話をはじめた方がよくないですか。それならわたしはいまお渡しできます。」

「その方がずっといいです」と徴税請負人はすっかり度胆《どぎも》を抜かれて答えた。そして馬車を引き渡した。

チェボタリョーフのアネクドートと悪戯には際限がなかったが、わたしはここになお二つを付け加えよう。*

＊これら二つのアネクドートはこの書の初版には入っていない。わたしは初版の校正を読み返していた時に、これを思い出したのである（一八五八年）。

「あなたは磁気を信じますか。」あるかなり賢い、そして教養のある婦人が、わたしのいる席で彼に聞いた。

「あなたは磁気という言葉を、どういう意味に、解釈していらっしゃるんですか。」

その婦人は彼にごくありきたりの説明をした。

「わたしが磁気を信じているかいないかを知ることは」と彼は答えた。「あなたにとって一コペイカの値打ちもないことですが、もしお望みなら、このことについて、わたしの見たことをお話ししましょうか。」

「どうぞ。」

「ただ、よく注意して聞いてください。」

こう言ってから彼は、自分の知人であるハリコフの一医師の実験を、きわめて生き生きと分かりやすく、そして興味深く話した。

話の最中に、下男が前菜を盆に載せて持ってきた。下男が出て行こうとした時、その婦人は彼に言った。

「おまえはからしを忘れたよ。」

チェボタリョーフは話をやめた。

「お続けください、お続けください」と婦人はもうすっかり驚いて言った。「わたくし聞いておりますわ。」

「彼は塩を持ってきましたか。」

「あなたはもう怒っていらっしゃるんですね」と婦人は顔を赤らめながら言った。

「どういたしまして、ご安心なさい。わたしはあなたが注意深く聞いていらしたことを知っています。それに女性というものは、どんなに賢くても、またどんな話をしても、台所以上の高さには立てないものだということも知っております。ですから、わたしが特にあなたにだけ腹を立てるなぞということがどうしてできましょう。」

チェボタリョーフは、ポリエ伯爵夫人の所有する工場(彼はそこの工場医でもあった)にいる、ひとりの屋敷勤めの小僧を気にいった。彼はこの子に、自分のところへきて働くように勧めた。小僧は同意したが、管理人は、伯爵夫人の許しがなくては、その子供に暇をやるわけにはゆかないと言った。そこでチェボタリョーフは伯爵夫人に手紙を書いた。彼女は旅券を出すように管理人に命じた。ただし、チェボタリョーフが今後五カ年間の年貢《オブローク》を先払いするという条件をつけた。この返事を受けると、彼は直ちに伯爵夫人に同意する旨を書き送ると共に、彼女に次のような疑問を予《あらかじ》め解決してくれるように頼んだ。すなわち、エンケの彗星(6)が、地球の軌道を横切って、地球をその進路から逸らしてしまうことが、約束の五年の期限の過ぎる一年半前に起きるかもしれないが、その場合は、支払った金は誰から返してもらえるのだろうかということを。

わたしがヴャトカに発つ日の朝早く、医師はわたしのところへ来て、次のような冗談話を始めた。

「あなたはホラティウスのような人だ。あなたは一度歌ったただけなのに、いまだにあ

なたは翻訳されている。」〔「翻訳」には「移送」という意味もある〕

それから彼は財布を出して、わたしに旅の金が必要ではないかと訊いた。わたしは礼を言って辞退した。

「何故あなたは取らないんですか。あなたにとって、これは一コペイカの値打ちもない問題でしょうが。」

「金は持っているんです。」

「それは困った」と彼は言った。

「世の終わりが近付いているようだぞ。」彼は手帳を開いて、次のような言葉を書き込んだ。「十五年にわたる実験の後に初めて、余は金を受け取らぬ人間に出会った。しかもその人間は旅立とうとする身である。」

冗談を言ってから、彼はそばへ来て、寝台の上に腰かけて、大真面目な顔をして言った。

「あなたはこれから恐ろしい人間のところへ行くんですよ。彼には用心して、できるだけ近付かないでいるようにした方がいい。もしもあの男があなたに好意を持つようなことがあれば、これは、あなたにとって、これから先ありがたくない紹介状になるわけです。だがもし、彼があなたを憎むとなると、中傷したり言いがかりをつけたりして、あなたをいじめます。どんな手段を使うか知りませんが、とにかくいじめます。これくらいのことは、あいつにとっては一コペイカの値打ちもないことなんですからね。」

そう言ってから、彼はわたしに一つの出来事を物語った。その後、わたしは内務大臣官房の文書によって、この出来事が本当のことであることを確かめる機会を持った。チュファャーエフはある貧しい官吏の妹と大っぴらに情交を結んでいた。人びとはこの兄を嘲笑った。兄は二人の仲を引き離したいと思った。告発すると言って脅かし、ペテルブルクに手紙を書こうとした。一言にして言うと、彼は悩み抜き、ひどく騒ぎ立てたのである。そのため、彼はある時警察に捕まえられて、狂人として、精神鑑定のため、県庁に連れて行かれてしまった。

県庁の役人たちも、病院長たちも、医事監督官（これは民衆から大変愛されていたドイツ生まれの老人で、わたしは彼を個人的に知っていた）も、すべての者が〔その兄〕ペトローフスキーを狂人であると認めた。

われらの医師もペトローフスキーのことを知っていた。そして、彼を治療したこともあった。形式上、彼も意見を求められた。彼は監督官に向かって、ペトローフスキーは少しも狂人ではない、自分としては再鑑定を提案したい、さもなければこの問題をさらに究明してゆかなければならないだろうと断言した。県庁としても決してそれを拒みはしなかった。しかし、不幸なことには、ペトローフスキーは、健康な若者であったにもかかわらず、再鑑定の日を待たずに、精神病院で死んでしまった。

事件の噂はペテルブルクにまで達した。妹のペトローフスカヤは捕えられ（何故チュファーエフを捕えなかったのだろう）、秘密の審理が始められた。チュファーエフはどういう答えをすべきかを彼女に教えてやった。彼はこの問題で驚くべき腕前を見せた。問題を一気に解決するために、またシベリアへの二度目の不本意な旅をする危険を払いのけるために、チュファーエフはペトローフスカヤをして次のように告白させた。すなわち、彼女は若さと世間知らずとの故に、アレクサンドル帝のペルミ巡幸の際に処女を失い、その代償として、ソロムカ将軍(7)を通じて五千ルーブルをもらったことがあり、それ以来、彼女は兄と仲違いしているのだと。

アレクサンドルの素行を考えれば、これはまったくありうべきことであったが、その真偽を確かめることはたやすいことではなかった。どのみち多くの醜聞を生むことになっただろう。ベンケンドルフ氏の問いに対して、ソロムカ将軍は、自分の手を通って非常に多くの金が出ているので、その五千ルーブルについては覚えていないと答えた。

〈女王はそれを数多《あまた》もっていた！〉とプーシキンの「エジプトの夜」の中の即興詩人は語っている……。

かくて、アラクチェーエフのこの尊敬すべき弟子、クレインミーヘリの立派な同僚、軽業師、浮浪人、写字生、秘書官、知事、健常な人間を精神病院に閉じこめて殺してしまう優しい心根の持ち主にして無欲な男、皇帝ニコライの目をごまかすために皇帝アレクサンドルを中傷したこの男が、今やわたしに勤務の仕方を教えようとしているのである。

彼へのわたしの従属の程度は大きかった。彼が大臣に宛てて何か書き送れば、それだけでわたしはイルクーツク辺りのどこかへ送られてしまうのである。だが、手紙など書く必要はない。彼はまったく交通の便もなく、生活の手立てもないカイとかツァーレヴォ・サンチュルスクとかいうような、未開の町へわれわれを移す権利をもっていた。チユファーエフは、婦人たちがマズルカを踊る時に、閣下のお相手をするよりある若いポーランド人を相手にすることを望んだことに対して、このポーランド人をグラゾフに追い払ってしまったことがある。

ドルゴルーキー公爵もこのようにしてペルミからヴェルホトゥリエに送られた。山と雪との中に埋もれたヴェルホトゥリエは、やはりペルミ県に属していた。この地は、気候の点ではベリョーゾフと同じであったが、人煙まれなる点ではベリョーゾフよりも、もっとひどかった。

ドルゴルーキー公爵は、今日ではもはやあまり見受けられないような、質《たち》の悪い貴族のならず者のひとりであった。彼はペテルブルクでも、モスクワでも、パリでも、ありとあらゆる悪さをしてきた。

彼の人生はこうしたことに費されてしまった。これは小型のイズマーイロフ(8)であり、ルイスコヴォに逃亡農民用の隠れ家をもたぬグルジーンスキー公爵である(9)。すなわち、甘やかされた不遜な、厭うべき駄々っ子であり、旦那であり、同時に道化者である。彼の悪ふざけがあらゆる限度を超えてしまった時、彼はペルミに居住することを命ぜられたのである。

彼は二台の馬車を連ねてやって来た。一台には彼自身と犬が乗っており、他の一台には彼の料理番であるフランス人が、幾羽かのおうむを連れて乗っていた。ペルミの人びとはこの金持ちの客の到来を歓迎し、間もなく町中の者が彼の家の食堂に群がるようになった。ドルゴルーキーはペルミのある貴婦人といい仲になった。貴婦人は彼が何となく不実であるとの疑いを抱き、ある朝、不意に公爵のところへ出かけて行った。そして彼が女中と一緒にいるところを発見した。そこでひと悶着が持ち上がった。遂にこの不実なる恋人は壁から狩猟用の鞭を取った。参事官夫人は彼の意図を見て取り、部屋から逃げ出した。彼はといえば部屋着一枚というだらしのない恰好をして、彼女の跡を追った。普段は大隊の教練場に使われている大きからぬ広場で彼女に追いつくと、公爵はこのやきもちやきの参事官夫人に三度ほど鞭打ちを喰らわせた後、あたかもひと仕事すませたかのように、悠然と家に帰って行った。

このような、愛嬌のある数々の悪戯は、彼に対するペルミの友人たちの非難の声を巻き起こした。当局はこの四十歳の腕白小僧をヴェルホトゥリエに追いやることに決めた。出立の前の晩に彼は贅沢な晩餐会を催した。官吏たちは彼と仲違いをしていたが、それでもやはりやってきた。ドルゴルーキーは、ある珍しいピロシキを彼らにご馳走すると約束した。

ピロシキは確かに見事な出来栄えで、信じ難いほどの速さで食べ尽くされてしまった。かけらだけが残った時、ドルゴルーキーはいとも悲しげな面持ちで客たちに向かって言った。

「みなさんとお別れするにあたって、わたしは少しでも物惜しみしたなどと言われることはないだろうと思います。わたしは、このピロシキのために、きのうわたしのガルジを殺すように命じたのです。」

官吏たちは恐怖の念をもって互いに顔を見合わせた。そして、みんなのよく知っていたグレート・デーン種の犬を目で探し求めた。けれども犬はいなかった。公爵は客人の様子を見てとると下僕に言いつけて、ガルジのはかない名残りである彼の皮を持ってこさせた。中身はペルミの人たちの胃の中に納まっていたのである。町の半分は恐ろしさのあまり病みついてしまった。

その間にドルゴルーキーは、友人たちにまんまと一杯喰わせたことに満足して、意気揚々とヴェルホトゥリエに向かった。三台目の馬車は鶏小屋をそのまま運んで行った。駅逓馬車で旅をする鶏小屋！　道々、彼は数カ所の駅から入金帳を持ち去って、それをかき混ぜて、その中の数字を書き換えてしまった。駅逓場の監督官たちは半ば気も狂わんばかりになった。彼らは、帳簿があってさえ帳尻を合わせるのは不得手だったのである。

ロシアの生活の息詰まるような空虚さと沈黙とは、性格の活気、むしろ過激とさえいうべきものと奇妙に結びあって、われわれの中にありとあらゆる愚かしい行為を特別に発達させている。

スヴォーロフ[10]の雄鶏の鳴き声、ドルゴルーキー公爵の犬の肉まんじゅう、イズマーイロフの粗暴なる振舞い、マモーノフ[11]の半ば自発的な精神異常、「アメリカ人」というあだ名で呼ばれたトルストイ[12]の兇暴な犯罪の中に、わたしはなじみ深い調べを聞き取る。それはわれわれの誰もが知っているものである。しかし、それはわれわれにあっては教養によって弱められるか、あるいは別の何かに向けられているものなのだが。

わたしがトルストイと個人的に知り合ったのは、丁度彼が娘のサラ、優れた詩的才能を持っていたあの非凡な少女を失った頃のことだった。この老人の風貌、灰色の巻き髪に隠れたその額、その輝く目、レスラーのようなその体軀などをひと目見れば、彼が生まれつきどれ程の精力と能力とを持っていたかが分かる。しかし、彼はただ激しい欲情のみを、悪しき性癖のみを発達させてしまった。だが、このことは驚くにはあたらない。我が国ではあらゆる不徳は、長い間いかなる妨げも受けずに、発達することを許されているのだ。しかし、人間的な熱情の迸り《ほとばし》に対しては、人はその第一歩を踏み出した時に、すでに兵舎かシベリアへ送られる……。彼は二十年にわたって絶え間なく暴れまわり、博奕《ばくち》を打ち、決闘をして他人を傷つけ、多くの家族を破滅させ、遂にシベリアに送られ、そこから、グリボエードフの言葉によれば、「アレウト人となって」帰ってきた[13]。すなわちカムチャツカを経てアメリカに渡り、同地でロシアへの帰国の許可を得たのである。

アレクサンドル帝は彼を赦免した。彼は帰還した……。そして、そのあくる日からまたしても前のような生活を始めた。モスクワのロマの集落にいた美しい声で有名なロマ女と結婚して、自分の家を賭博場に変えてしまった。のべつ幕無しに騒がしい酒宴の中で過ごし、夜は夜もすがらカルタに耽った。貪欲と酒乱との浅ましい場面が、幼いサラの揺り籠の傍らで繰り広げられていた。彼はある時、銃の腕前の確かさを証明するために、妻を机の上に立たせて、彼女の靴のかかとを撃ち抜いてみせた、という話も伝えられている。

彼が最後にした次の悪戯は、あやうく彼を再びシベリア送りにするところだった。彼は久しい前からひとりの町人に腹を立てていた。彼はある時、この町人が自分の家に来たところを捕まえて、両手両足を縛った上、その歯を一本引き抜いてしまったのだ。このようなことが十年か二十年ほど前に起きたことなどだとは、とても信じられないだろう。町人は嘆願書を出した。トルストイは警察を買収し、裁判所を買収した。そこで町人は虚偽の訴えのかどで獄に入れられた。その頃、有名なロシアの文学者パーヴロフ[14]が監獄委員会に勤めていた。町人は彼に事件の一部始終を物語った。そこでこの慣れない官吏は事件を取り上げた。トルストイは本気になって恐れをなした。事件は明らかに彼の有罪ということになりそうであった。しかし、ロシアの神は偉大である！　オルローフ伯爵[15]はシチェルバートフ公爵[16]に密書を送って、下層の身分の者が上層の者に対してかかる直接的な勝利を占めることのないように、事件を揉み消すことを勧告した。オルローフ伯爵はまた、パーヴロフをかかる地位から遠ざけることをも勧告した。これは引き抜かれた歯よりも恐らくもっと信じ難いことである……。わたしはその頃モスクワにいて、この不用意な官吏を非常によく知っていた。

しかし、われわれはヴャトカに戻ることにしよう。

官房と食堂

官房は監獄とは比べものにならないほど劣悪であった。事務的な仕事が多かったというのではないが、そのかび臭い環境の犬小屋のような息詰まる空気と、時間の恐ろしく、かつ、愚かしい浪費――これが役所勤めを耐え難いものにしていた。アレニーツィンはわたしに意地悪をしたりはしなかった。彼は、わたしの予想したよりも丁重でさえあった。彼はカザンのギムナジアで学んだ。そしてこの故に、モスクワ大学の学士に対しては尊敬の念を抱いていたのだ。

官房には二十人ほどの写字生がいた。大部分はごく僅かの教養もなく、まるっきり道徳観念というものを持っていない連中であった。彼らは写字生や秘書官の息子で、揺籠に寝かされていた頃から勤務を役得の手段と考え、また、農民を収入をもたらす畠のようなものと考えることに慣れてきた。彼らは許可証を売り、二十コペイカあるいは二十五コペイカの銀貨を賄賂としてせしめ、一杯の酒で人を欺き、自らを卑しめ、ありとあらゆるさもしい行ないをしていた。わたしの侍僕は「ビリヤード」に行くことをやめてしまったが、彼の言うところによれば、官吏たちは誰よりも一番ひどいごまかしをやる、さりとて、彼らに思い知らせてやるわけにはゆかない、何故なら彼らは——お役人だからだ、というのであった。

その官位の故にのみ、わたしの侍僕が懲らしめたくとも手の出せなかったこれらの人間と、わたしは毎日朝の九時から昼の二時までと、晩の五時から八時までを、一緒の席に着いていなければならなかったのだ。

官房全体の長であったアレニーツィンの他に、わたしの配属された係の長がいた。これも悪い人間ではなかったが、酔っ払いで無学な男であった。わたしと同じ係に四人の写字生がいた。わたしは彼らと口をきき、また、つきあいをすることが必要であった。彼らばかりでなく、他のすべての者に対しても、そうしなければならなかった。さもなければ、これらの連中はわたしを「不遜の故に」、遅かれ早かれ陥れたことだろう。だがこのことは別としても、毎日、幾時間かを同じ人間と共に過ごしながら、これとつきあわないでいるということは不可能であった。それに田舎の住人というものは、よそから来た人間、とりわけ首都から来て、おまけに背後に何か面白そうな話のある、曰《いわ》くつきの人間とは近付きになりたがるものだ、ということを忘れてはならない。

こういうガレー船の中でまる一日を過ごした挙句、わたしは時に、すべての能力が痺れたような状態になって家に戻った。そして疲れ果て、辱《はずかし》められて、どんな仕事も勉強もできないで、長椅子の上に身を投げ出すのであった。炭酸ガスと南京虫とに満ち、ドアのところには憲兵が立ち、ドアに錠のかかっていたあのクルチーツキーの独房を、わたしは心から懐かしく思った。あそこではわたしは自由だった。したいと思うことをした。誰もわたしを妨げなかった。ここでの下らない会話、汚らしい人間たち、卑しい考え、粗暴な感情の代わりに、あそこには死のような静けさと、かき乱されることのない閑暇とがあった。食事を済ませてからも再び出かけて行かなければならないし、明日もまた行かなければならないと考えただけで、わたしは時に激しい怒りと絶望とに囚われるのであった。わたしは気晴らしを求めてワインやウォッカを飲んだ。

しかも、役所の同僚の誰かが「途中で」わたしのところへ立ち寄って、退屈しのぎにしばらく腰を据え、出勤時間までのひとときを、お喋りして行くのであった……。

けれども数カ月経つと、役所勤めも幾らか楽になった。

長い持続的な迫害というものは、個性あるいは金銭的考慮が混入しない限り、ロシア人の性格の中には存在しない。これは決して政府が抑圧や迫害を欲しないからではなく、ロシア人的な無頓着さ、われわれの〈レッセ・アレー〉〔放任主義〕に基づくものである。ロシアの官憲はすべて粗暴で傲慢である。彼らをして粗暴な行為をさせるのはきわめてたやすいことである。しかし、人を絶え間なく虐げるということは、彼らの習慣には合わない。彼らにはそうするための忍耐力が欠けている。それが何の利益にもならないためだからかもしれない。

初めは激昂して、一方では自分の熱心さを、他方では自分の権力を示すために、あらゆる馬鹿げた不必要なことをするが、その後は段々と構わないようになる。

役所の場合も同様であった。内務省はその頃統計に夢中になっていた。いたるところに委員会を作るように命じ[17]、ベルギーやスイスにおいてさえとても実行できないようなプログラムを配布した。それと共に、最近十年間の集計（これは一年前にはまだ集められていなかった報告によって作られたものである！）から算出した平均値や色々な結論、道徳上の注意事項や気象学的備考欄、〈マクシマム〉と〈ミニマム〉などの記載された、気取った統計表が送られてきた。委員会や情報集めのための経費は一コペイカも支給されなかった。すべてこれは統計に対する愛情に基づいて、地方の警察の手を経て行なわれ、かつ知事官房において整理されるべきものとされた。仕事を山のように背負い込んだ官房や、すべて平和な理論的な仕事の大嫌いな地方の警察は、統計委員会を無用の贅沢であり、本省の気紛れであると見ていた。しかし、統計と結論とを備えた報告書は提出しなければならなかった。

　この仕事は、官房全体にとって、この上なく困難なものに思われた。そもそもこれは不可能なことであった。しかし、誰もこのことには注意を向けず、ただひたすら、叱責《しっせき》を受けないようにすることにのみ気を配った。わたしはアレニーツィンにこの困難な仕事を官房でではなく、自宅ですることを許してくれるならば、序文と序章をつけ、外国語や引用文のついた見栄えのよい結論を導き出し、雄弁な注を書き込んだ統計表を作ってもよいと約束した。アレニーツィンはチュファーエフと相談の上、これに同意した。

　わたしは委員会の仕事に関する報告の冒頭の部分では、希望と計画とについて書いた。何故なら、目下のところ、まだ何もなされていないからである。だがこの書き出しはアレニーツィンを心の底から感動させた。チュファーエフまでもが、それがうまく書かれていると思った。こうして、統計に関する仕事は終わった。そして、委員会はわたしの管理の下に置かれることになった。わたしはもはや書類の書き写しという苦しい仕事に追われることもなくなった。酔っ払いの係長はほとんどわたしの部下のような存在になった。アレニーツィンは、ただ体裁を考慮して、わたしには毎日ちょっと役所に顔を出すように要求しただけであった。

　真面目な統計というものが不可能であったということをはっきりと示すために、わたしはカイという田舎町から送られてきた報告のことを述べよう。そこには、色々馬鹿げたことの中に、次のようなことが書かれてあった。

「溺死者――二、溺死の原因不明――二。」そして集計表の欄には「四」と記載されているのである。特別の事件という欄には、次のような悲劇的な逸話が書いてあった。「商人何某、刺激性飲料によって精神に異常を来《きた》し、縊死《いし》す。」町の住人の道徳に関する項には、「カイ町にはユダヤ人は居住したることなし」と書かれ、教会、取引所、救貧院の建築という欄には、次のように書いてあった。「取引所の建築に予算が割り当てられた。――支出なし」……。

チュファーエフ

統計はわたしを役所の仕事から救ってくれはしたが、同時にチュファーエフとの個人的な関係にわたしを引き入れるという、不幸な結果をもたらした。

わたしがこの男を憎んだ時期もあった。しかし、その時代は久しい前に過ぎてしまったし、この男も今では鬼籍に入った。彼は一八四五年頃カザンの自分の領地で死んだのである。今となってはわたしはあたかも森や荒野で出会った特別の獣(それを研究することは必要であるが、それが獣であるということに対して腹を立てるわけにはゆかない)のことを思い出すように、憎しみの念を抱くことなく、彼のことを思い出すことができる。だが、あの頃のわたしは彼と衝突しないではいられなかった。これはまっとうな人間なら誰でも避け難いことであった。偶然の機会がわたしを救ってくれたのだが、さもなければ彼はわたしをひどく迫害したことだろう。だが、彼がわたしに加えなかった危害に対して、彼に敵意を抱くことはおかしくもあり、気の毒でもある。

チュファーエフは一人で住んでいた。妻は彼と離婚したのである。だが知事公邸の奥には、彼の愛人が何故かことさら不器用に隠されていた。これは料理番の女房で、この料理番は彼女の夫であるというだけの罪で村へ追いやられていた。彼女は表立った所へは出なかった。しかし、知事に対して特段に忠実な官吏たち、すなわち、後の祟りを特に怖がっていた官吏たちは、〈もしもの場合のために〉、料理番の奥方の侍従を構成していた。彼らの妻や娘たちは、このことを吹聴しこそしなかったが、晩になると、密かに彼女を訪問した。この婦人は輝かしい先行者のひとり、ポチョムキン〔エカテリーナ二世の愛人〕と同じように、優れた分別を持っていた。彼女は老人の気質を知っていて、自分が他の女と取り替えられるのを怖れていたので、危険のない競争者たちを、彼のために自ら探してやった。感謝した老人は、かかる寛大な愛情に対して、深い思い遣りをもって報いた。そして、彼らは仲睦まじく暮らしていたのである。

チュファーエフは午前中は仕事をすることにして、県庁に出ていた。生活の詩は三時から始まるのであった。食事は彼にとって遊び事ではなかった。彼は食べることが好きだった。人の沢山いる席で食事をすることを好んだ。彼の家の調理場では、いつも十二人分の料理が準備された。お客が半分より少ない時には、彼は悲しげだった。お客が二人以下ともなると、彼は不幸であった。誰も来ない時には、彼は絶望せんばかりになって、ドルシネア姫[18]の部屋に食事をしに行くのであった。客を呼び集めて、彼らに吐き気を催すほどご馳走することは、困難なことではない。しかし、彼の公式の立場と彼に対する官吏たちの恐怖とが、彼らをして彼の歓待を自由に享受することも、また、彼をして自分の家を旅籠屋に変えることをも許さなかったのである。お客の範囲を、参事官や色々な機関の長たち（だが、彼はその半数の者と仲が悪かった、すなわち、彼らに好意をもっていなかった）、ゆきずりの旅行者、金持ちの商人、徴税請負人、ルイ・フィリップ時代の選挙に実施しようとした〈有資格者〉[19]に類する変わり種の人間に限らなければならなかった。むろん、わたしはヴャトカにおける第一級の変わり種であった。

「思想のために」遠い町々に流された人びとは幾らか恐れられていて、決して普通の人間と同一視されることはなかった。地方の人たちは「危険人物」に対して、丁度女たちが名うての女たらしたちに対して、また男が浮気女に対して抱いているのと同じような好奇心を抱いている。地方の住人、とりわけシベリアの人たちよりは、ペテルブルクの官吏やモスクワの有力者たちの方が、危険人物を遥かに怖がっているのである。

十二月十四日の事件〔デカブリストの反乱〕で流された人たちには、大きな敬意が払われていた。新年の挨拶には、官吏たちは先ず第一にユシネーフスキー[20]の未亡人[21]を訪問することになっていた。シベリア各地を検察のために旅行した元老院議員のトルストイ[22]は、官吏たちの提出した報告書を検証するにあたって、流刑中のデカブリストから受けた報告をもとにしたのである。

ミュニヒ[23]は、ペルミの塔の中から、トボリスク県の行政を監督していた。知事たちは、事が重要な問題となると、彼のところに相談に行ったのである。

庶民は流刑者たちに対して、いささかの敵意も持っていなかった。彼らは、全体として、罰せられたものの味方である。シベリアの境の近くでは、「流刑囚」という言葉は消えて、代わりに「ふしあわせな人」という言葉が用いられる。ロシアの民衆の目からすれば、法律上の宣告は人間の汚点とはならない。ペルミ県では、トボリスクに至る道筋の農民たちは、「ふしあわせな人」がシベリアから密かに逃れてくる時のために、しばしば小窓の下にクワスやミルクやパンを並べておくのである。

流刑囚の話のついでだが、ニージニー・ノヴゴロドを過ぎると、流刑のポーランド人たちを見受けるようになる。カザンから先になると、彼らの数は急速に増えてゆく。ペルミには四十人ほどいたが、ヴァトカでもそれより少なくはなかった。その他の郡役場のある町ごとに、必ず何人かのポーランド人がいた。

彼らはロシア人たちからまったく離れて暮らしていた。そして、住民とのどんな接触をも避けていた。彼らは互いに固く身を寄せ合って、富んだ者は貧しい者と仲よく分かちあっていた。

住民の側からもわたしは、彼らに対する敵意も特別の好意も認めなかった。住民は彼らをよその者として見ていたのだ。しかも、ロシア語を知っているポーランド人は、ほとんど一人もいなかったのである。

ポニャトフスキ[24]配下の槍騎兵士官としてナポレオン戦争にも参加したことのある、ひとりの頑固なサルマティア人[25]の老人が、一八三七年にリトアニアにある自分の領地に帰ることを許された。出発の前の晩、老人はわたしと何人かのポーランド人とを食事に招いた。食事の後で、槍騎兵士官は杯を手にして、わたしの傍らに来てわたしを抱き、軍人らしい率直さをもってわたしに囁いた。「一体どうしてあなたがロシア人なんでしょう。」わたしは一言も答えなかった。しかし、この言葉はわたしの胸の底に深く沈んだ。わたしはこの世代にはポーランドを解放することができなかったことを理解した。

コナルスキ[26]の時代から、ポーランド人たちはロシア人をまったく違った目で見るようになる[27]。

一般に流刑のポーランド人たちは迫害されることこそなかったが、財産のない者にとって、その物質的状態はひどいものであった。政府は窮迫している者には月に十五紙幣ルーブルずつを支給している。だが、この中から衣食住および燃料の費用を捻出しなければならない。カザンやトボリスクのようなかなり大きな町でならば、個人教授をしたりコンサートを催したり、舞踏会の楽士に雇われたり、肖像画を描いたり、ダンスを教えたりして、何とか収入を得ることができた。だがペルミやヴャトカとなると、こういう手立てさえなかった。しかし、こうした境遇にあったにもかかわらず、彼らはロシア人から何一つもらおうとはしなかった。

……チュファーエフの脂っこいシベリア式の食事に招かれることは、わたしにとってはまさしく刑罰であった。彼の食堂は彼の役所と同じであったが、ただ形式が違っていて、少し清潔ではあったが、しかしもっと俗悪であった。というのは、それは強制ではなく、自由意志の様相を帯びていたからだ。

チュファーエフは自分の客たちを知り抜いていて、彼らを蔑《さげす》み、時には彼らに敵意を示した。そして全体として、主人が自分の飼犬を扱うような態度で彼らを扱った。すなわち、時には必要以上の馴れ馴れしさをもって、また時には度はずれの粗暴さをもって。

しかしそれでも、彼は客たちを食事に呼んだ。そして彼らは怯えと喜びとをもって彼の前に姿を現わし、おのれを卑しめ、お喋りをし、お世辞を言い、ご機嫌を取り、微笑し、そして頭を下げるのであった。

わたしは彼らのために顔を赤らめ、恥ずかしく思った。

われわれの友好関係は長くは続かなかった。チュファーエフは間もなく、わたしがヴャトカの「上流」社会には向かない人間であることを悟ったのである。

数カ月もすると、彼はわたしに不満を抱くようになった。さらに数カ月後には、彼はわたしを憎むようになった。そして、わたしは彼の食事に行かなくなったばかりではなく、彼の家に行くことをすらすっかりやめてしまった。わたしを迫害から救ってくれたのは、皇太子のヴャトカ行啓であった。このことは後で書こう。

ここで次のことを言っておく必要がある、すなわちわたしは初めはチュファーエフの関心を惹き、招待をかたじけなくするようになり、後にその怒りと不興とを買うまでになるようなことを、こちらとしては断じて何一つしなかったのだということを。彼はわたしの自主的な、しかし、少しも傲慢でない態度に我慢がならなかったのである。わたしは彼に対していつも〈規則通り〉に振舞った。だが、彼が求めていたのはお追従であった。

彼はおのれの権力を熱愛していた。彼は額に汗してそれを獲得したのである。そして彼は服従を要求したばかりでなく、絶対的隷属の表明を要求した。不幸にして、この点において彼は国民的であった。

地主は下僕に向かって言う。「黙れ！　わしはおまえが口答えするのを我慢できぬ！」上役は反対意見を述べる官吏に向かって、青くなって言う。「君は自分を忘れている。君は誰と話しているのか知っているのかね?!」

皇帝は人をその「思想の故に」シベリアに送り、一編の詩の故にこれを地下牢で苦しめる。

すべてこれらの三種類の人間は、人間的威信の率直な表明や自主的な言葉の不遜さよりも、盗みや収賄や殺人や強盗の方がまだ許せると考えているのである。

チュファーエフはツァーリの本当の下僕であった。彼は重宝されはしたが、それ以上には出世しなかった。彼の中では、ビザンチン的奴隷根性が官庁の秩序ときわめてうまく調和していたのだ。権力の前での自己滅却、意志と思想との放棄が、部下に対する無慈悲な圧迫と分かち難く結び付いていた。だからこそ、彼は文官のクレインミーヘリともなることができたのだろう。彼の「熱意」は、まったく同じように、すべてに打ち克ったのだろう。彼もまた、まったく同じように、人間の屍をもって壁を塗り固めたのだろう。人間の肺をもって宮殿の壁を乾かしたのだろう。工兵軍団の若い兵士たちを、彼らが密告者でなかったという理由で、さらにひどく笞打ったのだろう。

チュファーエフは、あらゆる貴族的なものに対して、密かに強い敵意を抱いていた。彼は多くの苦い経験からこういう敵意を持ち続けていたのである。アラクチェーエフの官房の苦役的な仕事も、チュファーエフにとっては最初の避難所であり、最初の解放であった。それ以前には、上役たちは彼に椅子を勧めることもせず、細々した煩わしい用事で彼をこき使った。彼が主計課に勤めていた頃、士官たちは軍隊式に彼をいじめた。ある大佐はヴィリノの街上で乗馬用の鞭で彼を打ったことがある……。すべてこうしたことは写字生の心の奥底に染み込んで、根を生やした。今では知事となって、彼の方が人をいじめる番になった。椅子を与えなかったり、おまえ呼ばわりしたり、必要以上に声を荒らげたり、時には古い家柄の貴族を裁判にかけたりすることもできるようになった。

チュファーエフはペルミからトヴェーリに移った。貴族たちはそのあらゆる謙譲、あらゆる卑屈さをもってしても、チュファーエフを我慢できなかった。彼らは大臣ブルードフ[28]に宛てて、彼を解任してくれるように願い出た。ブルードフは彼をヴァトカに転勤させた。

ここで彼はまたしても、自分にうってつけの環境の中に置かれることになった。官吏たちと徴税請負人たち、工場主たちと官吏たち——彼にはまったく気楽そのものであった。すべての者が彼を恐れ、すべての者が彼の前で起立し、すべての者が彼のために宴会を開き、晩餐会を催し、すべての者が彼の顔色を窺《うかが》い、結婚式や命名式の最初の杯は「閣下の健康のために」捧げられるのだったのだから。

第十五章　シベリアの行政

官僚主義とシベリア総督たち

ピョートルの改革の最も悲しむべき結果の一つ――それは官吏階級の肥大化である。「勤務」の他には何一つすることもできず、官庁的形式の他には何一つ知らない、人工的で教養のない餓えた階級であるそれは、一種の市民的僧侶階級を構成し、裁判を執り行ない、貪欲な汚れたおびただしい数の口をもって、民衆の血を吸っている。

ゴーゴリは幕の片方を持ち上げて、ロシアの官吏の醜さを余すところなくわれわれの前に示した。しかし、ゴーゴリは笑いによって心ならずも調子を和らげている。彼の巨大な喜劇的才能が怒りに打ち克っているのだ。加うるに、ロシアの検閲の枷の中にあって、彼は哀れなロシアの民衆の運命を苛酷なものにしている、この汚れた地下の悲しい側面に触れることができなかった。

われわれが早く通り抜けようと急いでいる煤《すす》だらけの役所のどこかでは、ぼろぼろにされた人間が、灰色の紙の上に書いて、書いて、書き続け、紋章入りの用紙に清書し続けている。そして人びとが、幾つもの家族が、多くの村々が辱しめられ、脅かされ、そして荒廃して行く。父は流刑地に送られ、母は監獄へ、そして息子は兵隊に。そしてこれらすべては、雷のように不意に、大抵の場合は何の謂れもなしに、彼らの上に襲いかかるのである。そもそも何のために！　金のためにである。みんなで金を集めなければならない。さもないと、酒に焼け寒さに凍え死んだどこかの酔っ払いの死体についての調査が始められることだろう。そこで郷の長《おさ》が金を集め、村長が集め、百姓たちが最後の一コペイカまでかき集めて上納する。郷の警察署長だって生きて行かなければならない。郡の警察署長だって生活し、妻子を養って行かなければならない。参事官だって生活し、そして子供たちを育てなければならない。参事官は模範的な父親だ……。

ルーシの北東部の諸県およびシベリアにおいては、官僚主義が支配している。そこでは官吏たちは、何の妨げもなく、誰憚《はばか》ることもなく、思う存分に手足を伸ばしている……。恐ろしく僻遠の地なのである。誰も彼もが儲け仕事に一役買って出る。盗みが〈共通の仕事〉になっている。ツァーリの権力の散弾程度の力をもってしては、雪の下や沼地の泥まみれのこれらの塹壕《ざんごう》を撃ち抜くことなどできはしない。政府のすべての施策は薄められ、あらゆる希望は歪められる。政府は欺かれ、嘲られ、裏切られ、そして売られる。しかも、すべては忠良なる臣民の卑屈な顔付きで、ありとあらゆる官庁的形式に従って行なわれるのである。

スペラーンスキー(1)がシベリアの住民の運命を軽くしようと試みたことがあった。彼はいたるところに合議制の原則を取り入れた。あたかも問題は、誰がいかに盗むか、一人ひとりで盗むのか、徒党を組んで盗むのかということにあるかのように。彼は古い詐欺師を幾百人も解雇し、新しい詐欺師を幾百人も採用した。初めの内こそ、彼は地方の警察をひどく恐れさせた。そのため、百姓たちが嘆願書を出したりしないようにと、官吏の方から賄賂が送られたほどであった。だがそれも三年も経つと、官吏たちは新しい規則の下で、古い規則の下にあった頃にも劣らないほど、儲けるようになった。

変わり者がもうひとりいた。ヴェリヤミーノフ将軍(2)である。彼はトボリスクにおいて、官吏の職権濫用をやめさせるために、二年ほど奮闘した。しかし、成功の見込みのないことを知って、すべてを投げ出した。そして、仕事をすることもすっかりやめてしまった。

彼よりも分別のある他の連中は、何もやろうとはしなかった。そして自分でも儲け、他の者にも儲けさせた。

「わしは賄賂を根絶やしにする」とモスクワ知事セニャーヴィン(3)は、ある明らかな不正行為のことを訴えてきたひとりの白髪の百姓に言った。老人は微笑した。

「おまえは何を笑っとるのだ。」セニャーヴィンは聞いた。

「いや、だんなさま、おゆるしくだされ」と百姓は言った。「わしはひとりの若い衆のことを思い出したですよ。そいつは大砲を持ちあげてみせるちゅうて自慢して、やってみたですが、なに、やっぱり大砲は持ちあげられなかったですよ！」

セニャーヴィンは自分でよくこのアネクドートを語っていた。彼はロシアの官職に就いている非実際的な人物のひとりであった。彼らは、検閲の木蔭に自由にはびこっている、収賄というロシアの全般的な病気を治療するのに、誠実についての修辞学的な警句や、目の前に現われた二、三の詐欺師に対する専制的な圧迫だけで、事足りると考えている。

収賄に対しては二つの手段がある。すなわち収賄の公表と、全機構のまったく別な組織、国民的諸原則に基づいた仲裁裁判、口頭訴訟、宣誓人制度《ツェロヴァーリニク》(4)など、ペテルブルクの政府がひどく嫌っているすべてのものを、もう一度導入することである。

西シベリア総督のペステリ(5)、すなわちニコライによって死刑に処せられた有名なペステリの父親は、正真正銘のローマの地方総督《プロコンスル》であった。しかも、最も狂暴な地方総督のひとりであった。彼は、その手下のスパイたちによってロシアから隔絶された地域において、どこででも公然たる組織的な掠奪を行なっていた。一通の手紙も、開封されずには境を越えることができなかった。彼の支配ぶりについて何かを書いた者がいたら、それこそひどい目にあわなければならなかった。彼は第一級ギルド商人たちを鎖につないで一年も牢屋に入れ、彼らを拷問にかけた。彼は官吏たちを東シベリアの境に送って、二年も三年もそのままにしておいた。

民衆は長い間耐え忍んだ。遂に、トボリスクのひとりの町人が実情を皇帝のお耳に入れようと決心した。彼は通常の道を通って行くことを恐れ、先ずキャフタに行って、そこから茶を運ぶ隊商の一行に加わって、シベリアの境を越えた。彼は機会を見てツァールスコエ・セローでアレクサンドルに嘆願書を渡すことができた。彼はそれを読んでくれるように皇帝に願った。アレクサンドルはそこに書かれてある恐るべき実態に驚き、強い衝撃を受けた。彼はその町人を呼び出し、その話を縷々《るる》聞いた挙句、町人の上申が悲しいことに真実であることを確信するに到った。彼は心を痛め、幾らか当惑しつつ町人に言った。

「おまえはもう家に帰ってもよろしい。このことはよく調べることにするから。」

「陛下よ」と町人は答えた。「わたくしはもう自分の家には帰れません。むしろ、わたくしめを監獄に閉じこめるようにお命じください。わたくしが陛下とお話ししたことはいつかは分かることです。そうなれば、わたくしは殺されるでしょう。」

アレクサンドルは身震いした。そして、その頃ペテルブルク総督をしていたミロラードヴィチ〔第一章訳注(22)参照〕に向かって言った。

「君はこの男のことに責任をもってくれたまえ。」

「それでは」とミロラードヴィチは言った。「彼をわたくしの家に引き取ることにいたしたいと思います。」

その町人は事件の終わるまで、実際そこに留まっていた。

ペステリはほとんどいつもペテルブルクに住んでいた――地方総督たちもローマに住んでいたことを思い合わせるとよい。彼は自分の存在によって、さまざまな人脈によって、だが何よりも先ず獲物の分配によって、あらゆる不愉快な噂やいざこざを防止しようとしていたのである。*

*このことはロストプチーン伯爵にペステリに関する皮肉を放つ動機を与えた。彼ら二人が皇帝のもとで食事をしたことがある。皇帝は窓のそばに立って聞いた。「あそこの教会の上の……十字架の上にある、黒いものは、あれはなんだろう。」「わたくしには見分けがつきません――とロストプチーンは答えた――これはボリース・イワーノヴィチ〔ペステリ〕にきいて

みなければなりません。彼は恐ろしくいい目を持っています。彼にはここから、シベリアで行なわれていることが見えるのですから。」

法制審議会はアレクサンドルがヴェロナだかアーヘンだかに行っていた留守の間を利用して(6)、次のような、賢明にしてかつ公正な決定をした。すなわち、陳情の中に述べられてあることはシベリアに関することであり、しかもペステリが当地にいるのであるから、事件の調査は彼に任せるべきであると。ミロラードヴィチ、モルドヴィーノフ(7)その他二、三の人がこの提案に反対した。そこで事件は元老院に持ち出された。

元老院は高位の官吏に関係した事件を審理する時のいつもの驚くべき不公正さをもって、ペステリを無罪とし、トボリスクの文官知事トレスキン(8)の官位および貴族の身分を剥奪《はくだつ》した上、これをどこやらに流刑に処した。ペステリはただ免職になっただけである。

ペステリの後にトボリスクにやってきたのは、アラクチェーエフの弟子なるカプツェーヴィチ(9)であった。痩せぎすで癇の強いこの男は根っからの暴君ではあったが、半生を軍隊勤務で過ごしてきたことも手伝って、これに輪をかけた暴君になっていた。せっかちな実務家でもある彼は、万事を規則通りに行ない、物価の上限を定めたりもしたが、日常の仕事は強盗どもの手に任せておいた。一八二四年に皇帝がトボリスクを訪問しようと思ったことがある。ペルミ県には広い立派な道路がある。これは久しい前から乗り均《なら》されてきたもので、恐らくこの土地の地盤が固いためである。カプツェーヴィチはこの道路を数カ月の間にトボリスクまで延長した。春先の寒いぬかるみの中を、彼はおびただしい数の労働者をして道路開通の仕事に当たらせた。彼らは割り当てによって、遠い村からも近い村からも狩り集められてきたのである。疫病が広まり、人夫の半分は死んでしまった。しかし「熱意はすべてに打ち克つ。」かくて、道は完成された。

東シベリアの統治はもっとひどい状態にある。ここはあまりに遠方なので、消息(10)は滅多にペテルブルクにまでは届かない。イルクーツクでは総督のブロネーフスキーは、「散歩する」時に町の中で大砲を撃つのが好きだった。もうひとりの総督は、酔っ払うと自宅でれっきとした法衣を身につけ、高位の聖職者を呼んで聖体礼儀《リトルギア》(11)を行なう癖があった。少なくともひとりの騒音も、もうひとりの信心も、ペステリの包囲作戦やカプツェーヴィチの性急な活動ぶりほどには、有害ではなかった。

シベリアがかくも惨めな統治を受けていることは悲しむべきことである。総督たちの選任がとりわけ不幸なものであった。どのムラヴィヨーフであったか知らないが、ムラヴィヨーフ(12)という総督はその聡明さと才能とをもって有名であった。(その他の者たちは何の役にも立たない人間であった。)シベリアは大きな将来性を持っている。それは多くの金や毛皮やその他の富を蔵しているのに、寒くて雪に埋もれて生産手段に乏しく道路も切り開かれていない、人煙まれなる穴倉のように考えられている。しかしこれは正しくない。

すべてを暴力と笞とをもって行ない、生気をすべて奪ってしまうロシア政府では、アメリカ的速度をもってシベリアを開発するための、力強い刺激を与えることはできない。アムールの河口に船舶が出入りするようになり、アメリカが中国の近くにおいてシベリアと境を接する日が来るであろう。

太平洋は未来の地中海である、とわたしは久しい前に語ったことがある。* 太平洋と南アジアとロシアとの間の国であるシベリアの未来の役割は、きわめて重要である。むろんシベリアは中国の国境にまで広がらなければならない。クラスノヤルスクやミヌシンスクなどがあるのに、ベリョーゾフやヤクーツクで凍えたり震えたりしていることは、実際はありえないはずである。

＊わたしはニューヨークの諸雑誌がこのことを幾度か伝えたのを見て大変嬉しく思った。〔ゲルツェンはこのことを一八五三年の論文「洗礼を受けた財産」の中で書いている〕

シベリアにおけるロシア系の住民自身が、その性格の中に、ロシア本国とは違った発展の仕方をする可能性を示す、さまざまな要素を持っている。概して、シベリアの種族は健康的で伸び伸びとしていて、聡明で、かつ、きわめて進取の気性に富んでいる。移住民の子孫であるシベリア人たちは、地主の権力というものをまるっきり知らない。シベリアには貴族階級というものがないし、同時に都市にも特権階級はいない。官吏と士官とが権力の代表者であるが、その彼らにしても、特権階級というよりはむしろ、勝利を得た軍隊が敵国の領土内に駐屯せしめている守備隊のようなものである。こうした連中との間には大きな隔たりがあったために、農民たちは彼らと接触する機会も少なく、そのことが農民にとっては救いとなっている。金が商人たちを救っている。シベリアの商人たちは官吏を蔑んでいる。そして、表面的にはこれに譲歩しつつも、これをそのあるがままの存在、すなわち日常業務を処理するための自分たちの番頭と見なしているのである。

シベリア人にとって欠かすことのできない武器使用の習慣は到るところに見られる。危険や敏捷《びんしょう》な行動に慣れていることは、シベリアの農民を大ロシアの農民よりも一層戦闘的で、機敏で、反抗的なものにしている。教会が遠いために、信仰に対するシベリアの農民の考え方は、ロシアにおけるよりも、もっと自由である。彼らは宗教に対して冷淡であり、大部分は分離派教徒である。遠い村ともなると、僧侶は年に三回ほどしか行けず、しかもいちどきに洗礼を施したり、結婚式をしたり、葬式をしたり、懺悔《ざんげ》もひとまとめにして聞くのである。

強欲な市警察署長

ウラル山脈のこちら側では、物事はもっと控え目に行なわれている。それにもかかわらず、わたしが在勤中に官房や知事の家の食堂で聞いた官吏の職権濫用や横暴に関する逸話は、それをもって数巻の書物を満たすに足りるほどであった。

「わしの前任者ときたら、大したものでしたよ」と、ある内輪の話の中で、ヴャトカの市警察署長がわたしに語った。「ああいう生き方もあるんですね。だがあれは、ああいうふうに生まれついていなくては、できないことです。これは、まあ言ってみれば、一種のセスラーヴィン(13)とかフィグネル(14)といったところですかな。」負傷したために市警察署長に昇進した足の不自由なこの少佐は、栄光ある前任者の思い出話に目を輝かせた。

「町の近くに強盗の一団が現われましてね。商人が品物を奪われたとか、徴税を請け負っている男が金を取られたとかいう知らせが再三、当局のもとに届いたんです。知事は心配して、次々と命令書を出したんですが、ご承知のように、在の警察は臆病者です。ちっぽけな泥棒をふんじばってしょっぴいてくるぐらいのことならできますが、今度のは徒党を組んでいるし、おまけに銃を持っているかもしれない。在の警察では手の出しようがない。そこで知事は市の警察署長を呼んで言ったものです。

「わしはこれが全然君の職務でないことは知っとるが、君の手腕を信頼して、君にお願いするわけだ。」

署長は、この事件については、すでにさんざん聞いていました。

「閣下——と彼は答えました——わたしは一時間後には出発します。盗賊どもはあそことあそこにいるに違いありません。わたしは部下を率いて、あそことあそこでやつらをとっつかまえて、二、三日の内には、鎖につないで、県の監獄にひき立ててまいります。」

これはオーストリア皇帝の前に立ったスヴォーロフそっくりです！　実際、言われたことは実行されました。彼は部下を率いて出かけて行って、やつらをふんづかまえました。金は隠す暇もないくらいで、署長がみんな取り上げて、盗賊どもを町にひっ立ててきました。

取り調べが始まって、署長が問いただします。

「金はどこにある。」

「わしらはおまえさんに渡しましただよ。だんな、自分でうけとったでねえか。」盗賊たちは口々に答えます。

「わしに？」——と署長はひどく驚いて言います。

「おまえさんにだよ！――と盗賊たちは叫びます――おまえさんにだよ。」

「ずぶとい野郎どもだ！――署長は怒りのために青くなって、地区警察の署長に言いました。――おい悪党ども、わしがおまえらとぐるになって強盗を働いたとでも言うんだな。よし、わしの制服に泥を塗るようなまねをすると、どういうことになるか、目にものを見せてくれるぞ。わしは驃騎兵《ひょうきへい》の旗手だ。わしの名誉を汚すことはゆるさんぞ。」

そこで署長はやつらに笞を喰らわせました――金はどこに隠した、さあ、白状しろの一点ばりです。やつらもはじめは自分たちの言ったことをひるがえそうとはしませんでしたがね。だが署長がもう二服分喰らわせろと命じたので、盗賊の中の頭株の男が叫びました。

「おそれいりやした。金は使ってしまいやした。」

「もっと早く言えばいいんだ――と署長は言います――くだらぬ強情をはりやがって、おい、いいか、わしはそう簡単にはだまされんのだぞ。」

「まったくだ。わしらはだんなに教えていただかなけりゃならねえ。わしらなんぞには何一つ教えることはねえ。わしらなんぞには、とてもとても！」――と年老いた強盗は感心して署長を眺めながら、呟きましたとさ。

彼はこの事件でウラジーミル勲章をもらったんですよ。」

「ちょっとお聞きしますが」とわたしは偉大な市警察署長への称讃の言葉を遮って訊いた。「二服分というのはどういうことなんですか。」

「これはまあ、わたしたちのうちわの言い方でしてね。笞を喰らわせる間は、退屈なもんですからね。そこで笞打ちをはじめろと命じてから、パイプに火をつけるわけです。普通はパイプを吸い終える頃には、叩く方も終わるわけです。特別の場合には、もう一度命令を出して、つまり、二服分お見舞いするということになるわけです。警官の方も慣れていましてね。おおよそ、どのくらい叩いていいものか、心得ているものです。」

　このフィグネルにしてセスラーヴィンなる人物について、ヴャトカにはさまざまな伝説が残っている。彼は数々の奇蹟を行なった。ある時、どういう機会にであったか、わたしは覚えていないが、侍従武官だか大臣だかが来ることになった。そこでこの市警察署長は、自分が伊達に驃騎兵の制服を着ているのではないこと、また拍車のかけ方も他の者よりも上手であることを見せたいと思った。このため彼は、この地方の富裕な商人であるマシコーフツェフの家の者に、その高価な灰色の馬をくれと言った。マシコーフツェフは馬を渡さなかった。

「よろしい」とこのフィグネルは言った。「あんたはこんな僅かなことにも抗う。わしはあんたが承知しなくたって、馬をとってみせるからな。」

「では、やってご覧なさい」と黄金は言った。
「よし、やってみせるとも」と鋼鉄は言った。
マシコーフツェフは馬を厩《うまや》に閉じこめて、二人の見張りをつけた。今度は署長はしくじったようであった。

ところがその日の夜、まるでわざとのように、マシコーフツェフ家の真裏にあった徴税請負人の家の空っぽの納屋から火が出た。署長と警官たちは見事な活躍ぶりを示した。マシコーフツェフの家を救うために、彼らは厩の壁を叩き壊して、問題の馬を、たてがみもしっぽも焦がさずに引き出した。二時間後には、署長は白い牡馬に堂々とまたがって、模範的消火作業に対する高官の感謝の言葉を受けるために出かけて行った。このことがあってから、署長が万能であることを、誰ひとり疑うものはいなくなった。

ある時、知事ルィフレーフスキー(15)が集会から馬車で帰ろうとした。馬車が動き出そうとした時、小さな橇を曳いたどこかの御者がぼんやり進んで来て、そのために、ちょっとしたごたごたが生じたが、このことはルィフレーフスキーがすこぶる心安らかな気分で家に帰ることの妨げとなったわけではなかった。しかし次の日、知事は署長を呼んで、曳革《ひきがわ》の間に割り込んだのは誰の家の御者かを問い、その御者を脅かしておかねばならぬと言った。

「閣下、あの御者はもう曳革の間に割り込むようなことはしないでしょう。わたしはあれをこっぴどく叱りつけておきましたから」と署長は微笑しながら答えた。

「あれは誰の御者かね。」

「クラーコフ参事官の御者であります。閣下。」

この時、老参事官が知事のところへやってきた。これは、わたしが初めて会った時からヴャトカを去る時まで、県会の参事官をしていた老人である。

「どうも失敬しましたな」と知事は彼に言った。「わしらはあんたの家の御者を叱りつけたりして。」

びっくりした参事官はなんのことか分からずに、いぶかしげに知事を見ていた。

「きのう、その男がわしの馬車の曳革の間に割り込んでしまってね。お分かりだろうが、割り込んでしまって、これは放っておくと……。」

「だが閣下、わたしはきのうは家におりましたよ。家内も家におりましたし、御者も家におりましたがね。」

「これはどういうわけだ」と知事は聞いた。

「閣下、わたしはきのうはひどく忙しかったので、頭がこんがらがって、申し訳ない次第ですが、御者のことはすっかり忘れてしまいまして、これを閣下に報告申し上げる勇気がありませんでしたので。わたしはすぐ片付けたいと思っておりました。」

「そう、君は本当の警察署長だ。何も言うことはないよ！」とルィフレーフスキーは言った。

温和な判事

この強欲な役人と並んで、別の、正反対の部類の人物――穏やかで同情心溢れる優しい官吏の話をしよう。

わたしの知り合いに、ひとりの尊敬すべき老人がいた。彼は元老院の監査によって職を免ぜられた郡の警察署長であった。彼は請願書の作成や訴訟の仕事をしていたが、これは彼には禁じられていることであった。いつの頃とも分からぬ、古い時代から勤務についていたこの男は、盗みをしたり文書を書き換えたり、三つの県で虚偽の調書を作ったりして、二度も裁判にかけられたりした。地方警察のこのヴェテランは自分自身について、また自分の同僚について、驚くべきアネクドートをあれこれ物語るのが好きだった。そして、新しい世代の堕落した官吏たちに対する蔑みの念を隠そうとしなかった。

「これは口先だけの連中ですよ」と彼は語る。「むろん彼らも取るものは取っています。そうしなくては暮らしてゆけませんからね。しかし、つまり手際は悪いし、法律は知らないし、そうしたことを求めるのは無理ですがね。例えばひとりの友人のことをお話ししましょう。二十年ほど判事をしていましたが、去年死にました。これは実に頭のある男でしたよ！　百姓たちは彼のことを少しも悪く思っていません。それでいて彼は、自分の家族にも、食えるだけのものを残しました。この男のはまるっきり独特のやり方ですな。百姓が嘆願書を持ってやって来る。判事はすぐにこれに面会する。それがまたすこぶる親切に、愛想よく応対するんですな。

「ところで――と奴《やっこ》さんはきくわけです――おまえさんの名前は何ていうんだね、それからおとっつぁんの名前は。」

百姓はおじぎをして言います。

「エルモライです、だんな。おやじはグリゴーリーって言いましただ。」

「ようこそ、エルモライ・グリゴーリエヴィチ。ところで、どこから来たのかね」

「わしらはドゥビロヴォのもんでがす。」

「ああ、そうか、あそこなら知っているよ。道の、例の大通りの右側に、水車小屋があったようだね。」

「そのとおりでござんすよ、だんな。あれはわしらの共同の水車小屋でがす。」

「裕福な村だね。土地はいいし、黒土だからな。」

「神さまにこぼすことなんぞ、何にもねえですよ、だんな。」

「そうだ、そうでなけりゃいけないよ。ところでエルモライ・グリゴーリエヴィチ、おまえさんとこは家族も多いんだろうね。」

「せがれが三人とむすめが二人、それに上のむすめにむこをとりましての、もう五年になりますだよ。」

「それじゃ、もう孫があるんだね。」

「へえ、ちっちゃいのがいるですよ、だんな。」

「それも神さまのおかげだよ！　産めよ殖やせよというわけだ。どうだね、エルモライ・グリゴーリエヴィチ、遠い道をやってきたんだから、白樺酒でも一杯飲もうじゃないか。」

百姓は辞退するようなそぶりをしますが、判事は彼についでやりながら、こう言うんですな。

「詰まらない遠慮は沢山だよ、兄弟、きょうびは神父さんだって酒や香油を禁じていないからね。」

「まったくそのとおりだ、禁じちゃいませんがの、だけんど酒は人間のわざわいのもとになりますでな。」そこで彼は十字を切って、おじぎをひとつして、白樺酒を飲みます。

「そんなに家族がいたんでは、グリゴーリッチ、暮らし向きにもかかるだろうね。一人ひとりに食わせて、着せるんではね。痩せこけた馬や牡牛が一頭ぐらいでは、やって行けないだろう。乳だって足りないだろうよ。」

「なんの、だんな、馬一頭ぐらいでは、どうにもならねえですよ。今は三頭いるです。四頭目のは葦毛《あしげ》のやつでしたがの、こいつがペトロフカ(16)の頃からいなくなりましての。わしらの村の大工のドロフェイ、あんなやつは消え失せてもらいてえもんだ。人の持ち物に目つけやがって、ひどく目付きのわるい野郎で。」

「ああ、よくあることだよ。おまえさんたちの村には、大きな牧場があるが――羊も飼っているんだろう。」

「むろんですよ、羊もいるですよ。」

「おお、すっかり話しこんでしまった。エルモライ・グリゴーリエヴィチ、ツァーリのお勤めの時間だ。もう裁判所に行かなけりゃならない。それで、おまえさん、用件はなんだね。」

「へえ、それでうかがったですよ、だんな。」

「どんな用だね。けんかでもしたのかね。さあ、おとっつぁん、早く話してくれよ。」

もう行かなけりゃならないんだから。」

「それがね、だんな、この年になって、災難がふりかかってきたですよ……。ウスペーニエ[17]の日でしたがの、わしは酒場に行きましての、隣り村の百姓とえらく口論してしまって、おっそろしく乱暴なやつで、わしらの森の木を盗んでおりますだ。ろくすっぽ話もしねえうちに、やつはげんこをふりあげて、わしの胸をなぐりましただ。きさま、よその村にきて乱暴するでねえぞ、とわしはやつにこう言って、見せしめのために、一つぶったたいてやろうと思ってしたですが、酔っていたせいだか、魔がさしただか、やつの目をたたいて、つまりその、やつの目を潰してしまいましただよ。やつは教会の執事さんといっしょに、すぐ署長のところへ出かけて行ったです――正式に裁判してもらうだって言ってますだ。」

話している間に、判事は段々深刻そうな顔になって、――それがあなた、ペテルブルクの役者そこのけですよ！　おっかない目付きになって、一言も口をきかないんですな。百姓はこれを見て、青くなって、帽子を足元において、汗を拭こうとして、手ぬぐいをとりだします。判事はやっぱり黙っている。そして本を一枚一枚めくっています。

「そういうわけで、だんな、わしはおまえさまのところへうかがったのでございます」と百姓は自分の声ではないような声で言います。

「このわしがここでどうすることができると言うんだい。そういう理由ではねえ。またなんだって、じかに目なんかをなぐったりしたんだね。」

「まったく、だんなさま、なぜちうて……。魔がさしましただよ。」

「気の毒だ、実に気の毒だ！　そんなことで、おまえさんの家がめちゃめちゃにされてしまうなんて！　おまえさんがいなくなったら、家族はどうなるんだい。みんな若い者ばかりだ。孫さんたちは小さいし、それにおまえさんのつれあいの婆さんも気の毒なものだ。」

百姓の足は震えはじめます。

「では、だんなさま、わしは一体どうなるもんでござんしょう。」

「ほれ、エルモライ・グリゴーリッチ、これを自分で読んでごらん……。それとも、おまえさん、字は読めないのかね。これをごらん。『傷害罪』という条文がある……。『笞刑《ちけい》に処したる上、シベリア流刑とす』」

「人間を亡ぼさねえでくださりませ！　正教徒を台無しにしねえでくださりませ！　なんとかならねえものでござりましょうか……。」

「困った男だね！　法律に背くわけにもゆかないじゃないか。むろん、すべてはまあ、人間のすることだ。それで、三十たたくかわりに、五つですますことも、わしらにはできるわけだがね。」

「そうすると、シベリア行きのほうは。」

「それは、おまえさん、わしらの一存にはゆかないことだ。」

百姓はふところから財布を出して、財布の中から、紙のつつみを引き出して、そこから二、三枚の金貨を取って、低くおじぎをしながら、それを机の上に置きます。

「これはなんだね、エルモライ・グリゴーリッチ。」

「お助けくださりませ、だんなさま。」

「もうたくさんだ、たくさんだ！　おまえさん、これはなんだね。わしは罪ぶかい人間だ。時にはお礼のしるしをもらうこともあるさ。わしらの俸給は少ないから、やむなくもらうこともあるが、しかし、もらうからには、それだけの事をしてあげなければならない。わしがどうしておまえさんを助けてあげられよう。あばら骨か歯でも折ったというんならまだいいんだが、目をじかに叩き潰したんではねえ。金はしまっておきなさい。」

百姓はしょげかえってしまいます。

「もっとも、こういうこともできる。わしが同僚と話して、県庁に手紙をだす。ことによると、事件は裁判所の方に回されるかもしれん。そうすれば、あそこには、わしの友人もいる、いっさいをきりまわしている。だがこれはわしとは違った人間だから、金貨の三枚やそこらじゃどうにもならないよ。」

百姓はやっと生気を取り戻します。

「わしは何ももらわなくたっていいよ。わしはただおまえの家族がかわいそうなのさ。だが灰色のやつで二枚以下じゃ、どうにも話のしようがないね。」

「神さまに誓って申しますだ。そんな大金をどこで手に入れたらいいものやら、考えがつきません。四百ルーブルなんて金は……。いまはご時勢がわるいですからの。」

「わしもそれは難しいと思うがね、わしたちも罰の軽くなるようにやってはみるよ。おまえが後悔しているというし、それに酔っ払ってやったことだから、それも考慮にいれてあげるがね。でもシベリアにだって人間は住んでいるんだ。どれほど遠いとこだか、おまえさんも知っているだろうが……。むろん馬を二頭、牝牛を一頭、それに羊でも売れば、金はできるだろうが、百姓のかせぎで、またそれだけの金をつくるには、おいそれとはゆかないだろうしね。だが、こういうことも考えてごらん。馬は売らずにのこしておくが、おまえさんは仔牛一匹いないようなところへ行かなけりゃならん。よく考えてみるんだね。グリゴーリッチ、慌てることはないよ。あしたまで待ってあげよう。だが、もう行かなけりゃならん――と判事は言い足して、先ほどことわった金をポケットにいれて、言います——これはまったく余計なものだが、おまえさんの気をわるくさせてもいけないから、もらっておこう。」

あくる朝になると、どうです、そのけちんぼのおいぼれ百姓は、色んな銀貨だの、古びた金貨だのをとりまぜて、三百五十紙幣ルーブルがとこを判事のところへもってきます。

判事は事件について配慮することを約束します。百姓はさんざん取り調べを受け、脅かされた挙句、軽い罰か、あるいは今後気をつけるようにという注意を受けるか、それとも「監視を要す」ということになって、釈放されるわけですな。そして、一生その判事のために神に祈ってくれるというわけですよ。」

「昔はこういうふうに」と免職になった郡の警察署長はよく語るのであった。「やることがすっきりとしていたもんです！」

……ヴャトカの百姓たちはおおむね、とくに辛抱強いというわけではない。そのため、役人たちは彼らを油断のならない不穏な連中だと考えている。地方の警察にとって本当の宝は……ヴォチャーク人やモルドワ人、チュワシ人たちである。彼らは惨めで、臆病な、そして凡庸な種族である。郡の警察署長たちは、フィン人の住んでいる郡に勤務させてもらうためには、普通の二倍の金を知事に納める。

警察官や役人たちは、これらの哀れな人間に対して、信じ難いほどひどいことをしている。

焼き殺された郡の警察署長

測量係が任務でヴォチャーク人の村を通るようなことがあると、彼は必ずそこで足を止めて、荷馬車から観測儀をおろし、観測柱を地面に打ち立て、鎖を引き延ばす。一時間も経つと村中が大騒ぎを始める。「測量が来た、測量が来た！」――と百姓たちは、丁度一八一二年に「フランス人が来た、フランス人が来た！」と言ったのと同じような調子で、触れてまわる。

村長が村会《ミール》の連中と一緒に敬意を表しにやって来る。だが測量係はしきりに測量し、何やら書き付けている。村長は彼に、測量をしないように、不利益になることはしないようにと頼む。測量係は二、三十ルーブルの金を要求する。ヴォチャーク人たちは大喜びで金を集める。それから測量係は次のヴォチャーク人の村へ出かけて行く。

死体が郡や郷の警察署長たちの手に入ると、彼らは厳寒の季節であるのを幸いに、それを二週間もヴォチャーク人の村から村へと持ち回り、ある村で、死体はたった今発見されたものであり、この村で取り調べと裁判が行なわれることになったと言い触らす。ヴォチャーク人たちは金を出して厄介払いをする。

わたしがやって来る幾年か前のことであったが、賄賂を取ることのひどく好きなある郡の署長が、死体をロシア人の大きな村に持って来て、たしか二百ルーブルだかを要求した。村長は村会を招集した。村会は百ルーブル以上は出さないことに決めた。署長は譲らない。百姓たちは怒って、彼を二人の書記官と一緒に郷の役場に閉じこめてしまって、焼き殺すと言って、あべこべに彼らを脅かした。署長は脅かしを本気にしなかった。百姓たちは建物の周りに藁を積み重ね、最後通牒として、さおの先に百ルーブル紙幣をつけて、窓から署長の前に突き出した。勇敢な署長はもう百ルーブルを要求した。そこで百姓たちは四方から藁に火をつけた。地方警察の三人のムツィウス・スケヴォラス[18]は共に焼け死んでしまった。この事件は後に元老院に持ち出された。

ヴォチャーク人の村は、一般にロシア人の村よりも遥かに貧しい。

「おまえさんの暮らしも楽じゃないね。」ある時わたしは、馬を待っている間に、後ろ向きに、つまり中庭の方に窓のある、暗い、傾きかかった息の詰まるような小屋の中で、その家の主人のヴォチャーク人に話しかけたことがある。

「どうにもならねえだよ。わしらは貧乏だで、わざわいの日の時の用心に、金をためておくだよ。」

「おやじさん、これよりもっと困る時もあるのかね。」わたしはラム酒を一杯ついでやりながら、彼に言った。「飲んで苦労を忘れるんだね。」

「わしらは飲まねえだよ。」ヴォチャーク人はむさぼるように杯を眺め、わたしを疑わしげに見つめながら答えた。

「馬鹿なこと言わないで、さあ、飲みなさい。」

「おまえさん自分で先に飲んでみな。」

わたしは飲み干した。するとヴォチャーク人も飲んだ。

「おまえさんは何だね」と彼は尋ねた。「県庁から用事で来たのかね。」

「いや」とわたしは答えた。「通りがかりだよ、これからヴャトカに行くんだ。」

この返事は彼をよほど安心させたと見えて、彼は周りを見回してから、説明するように付け加えた。

「わざわいの日ちうのは、署長と坊さんのくる日のことをいうだよ。」

使徒のごときタタール人

わたしはここで、この坊さんなるものについて、少し物語ることにしたい。

我が国の僧侶はますます宗教上の警察に変わりつつある。これは我が国の教会のビザンチン的従順さからも、また、高位聖職者の地位の君主的性格からも、当然予想されることである。

フィン系の住民は、一部はピョートル以前の時代に洗礼を受け、一部はエリザヴェータ[19]の治世に洗礼を受けたが、まだ異教徒のままに留まっていた者もある。エリザヴェータの時代に洗礼を受けた者の大部分は、密かに、自分たちの陰気で粗野な宗教を持ち続けていた。*

*彼らの祈りは、帰するところ、すべて彼らの種族の永続や収穫や家畜の保存についての物質的な祈りであって、それ以上のことは何一つない。「願わくば、ユマラよ、一つの羊より二つの羊の生まれ、一粒の麦より五粒の麦の稔り、わが子供に子供の生まれんことを。」地上の生活と日々の糧とに対するこの不信には、何か衰えかけて押しひしがれた、不幸な、そして悲しいものが潜んでいる。悪魔（シャイタン）は神と等しく崇められる。わたしは、ある村で、激しい火事を見たことがある。この村には――ロシア人とヴォチャーク人とが雑居していた。ロシア人たちは物を運び出したり、叫んだり、色々と立ち働いていた。とりわけ宣誓人のはたらきは目覚ましかった。火事を消すことは不可能だったが、何かを運びだすことは、初めの内は、たやすかった。ヴォチャーク人たちは小さい丘の上に集まって、泣き喚いているばかりであった。

二、三年ごとに、郡の警察署長か出先の警察署長かが、僧侶と共に村々を巡回して、ヴォチャーク人たちの内、精進を守った者は誰か、守らなかった者は誰か、またその理由は何かということを調べて歩いた。彼らはいじめられ、監獄に投げ込まれ、笞打たれ、お布施を払わされる。だが主なことは僧侶と署長とが、ヴォチャーク人たちの間に昔の儀式が残っているという、何らかの証拠を探し出すことである。ここで宗教的スパイと地方警察の宣教師とは嵐を巻き起こし、巨額の賄賂をとり、「わざわいの日」をもたらすのである。それから、一、二年後に再び、笞と十字架とを持って訪れる機会のあるようにと、すべてを昔のままに残して、立ち去る。

一八三五年に宗務院は、ヴャトカ県下に伝道して、異教徒なるチェレミス人たちを正教に帰依《きえ》させることを必要と考えた(20)。

この改宗の事業は、ロシアの政府によって行なわれるすべての偉大な改革の典型である。それは見せかけであり、粉飾であり、〈駄ぼら〉であり、偽りであり、誇大な報告である。誰かが盗みをし、誰かが笞打たれるのである。

府主教フィラレートはひとりの元気のよい司祭を、宣教師として遣わした。彼の名はクルバノーフスキー(21)と言った。ロシア的な病である野心の病に取り憑かれていたクルバノーフスキーは、熱心に仕事に取りかかった。彼は是が非でもチェレミス人たちに神の恵みを押し付けようと固く心を決めていた。初めの内、彼は説教をしようと試みたが、間もなくこれに飽きてしまった。また実際に、こんな古めかしい方法で多くの成果を上げられるはずもない。

事の次第を察知したチェレミス人たちは、自分たちの粗野で狂信的で抜け目のない司祭たちを送ってきた。彼らは長い話し合いの後に、クルバノーフスキーに言った。「森の中には、白樺もあれば高い松や樅《もみ》の木もある。また小さなむろの木もある。神さまはすべてをお許しになる。おまえさんがたは白樺でいなさるがいい。わしらはむろの木のままでいましょう。わしらはおまえさんがたの邪魔はしない。ツァーリのためにお祈りもする。税金も払う、徴兵にも応じます。だが、自分たちが大切にしているものを裏切ることはしたくない。*」

＊これと同じような答えは(もしもクルバノーフスキーがこれを考え出したものでないとすれば)カトリック教への改宗を要求されたドイツの百姓たちがかつて言ったことがある。

クルバノーフスキーは、彼らと話をつけるのは難しいし、自分にはキュリロスやメトディオス(22)の役割は成功しそうもない、ということを見てとった。そこで彼は郡の警察署長に相談した。署長は大いに喜んだ。彼は前々から教会に対する自分の熱意の程を示したいと思っていたのである。彼は洗礼を受けていないタタール人、つまりムスリムで、その名はデヴレト・キリジェーエフといった。

署長はさっそく部下を引き連れ、神の御言葉によってチェレミス人たちに包囲攻撃を加えるために、出かけて行った。幾つかの村は洗礼を受けた。使徒クルバノーフスキーは感謝の祈禱を済ませ、長司祭のかぶる丸帽子《カミラフカ》を頭に戴くために静かに帰って行った。タタール人の使徒は、正教を広めた功績によって、政府からウラジーミル十字勲章を贈られた！

不幸にして、このタタール人の宣教師はマルムイジにおけるイスラムの僧侶と仲が悪かった。イスラム僧はコーランの正しい信仰の子が、福音書をかくも巧みに説くことを快く思わなかった。イスラム教の精進期に、署長は臆する色もなくボタン穴に十字勲章をつけて、イスラム寺院に姿を現わした。そして、むろん一番前の方に立った。イスラム僧は鼻にかかった声でコーランを読み始めたところであったが、急にそれを止めて、ムスリムでありながら正教徒の印をつけてイスラム寺院に入ってくるような者のいるところでは、コーランを読むわけにはゆかぬと言った。

タタール人たちは不平を言い始めた。署長はうろたえて、どこかへ隠れたか、あるいはその十字勲章を取り外すかした。

わたしはその後、内務省の雑誌で、チェレミス人たちのこの輝かしい改宗についての記事を読んだことがある。その記事の中には、デヴレト・キリジェーエフの熱心な協力のことが書かれてあったが、ただ残念なことには、イスラム教への彼の信仰が堅固なものであっただけに、正教会への彼の熱意は一層私心なきものであった、と付言するのが忘れられていた。

検察官の随員になったわたし

ヴャトカにおけるわたしの生活が終わりになる頃には、国有財産管理局は誠に恥知らずな盗みをするようになっていた。そのため、これを監視するための調査委員会が設けられ、各県に検察官が差し向けられたほどである[23]。国有地農民についての新しい規則が実施されるようになったのはこの時からである[24]。

知事コルニーロフ[25]は自分の役所から、検察官の随員として二名の官吏を任命しなければならなかった。わたしがそのひとりとして任命された。わたしはそこで何というさまざまな記録を、悲しいことや、滑稽なことや、醜悪なことを読んだことだろう！　一件書類の表題そのものが、すでにわたしを驚かせた。

「郷役場庁舎の行方不明なる消失と、右庁舎設計図のねずみによる破損に関する件」

「官有徴税品目二十二(すなわち土地約十五露里)の紛失に関する件」

「農民の男児ワシーリーを女児に転入するの件」

この最後の一件は甚だ興味深いものであったので、わたしは早速それを隅から隅まで読んだ。

ワシーリーなる男児の父親が知事宛てに嘆願書を書いて、次のような事情を申し立てている。十五年ほど前のこと、彼のところに娘が生まれた。彼はこれをワシリーサと名付けようと思ったが、司祭は「ほろ酔いきげん」だったので、その女の子をワシーリーとして洗礼を施し、洗礼証書《メトリカ》にもそう書き込んでしまった。父親の百姓はこのことをあまり気にも留めていなかったらしい。ところが、彼の家にもやがて徴兵と人頭税の番が来ることに気が付いたので、彼は郷長と郷の警察署長とにこのことを申し出た。この事件は警察にはひどく不可解なものに思われた。警察は父親が十年もこれを放置しておいたことを理由に、はなからこの申し出を受理することを拒んだ。百姓は知事のところへ出かけて行った。知事は、この少年が女子であることを厳かに立証するために、医師と産婆とを任命した。そこで主教管区監督局との間に書面がとり交わされ、かつてほろ酔いきげんで清浄にも肉体の区別をすることを忘れた司祭の後継者が登場し、事件は数年も続いたが、その娘はすんでのところで、男ではないかという嫌疑の下に置かれるところであった。

わたしが冗談にこういう馬鹿げた作り話をしているのだなどとは考えないでほしい。まったくそうではないのだ。これはロシアの専制政治の精神に完全に合致したものなのである。

パーヴェル一世の時代に、ある近衛連隊長が、毎月の報告の中で、病院で死にかかっている士官をすでに死んだものと記載した。パーヴェルはこれを死亡として名簿から削った。不幸にして、その士官は死なないで、健康を回復してしまった。連隊長はその内に事件を取り繕う機会が見つかるだろうと期待して、その士官に、一年または二年の間、村に行っているようにと頼んだ。士官は同意した。しかし、連隊長にとって困ったことには、皇帝の命令書の中でこの親戚の者の死を知った士官の財産相続人たちが、どうしても彼を生きているものとは認めようとせず、貰いそこなった財産を諦めかねて、強硬に相続を要求し始めたのである。この生ける死人は、自分がもう一度死なねばならないこと、今度は命令書の上だけではなく、飢《う》えのために死に迫られていることを知って、ペテルブルクに出かけて行った。そしてパーヴェルに嘆願書を出した。パーヴェルは自ら筆を執って嘆願書の上に書いた。

「本士官の件については至上の命令が発せられているが故に、嘆願はこれを却下する。」

これは我がワシリーサ＝ワシーリリーの場合よりはまだましな方である。至上の命令の前に、生活の粗野なる事実なぞ何の意味があろう。パーヴェルは詩人であり、専制政治の弁証家であった。

命令書の世界の泥沼がいかに汚く、いかに厭うべきものであっても、わたしはここになお数語を付け加えたい。以下に述べることは――人知れず、慰めもなく死んで行った受難者たちへの、最後のささやかな供養である。

政府は高位の官吏たちに、報酬として、人の住まぬ荒地を与えることを好む。こうした予備地は、人口の増加に備えて保留しておく方がより賢明であろうが、しかし、このこと自体には大きな害はない。土地の境界決定の規則はかなり詳しくできているからだ。例えば船の航行できる川の岸や建築用材を採取しうる森林、一般に川の両岸は供与しえないとか、それに、いかなる場合にも、農民の耕作地は分与してはならないとか。もっとも、農民は、時効によるものの他は、これらの土地に対するいかなる権利も持っていないのではあるが……*。

*ヴャトカ県では農民は移住することを特に好む。非常にしばしば、森の中に、にわかに三、四カ所の改修地なるものが開かれる。広大な土地や森（その半ばはすでに切り開かれている）が、使われないままになっているこの〈誰にも属さぬ物〉へ農民をひきつけるのである。大蔵省は幾度か、こういう土地を占有地として確認することを余儀なくされた。

すべてこれは、むろん、紙の上でのことであって、実際には土地に線引きして私的領地に繰り込まれることは、国有財産の収奪と農民への抑圧の恐るべき源泉となる。

地代を取っている高貴なる顕官たちは、通常自分の権利を商人に売るか、あるいは県当局の手を経て、規則に反して、何か特別の土地を横領しようと努める。〔アレクセイ・〕オルローフ伯爵自身も道路と、サラトフ県における家畜の放牧地となっている土地とを、偶然に貰ったことがある。

そんなわけで、ある日突然、コテーリニチ郡ダローフスキー郷の農民たちがその土地を、打穀場や家屋に到るまですっかり取り上げられ、カンクリーン伯爵の親戚の者から賃貸料取立て権を買い取った商人たちが、この土地を自分たちの個人的所有に移したからといって、何の驚くべきこともないのである。商人たちは土地の使用料を決めた。このことから訴訟沙汰が始まった。商人たちに買収され、また、カンクリーンの親戚の者を恐れていた県の税務監督局は、事件をもつれさせてしまった。しかし、農民たちは強硬に主張する決意であった。彼らは二人の利口な百姓を選んで、ペテルブルクに送った。事件は元老院に持ち出された。測量局は百姓たちの方が正しいことに気付いてはいたが、どうしたらよいか分からなかったので、カンクリーンに聞いた。カンクリーンは土地の割譲の仕方が正しくなかったことを率直に認めた。しかし、その土地はその後転売されたかもしれないし、またその所有者たちが色々な改良を施しているかもしれない故に、これを返還することは難しいであろう、との意見を述べた。そこで伯爵閣下は別にこれと同じ広さの土地を、広大な官有地の中から、農民に分け与えることに決めた。この案は農民を除いたすべての者の気に入った。だが、何よりも、原野を新しく耕すことは大変な仕事ではないか。それに、別な土地というのは耕作に適しない沼地であった。ダローフスキー郷の農民は、シギ類の狩りよりは農耕を第一としていたので、彼らはまたしても嘆願書を出した。

すると税務監督局や大蔵省は、これを前の事件とは切り離して、新しい事件として処理した。そして、分与される土地が不適当な土地である場合には、これを取り上げずに、その半分の面積の土地をこれに追加することを規定している法令を探し出して来て、今までの沼地に追加して、ダローフスキーの農民にさらに半分の沼地を与えることを命じた。

農民たちはまたも元老院に訴え出た。しかし彼らの事件が審理に移される前に、測量局は新しい土地の見取り図を彼らに送って寄こした。これには例によって表紙がついていて、彩色してあり、風向きを示す星形図やRRZとかZZRとかの菱形の、もっともらしい説明がついていた。だが重要なことは——一デシャチーナ〔一・一ヘクタール〕につき幾らという地代の請求がついていたことである。農民たちは、土地を与えられないばかりか、沼地に対する代金を要求されていることを知って、断固として支払いを拒んだ。

郡の警察署長はチュファーエフに報告した。チュファーエフはヴャトカ市の警察署長を指揮官とする懲罰隊を送った。署長はやって来るなり数名の男を捕え、これに笞を喰らわせて、この郷を取り鎮め、金を徴集し、犯人たちを刑事裁判に付した。彼はあまり喚き立てたために一週間というもの声をからしていた。数名の者は笞打ちの刑を加えられた上、流刑になった。

それから二年経って、皇太子がダローフスキー郷を行啓した時のこと、農民たちは彼に嘆願書を出した。彼は事件の調査を命じた。この時にこの事件の報告書を作ったのはわたしだが、この再調査によって満足な結果が得られたかどうか、わたしは知らない。わたしは流刑に処せられた人たちが連れ戻されたということは聞いた。しかし、土地が返還されたかどうかは聞いていない。

「じゃがいも暴動」その他

最後に有名な「じゃがいも暴動」(26)のことと、ニコライが流浪のロマたちをペテルブルク文明の恩沢に浴せしめた次第とを書こう。

かつて全ヨーロッパの農民がそうであったように、ロシアの農民もじゃがいもを植えたがらなかった。あたかも、これが人に力も健康ももたらさない、やくざな食物であるということを、本能が民衆に教えたかのように。しかし、経営のうまい地主の土地や、多くの官有の村々では、この「畠のりんご」は、「じゃがいも暴動」の起きるずっと以前から栽培されていた。だがロシア政府にとっては、物事が自然に取り運ばれるということが気に入らない。すべてが笞によって、嚮導《きょうどう》士官(27)によって、手際よくなされることが必要であった。

カザン県の農民たちとヴャトカ県の一部の農民たちは、じゃがいもを植えつけた。じゃがいもが集められた時、当局は各郷ごとに集中貯蔵穴を設けようと考え付いた。貯蔵穴は承認された。命令が出され、穴は掘られた。そして冬の初めに、百姓たちはしぶしぶじゃがいもを集中貯蔵穴に運んだ。しかし次の春になって、凍ったじゃがいもを植えつけるように強制された時、彼らはこれを拒んだ。実際の話、明らかに馬鹿げたことをしろという命令ほど、勤労にとってひどい侮辱はない。この反抗は暴動として報告された。大臣キセリョーフ(28)はペテルブルクからひとりの役人を派遣した。この役人は利口な、実際的な人間であった。彼は先ず最初の郷で、一人当たり一ルーブルずつの金を取った上、凍ったじゃがいもの植えつけはしなくてもよいということにしてやった。

役人は第二、第三の郷でも同じことをした。しかし第四の郷では、郷長がじゃがいもも植えないし、金も払わないと彼にはっきり告げた。「おまえさんは」と郷長は彼に言った。「あっちの郷でも、こっちの郷でも、免除してくだすった。だからわしらのとこでも、免除してくれるのはあたりまえのことですよ。」

役人は脅かしと笞とで事を片付けようと思ったが、百姓たちは棒を持ち出してきて、警官隊を追い払ってしまった。武官知事はコサック兵を差し向けた。近隣の郷もここの百姓たちの味方についた。

遂に散弾砲や小銃による攻撃が行なわれるに至ったことは言うまでもない。百姓たちは家を捨てて、森の中へ逃げ込んだ。コサックたちは、獣を狩るようにして、彼らを茂みから狩り立てた。彼らは捕えられ、鎖につながれて、コジモデミヤーンスクの軍法委員会に送られた。

奇妙な巡り合わせによって、この時の治安警備隊の老少佐は清廉で正直な人間であった。彼はすべての責任がペテルブルクから送られた役人にあることを率直に語った。すべての者が少佐に喰ってかかった。彼の声は押し潰され、揉み消され、彼は脅かされた。そして「罪なき者を亡ぼす」ことを望んでいるのだという誹《そし》りを受けた。審理はいつものロシア式の順序で行なわれた。百姓たちは取り調べにあたって笞打たれ、罰として笞打たれ、見せしめとして笞打たれ、金を取るために笞打たれ、そして大勢の群れをなしてシベリアに送られた。

キセリョーフがこの裁判の行なわれている最中に、コジモデミヤーンスクを通ったというのは注目すべきことである。彼は軍法委員会に顔を出すか、あるいは少佐を呼んで事情を聞いてもよかったはずだ。

彼はこれをしなかった！

……有名なチュルゴー(29)はフランス人がじゃがいもを嫌っているのを見て、徴税請負人や納入業者など、政府のご用を務めているすべての者たちにじゃがいもの苗を配って、これを農民に与えることを固く禁じた。しかし、同時に彼は農民がじゃがいもの苗を盗むのを妨げないようにという秘密の通達も出しておいた。その結果、数年ならずして、フランスの多くの地方には、じゃがいもが栽培されるようになったのである。

すべてを考えに入れてみれば、この方が散弾よりもよくはないだろうか、パーヴェル・ドミートリエヴィチ〔キセリョーフ〕よ。

ロマの教化

一八三六年にロマの群れがヴャトカに渡ってきて、野原に住み着いた。これらのロマはトボリスクやイルビート辺りまで流れて行った。彼らはいつもながら、躾のいい熊と、何の躾も受けていない子供たちとを連れて、馬の療治や占いやこそ泥をしながら、いつの頃からとも分からない遠い昔から、自由なさすらいの生活を続けてきたのである。彼らは呑気に歌を歌ったり、雌鶏を盗んだりしていた。ところが突然、知事のもとに至上の命令が届いた。それによれば、旅券を持たないロマ(旅券を持ったロマなぞはかつていたためしがない。このことはニコライも、また彼の家来たちも非常によく知っていたはずだ)がいた場合は、一定の期限を与えて、彼らを現在いる土地の村または町の住民として登録させることが必要となった。

この期限が過ぎると共に、軍務に適する者はすべて兵卒に出し、男の子供たちを除いて、残りの者はすべて移住させることになっていた。

一種族全体の、またすべての男の殺害と処罰についての聖書の物語[30]を思い出させるような、こんな狂気じみた命令には、さすがのチュファーエフさえ困惑した。彼はロマたちにこの馬鹿げた命令を伝えると共に、これが実行不可能であることをペテルブルクに書き送った。登録するためには金が必要である。また、村や町の同意が必要である。どちらも無料ではロマを受け入れたがらない。しかもロマ自身がここに定住することを望まないということも想定しなければならない。これらすべてのことを勘案して、チュファーエフはロマに対する登録の免除と期限の延期とを本省に申し出た(この点では彼は公正であったと言わなければならない)。

大臣はこれに対しこのネブカドネザル[31]式の命令を、期日通りに実行すべしとの回答を寄こした。不本意ながらチュファーエフは部隊を差し向けて、ロマの宿営地を包囲させた。そうしておいて今度は、警官隊が守備隊の一個大隊と共に現われた。ここでどういうことが起きたか。人びとの語るところによれば――それは想像もできないほどのものであった。女たちは髪をふり乱して泣き叫びながら、狂ったように駆け回り、警官の足元に身を投げ出した。白髪の老婆たちは自分たちの息子にしがみついた。しかし秩序は勝利し、例の足の不自由な市の警察署長は子供たちをひっとらえ、壮丁をひっとらえ、その他の者を護送囚人として流刑地に送った。

しかし子供たちをしょっぴいてはきたものの、彼らをどこへ収容するか、その費用はどうするかという問題が起きた。

前には社会保護局に付設された養育院というものがあった。これは国庫には何の負担もかけるものではなかったが、しかし、ニコライのプロイセン的潔癖さは、これらの施設を道徳に害あるものとして廃止した〔第一分冊二二四―二二五ページ参照〕。チュファーエフは予め自分の金で立て替えておいて、大臣に指示を求めた。大臣というものは、どんなことでも、決してためらわないものである。そこで追って指示があるまでは、幼児たちを、養老院[32]に収容されている老人や老婆に、世話させるようにと命じた。

小さな子供たちを死にかかっている老人や老婆と一緒に住まわせて、死の空気を呼吸させ、静けさを求めている年寄りたちに無理に子供の世話をさせるとは……。

何という詩人たちであろう！

ここで、ついでに、もう一つの出来事を話しておこう。これは、その後一年半ほど経って、わたしの父のウラジーミルの領地の村長の身に起きたことである。彼は利口な世故にたけた百姓で、運送業も営んでいた。自分でも幾台かのトロイカを持っていて、二十年ほどの間、小さなオブローク村(33)の村長をしていた。

わたしがウラジーミルに住んでいた年に、近隣の百姓たちが、彼らの代わりに新兵を一人出してくれるようにと、この村長に頼んだ。彼は、祖国の未来の防衛者を縛りあげ、その道の達人として大きな自信をもって、町に出向いた。

「これはね、だんな」と彼は白髪まじりのふさふさとした薄亜麻色のあごひげを指で梳《す》き分けながら言った。「みんな人間のすることですから。おととし、わしらのとこの若い衆を一人出しましただよ。えらく痩せっぽちで、お役に立ちそうもねえ男で、百姓衆はこれじゃいけねえだろうとえらく心配してましただよ。そこでわしは言いましただ。『みなの衆、どれくらいお届け物はでそうかね。——車は油をくれなけれりゃ回らねえからの。』わしらはさんざっぱら相談しましただよ。村会では金貨二十五枚出すことにしましただ。わしは県庁のあるこの町さ来て、税務監督局で話したうえで、真っ直ぐに局長さんのところへゆきましただ。利口なおかたでしての。むかしから、わしのことを知っていなすった。わしを部屋へ呼んだですが、ご自分は足が痛むそうで、長椅子の上に寝てらしただ。わしは何もかもお話ししましただが、あのかたは笑いながら言いなすった。「よしよし、ところで——あれはいくら持ってきたね。おまえはけちん坊だ。わしは知ってるよ。」わしは机の上に金貨十枚おいて、ていねいにおじぎしましただよ。あのおかたはそれを手にとって、いじくっていらしただが——「わしひとりにはらっただけじゃ駄目だよ。あといくら持ってきたね」って言いなさるだよ。あと十枚ばかし持ってまいりました、ってわしはお話ししましただ。「それはどこにあるんだね。計算してごらん。医者に二枚、徴兵係官に二枚、文書係官に二枚、それから色んなところにも使わなけりゃならない。これは三枚もあればいいだろう——それであとの分をここに出しなさい。わしがいいように計らってやるからね。」」

「それでおまえさん渡したのかい。」

「知れたこってすよ。渡しましただよ。それでその若いのは立派に合格になって、額を剃《そ》られましただよ。」

こういう端数切り捨ての仕方を教えこまれ、こういう種類の見積もりに慣れ、そして恐らくまた、彼がその運命について沈黙を守っていた五枚の金貨にも慣れていた村長は、自分の成功を確信していた。しかし、袖の下とそれを受け取る手との間には、多くの不幸な行き違いが起こりうるものだ。徴兵業務を視察するために、侍従武官のエッセン伯爵がウラジーミルに派遣されてきたことがある。村長は色々な金貨をとりまぜて彼のところに持って行った。不幸にして我が伯爵は、「ヌーリン伯爵」[34]の中の女主人公のように、「祖国の法律の中でではなく」、ロシア皇帝へのドイツ的忠誠を教える、バルト貴族の学校で教育されてきた。エッセンは腹を立てて怒鳴りつけた。そして何より困ったことには、呼び鈴を鳴らしたのである。文書係官が駆け付け、憲兵たちが現われた。村長は、制服を着ているくせに袖の下を取らないような人間がいるなどということを、かつて一度も考えたこともなかったので、すっかりうろたえてしまって、自分の罪を否認もしなければ、自分は決して袖の下なぞを出したことはない、もしそんな考えを起こしただけでも目が潰れ、口には一つの食物も入らないようになるだろうなどと言って、神かけて誓うようなこともしなかった。彼は羊のようにおとなしく、自分の罪状を隠すこともなく、恐らく将軍に出した金が少なかったので、そのために彼を怒らせたのだろうと思って、そのことを後悔しながら、警察に引かれて行った。

しかし、エッセンはおのれの良心の潔白の証明や、不幸な農民に対する脅かしだけでは満足しないで、恐らく〈ロシアにおいて〉賄賂を根絶し、不道徳を罰し、あるべき手本を示さんとして、村長の不届きなる企てについて警察に手紙を書き、知事に手紙を書き、徴兵監督局に手紙を書いた。百姓は監獄に投げ込まれ、裁判にかけられた。正直な人間でありながら官吏に金を渡す者と、賄賂を取る当の官吏とを同じように罰しようとする、愚劣で醜悪な法律のおかげで、この事件は面倒なものとなって行った。村長は是非とも助けてやらなければならなかった。

わたしは知事のところへ駆けつけた。彼はこの事件に関わり合いになることを拒んだ。刑務監督局の局長や参事官たちは侍従武官の登場に度胆を抜かれていたので、ただ首を振るばかりであった。侍従武官は先ず怒りを憐れみに代えて、「決して村長に危害を加えようと思っているわけではなく、彼に教訓を与えたいと思ったのだ」ということ、「彼を裁判にかけた上で放免してやるがよい」ということを伝えてきた。わたしがこのことを市の警察署長に話すと、署長はわたしに言った。「それですよ。ああいうお偉方は物事が分からないんですからね。はじめっから、わたしの方へ回してくれればいいんですよ。わたしはあの馬鹿者の背中を叩いてやりますよ。転ばぬ先の杖っていうじゃないですか、そして家へ帰してやりますよ。それでみんな満足したはずなんですがね。そうすれば、今頃は監督局の連中とさかんにくしゃみでもしていられるというのに。」

これらの二つの意見は、法律というものに関するロシア帝国の考え方を、実に巧みに、かつ明瞭に表現しているので、わたしはそれを忘れることができなかった。

祖国の法律学のこれらのヘラクレスの柱[35]の間にあって、村長はその真中の最も深い淵、すなわち刑務監督局の手に落ち込んだのである。数カ月経つと、判決が準備された。それによれば、村長は笞刑に処せられた上に、シベリアに送られることになっていた。彼の息子や家中の者がわたしのところへ来て、父を、家族の大黒柱を救ってくれと頼むのであった。わたしはまったく罪なくして亡びるこの百姓をいたく哀れに思った。わたしは再び局長や参事官たちのところに赴いた。そして、村長をかくも厳しく罰することは彼ら自身のためにならないだろうということ、彼ら自身よく知っているとおり、賄賂なくしては一つの問題も片付かないものであること、最後に、もし彼らが真の正教徒として、すべての贈り物は正しく、すべての供え物は祝福であると考えないならば、彼ら自身食べるものがなくなるだろうということを、改めて彼らに納得させようとした。頼んだり、頭を下げたり、そして村長の息子を彼らの下にやって、もっと低く頭を下げさせたりして、わたしはようやく目的の半ばを達することができた。裁判の結果、村長は監獄内で幾つかの笞打ちを受けた上、自分の家に留まることを許された。ただし、他の百姓たちの代理として行動することは禁じられることになった。

わたしは知事と検事《プロクロール》とがこの判決に同意したのを見て、やっと胸をなでおろした。そして笞打ちを軽くしてくれるように警察に頼みに行った。警官たちは、わたしが自ら彼らのところへ頼みに来たことに気をよくして、彼らの一人ひとりにとってかくも身近な問題のために苦しんだ犠牲者を気の毒にも思い、さらにこの村長が金持ちの百姓であることを知っていたせいもあって、形式だけの笞打ちで済ませてくれると、わたしに約束した。

幾日か経ったある朝、村長が現われた。前よりも痩せて、白髪ももっと多くなっていた。わたしは、彼が大変喜んでいるにもかかわらず、何となく物思わしげで、何やら腑に落ちないといった様子をしているのに気付いた。

「何を心配しているんだね」とわたしは聞いた。

「一度にきめていただいたほうがええですよ。」

「何のことか、わたしには分からないね。」

「つまり、いつ罰を受けるんでごぜえますか。」

「おまえさん、まだ笞刑を受けていないのか。」

「はい。」

「ではどうして放免になったんだろう。おまえさん、これから家に帰るんだろう。」

「家へ帰ることは帰りますが、罰のことが気掛かりでならねえですよ。秘書の役人さまが読んで聞かせてくれましただが。」

わたしには実際何のことか分からなかった。そこで、何か証明書のようなものをもらわなかったかと聞いた。彼はわたしにそれを渡した。そこには判決の全文が書かれ、最後に刑務監督局の命により、監獄内で笞刑に処した上、「同人にはこの証明を交付し、釈放すること」と書いてあった。

わたしは思わず笑ってしまった。

「じゃあおまえさん、もう罰を受けているじゃないか。」

「いえ、だんな、まだでございますよ。」

「まだ不足なら、もう一度行って罰してくれるように頼むんだね。警察はおまえさんの立場を理解してくれるから。」

わたしが笑っているのを見て、老人も微笑した。そして疑わしげに首を振りながら言った。

「こりゃ驚いたこった。ふしぎなこともあるもんですわい！」

「何という無秩序だ」と多くの人は言うだろう。しかしこの無秩序があってこそ、ロシアにおける生活は可能なのだということを、彼らに思い出させるがよい。

第十六章　アレクサンドル・ラヴレーンチエヴィチ・ヴィトベルク

　これらの奇怪で汚れた取るに足りない厭うべき人間や、一件書類に閉じ込まれたさまざまな出来事の間に、また、こうした官房や省庁の狭い枠の中で、わたしは政府がその冷たい無情な苛酷さをもって押し潰した、ひとりの芸術家の悲しくも気高い姿を思い浮かべる。

　ツァーリの鉛の手は天才的な作品を、その揺り籠の中で押し殺したばかりではない。芸術家を裁判所の策略や警察の取り調べの罠の中に巻き込んで、その創造力を打ち壊したばかりではない。ツァーリの鉛の手はこの芸術家から、パンの最後の一片《ひときれ》と共に名誉をも奪い去り、彼に収賄者、官金横領者の汚名を着せようとしたのである。

　アレクサンドル・ヴィトベルク〔一七八七—一八五五、第四章訳注(6)参照〕を破滅させ辱めた挙句、ニコライは彼をヴャトカに流した。この地でわたしは彼と出会った。

わたしは二年半にわたり、この偉大な芸術家と生活を共にした。そして、地上のあらゆるものを愚かしくもすべて徴兵係の秤や官房の物差しで計ろうとする、役所と軍隊の専制の犠牲となったこの強靭な人物が、迫害と不幸の重圧の下で打ち砕かれてゆく有様を、この目で見たのである。

彼がたやすく屈服したと言うことはできない。彼はまる十年もの間、必死の闘いを続けたのだ。彼が流刑地に着いた時には、彼はまだ敵を打ち負かし、自分の正しさを立証できるという望みを持っていた。つまり、彼は色々な計画や目論見を抱いて、闘いを決意して来たのである。しかし流刑地に来てみて、彼はすべてが終わっていることを知った。

このことを知った後にも、自分だけなら困難を切り抜けて行くことはできたかもしれない。しかし彼の傍らには、妻や子供たちがいた。行く手には、長い年月にわたる流刑、貧困、窮乏の生活が待っていた。そしてヴィトベルクは白髪になり、老いていった。日毎に、というよりも、刻一刻と老いて行った。わたしがヴャトカで二年後に彼と別れた時、彼は年より十歳は老けて見えた。

この長い苦難の物語は次のようなものである。

皇帝アレクサンドルはナポレオンに対するおのが勝利を信じていなかった。名誉は彼にとって重荷であった。彼はこれを正直に神のものに帰した。彼は常々、ともすれば神秘主義と陰鬱な気分とに陥りがちであった。多くの人はこのことの中に良心の呵責《かしゃく》の印を見た。ナポレオンに対する数多くの勝利の後に、彼のこの傾向は一段と強められた。

「敵の最後の一兵が国境を越えて去った」時、アレクサンドルは布告を出して、救世主のためにモスクワに巨大な聖堂を建立《こんりゅう》することを約束した(1)。

各地から設計図が募集され、大がかりなコンクールが行なわれることになった。

ヴィトベルクはその頃学校を卒業したばかりの若い芸術家で、絵画で金メダルをもらったこともあった。彼はスウェーデン人の血を引いていたが、生まれた国はロシアであった。そして、初め鉱山幼年学校に学んだ。熱狂的で変わり者で、神秘主義にとらわれた芸術家であった。この芸術家は皇帝の布告を読み、コンクールへの募集の記事を読んだ。そして自分の仕事をすっかり投げ出してしまった。消し去り難い想念に苦しみながら、彼は昼となく夜となくペテルブルクの街々をさまよった。想念が彼を虜にした。彼は部屋に閉じこもり、鉛筆を執ると仕事に取りかかった。

芸術家は誰にも自分の考えを打ち明けなかった。数カ月に及んだ仕事の後に、彼はモスクワに赴き、町とその付近を調べた。そして再び仕事に取りかかり、再び数カ月にわたって人びとの前から姿を隠し、自分の設計案をも人に見せなかった。

コンクールの時がきた。多くの案が提出された。イタリアからもドイツからも送られてきた。我がアカデミーの会員たちも、それぞれ自分たちの案を提出した。無名の青年も、他の人たちに交じって自分の設計図を提出した。幾週間かが過ぎた後に、皇帝はおもむろに応募案の審査に取りかかった。これはまさしく荒野の四十日であり、誘惑と疑惑と苦しい期待の日々であった。

宗教的詩情に満たされたヴィトベルクの巨大な建設案は、アレクサンドルを驚かせた。彼はこれに注目し、真っ先にこれの提出者は誰かと問うた。人びとは包みの封を開けて、そこに美術学校の一学生の未知の名前を見いだした。

アレクサンドルはヴィトベルクに会いたいと思った。彼はこの芸術家と長いこと語り合った。彼の果敢で熱狂的な言葉、彼を満たしていた真実への霊感、彼の信念の神秘的な色彩は、皇帝を驚嘆させた。「汝は石をもって語っておる」と、彼は改めて設計図を見ながら言った。

この日の内にこの案は裁可された。そしてヴィトベルクは聖堂の建設者、聖堂建立委員会の委員長に任命された。だが、アレクサンドルは自分がこの芸術家の頭に、月桂冠と共に荊の冠をも戴《の》せたことに気付かなかった。

いかなる芸術の領域においても、建築ほど神秘主義に近いものはない。それは抽象的で幾何学的で、音なくして音楽的な、冷厳なる芸術である。それは象徴によって、形象によって、暗示によって生きる。単純な線、その調和的な組み合わせ、リズム、数的比率は何か神秘的な、それでいて不完全なものを表現している。彫像や絵画、叙事詩やシンフォニーとは異なり、建物や神殿はそれ自体におのれの目的を持ってはいない。建物はそこに住む者を求める。これは——区切られ、取り片付けられた場所である。これは——外枠であり、亀の甲であり、軟体動物の殻である。甲羅が亀にふさわしいものであるように、容れ物が精神、目的、居住者にふさわしいものであることが大切なのである。神殿の壁、丸天井と柱、玄関と正面、土台と丸屋根は、丁度脳の襞《ひだ》が頭蓋骨の上に跡を留めているように、神殿に住む神性の印を留めていなければならない。

エジプト人の神殿は彼らの聖典であった。オベリスクは公道における説教であった。ソロモンの神殿は、建造されたる聖書であった。同じようにサン・ピエトロ大聖堂は、カトリシズムからの離脱の建築的表現であり、俗世の始まりであり、人類の破門の始まりであった。

聖堂の建立そのものは常に神秘的な儀式や、アレゴリーや、理解し難い献詞に満たされていた。それ故、中世の聖堂の建築家たちは自分たちを何か特別のもの、ある種の聖職者、ソロモンの神殿の建造者たちの後継者と考えていた。そして、後にフリーメイソンの組織に変わった石工《いしく》の秘密組合を、自分たちの間に作っていた。ルネサンスの時代と共に、建築は本来の神秘的な性格を失う。キリスト教信仰は哲学的懐疑と闘い、ゴシック式アーチはギリシア式破風《はふ》と、精神的神性は俗世的な美と闘う。まさしくこの故に、サン・ピエトロ大聖堂はかくも大きな意義を持っている。この聖堂の巨大なるスケールにおいて、キリスト教は実生活の中に突き進み、教会は異教的となり、そして、ブオナロッティ〔ミケランジェロ〕はシスティーナ礼拝堂の壁に、レスラーのように肩幅が広く、年齢も体力も盛りのヘラクレスのようなイエス・キリストを描いたのである。

サン・ピエトロ大聖堂の後には、教会建築はまったく堕落して、遂に古代ギリシアの周柱式建築か、あるいはサン・ピエトロ大聖堂の、スケールを異にする単なる繰り返しに過ぎないものとなる。

一つのパルテノンはパリにおいてサン・マドレーヌ教会と呼ばれ、もう一つのパルテノンは、ニューヨークにおいて取引所と呼ばれることになる。

信仰や止むにやまれぬ想いなくして、何か生命の籠ったものを創造することは難しかった。新しい教会はどれもぎこちない、偽善的な、時代錯誤的な雰囲気を持っている。

ニコライがトーン(2)と共に建てた、栓の代わりに玉ねぎを乗せた五つ頭の薬味入れのような、インド・ビザンチン風の教会がそれである。また、イギリス人たちが自国の町々の飾りとしている、まるで芸術的な目を辱めるためであるかのような、角ばったゴシック風の教会がそれである。

しかし、ヴィトベルクが設計図を引いた時の境遇、彼の個性、そして、アレクサンドル帝の気分は誠に特異なものであった。

一八一二年の戦争はロシアの知性を強く揺り動かした。モスクワの解放後長いこと、思想の昂揚と神経の昂りは鎮まることがなかった。ロシアの国外における諸事件——パリの占領、百日の歴史、期待、噂、ワーテルロー、海の彼方に流されるナポレオン、戦死した縁者のための服喪、安否の気遣い、軍隊の帰還、家郷に帰る兵士たち——すべてこれらは、どんなに粗野な性格の人びとにも強い影響を及ぼした。生起しつつある諸事件の影響の下に置かれ、またコンクールへのツァーリの呼びかけと、自分自身の天才との影響の下に置かれたひとりの青年美術家、神秘主義者であり、創造力に恵まれ、しかも狂信者ですらあったひとりの芸術家の姿を想像してみるがよい。

モスクワの近く、モジャイスク街道とカルーガ街道との間に、全市を見下ろすことのできる小高い丘がある。これこそ、わたしが青年時代の最初の思い出の中で語った、あの雀が丘である。モスクワ全市はこの丘の麓に広がっている。この上からは、モスクワの最も美しい眺望の一つが得られる。ここにかつてイワン雷帝が泣きながら立ったことがあった。その頃、彼はまだうら若い蕩児《とうじ》であった。そして、おのが首都の炎上する様に見入っていた。ここに司祭シリヴェストル(3)が彼の前に現われ、厳しい言葉をもって、この天才的な暴君を二十年間かけて作り変えたのである。

この山の麓をナポレオンがその軍隊を率いて通った。ここで彼の力は打ち砕かれ、ここから、彼の退却が始まったのである。

一八一二年を記念する聖堂の建立地として、敵が到達した最終の地点であるこの丘以上に適切な場所を、他に見いだすことができるだろうか。

しかしこれだけではまだ足りない。山そのものを聖堂の下部建築に変えることが必要であった。川までの間の野原を柱の列をもって取り囲み、自然そのものによって三方から組み立てられたこの土台の上に、驚嘆すべき統一を示す第二、第三の聖堂を建立することが必要であった。

ヴィトベルクの聖堂は、キリスト教の根本的な教義と同じように、三位一体であり、これと不可分のものであった。

山に彫りつけられる下方の聖堂は、平行四辺形、柩《ひつぎ》、胴体の形をしていた。その外観はほとんどエジプト式の円柱によって支えられる、重厚な大玄関を形作る。それは人の手の加えられていない、生のままの山の自然と一体化していた。この聖堂はエトルリア式の、高いシャンデリアにつけたランプによって照明されていた。昼間の陽の光は、キリスト降誕の透明な像を通して、第二の聖堂からほのかにこの聖堂へと差し込む。その地下納骨室は一八一二年に戦死したすべての勇士たちの、安らかな憩いの場所となるはずであった。永遠の追善が、戦いの庭に倒れた人たちのために営まれるはずであった。壁には、司令官から一兵卒に到るまでの、すべての者の名前が彫り刻まれるはずであった。

この柩の上に、この墓所の上に、第二の聖堂――差し延べられた手と命と苦難と辛苦の聖堂が、上下左右が同じ長さのギリシア文字の形になって、四方向に広がっている。そこに到る列柱は旧約聖書の中の諸人物の立像によって飾られる。入り口のところには預言者たちが立っていた。彼らは自分たちが進むことのなかった道を示しつつ、聖堂の外に立っていた。この聖堂の中には、福音書のすべての物語と、使徒行伝のすべての場面が示されてあった。

この聖堂の上にはその仕上げとして、締め括りとして、丸屋根の形をした第三の聖堂が冠のように戴っている。明るく照らされたこの聖堂は、乱されざる平安と、円環をなす構想によって表現された、永遠性と精神性の聖堂である。ここには聖像画も彫像もなく、それは外側から大天使たちの花環をもって取り囲まれ、巨大な丸屋根をもって覆われているのみである。

わたしはここでヴィトベルクの主な思想を、記憶を頼りに伝えているのである。彼のこの思想は細部に到るまで彫琢《ちょうたく》され、すべてがキリスト教的護神論と建築的優美さとによって、隅々まで完全に貫かれているのであった。

この驚嘆すべき人物は、全生涯をおのれの設計のために捧げた。裁判に付されていた十年の間、彼は設計のみに没頭した。流刑地における貧困と窮乏との苦しい生活の中でも、彼は毎日数時間をおのが聖堂のために捧げた。彼はこれの中に生きていた。彼は自分の聖堂が、建立されずに終わるだろうなどとは信じなかった。思い出も、慰めも、栄光も――すべては芸術家のこの書類鞄の中にあった。

いつの日か、この受難者の死んだ後に、別の芸術家がこれらの紙の埃を払って、この記録――一瞬の間明るい光に照らし出されただけで、やがて曹長的なるツァーリや、農奴的なる元老院議員たちや、写字生的なる大臣たちの手に落ちて、侮辱され押し潰されてしまった一個の強い生命についての、この建築学上の殉教者伝を、敬虔《けいけん》の念をもって出版する時が来るかもしれない。

この設計図は天才的であり、驚嘆すべきものであり、しかも狂信的なものであった。それ故にこそ、アレクサンドルはこれを選んだのである。それ故にこそ、これは実行されなければならなかったのである。山はこの聖堂の重みに耐えられなかっただろうと言う人がいるが、わたしはこれを信じない。とりわけ、もしわれわれがアメリカやイギリスの技師たちのすべての新しい技術や、汽車の通過に八分間を要するトンネルや、吊り橋などを思ってみるならば。

ミロラードヴィチは下方の聖堂の太い柱を御影石《みかげいし》の一枚岩から作るように、ヴィトベルクに助言した。これに対し、フィンランドからそれを運ぶことはすこぶる高くつくだろうと、伯爵に注意した者もいた。

「だからこそ、それを取り寄せなければならないのだ」と彼は答えた。「もしも御影石の石切り場がモスクワ川のほとりにあるなら、それを使ったところで、なんのありがたみもないではないか。」

ミロラードヴィチは軍人風に詩人であった。それ故、概して詩情というものを理解していた。巨大な事物は巨大な資金によって作られるものなのだ。

金をかけずに偉大なるものを作るのは、自然だけだ。

ヴィトベルクの潔白さを露ほども疑うことのなかった人びとでさえ、無経験な芸術家であり、役所の仕事について何も知らない青年であった彼が、管理者の職を引き受けたことを彼の主な落ち度と見ている。彼は建築家の役割のみに止まっているべきであった。これは真実である。

しかし、自分の部屋に閉じこもって、このような非難を支持することはたやすい。ヴィトベルクは若くて無経験で、しかも芸術家であったが故にこそ、それを引き受けたのである。設計図がひとたび採用された上は、すべてがたやすくはかどることと思われたが故に、またツァーリ自身が彼にその職を勧め、彼を励まし、支持したが故にこそ、彼はそれを引き受けたのである。有頂天にならない者がいるだろうか……。そのような思慮深い、控え目な、自制心のある人間がどこにいるだろう。もしいたとしても、そのような人間は巨大な設計図を作成することはないだろうし、「石をして語らしめる」こともできないだろう！

当然のことながら、ヴィトベルクは詐欺師たちの群れに取り囲まれた。これはロシアを投機の場所と見なし、勤務を有利な取引所と見なし、自分たちの地位を私腹を肥やすための絶好の機会と見なしている人びとである。彼らがヴィトベルクの足元に穴を掘ることは分かり切ったことである。しかし、彼がその中に落ちて、そこから出ることができないようになるためには、こうした連中の横領行為の他に、さらにある者たちが彼を妬《ねた》み、他の者たちが彼の自尊心を傷つけることが必要であった。

委員会におけるヴィトベルクの同僚は、府主教フィラレート、モスクワ総督、(4)元老院議員クーシニコフ(5)であった。彼らは皆この青二才、しかも遠慮なしにおのれの意見は述べるし、賛成でない場合には反対するこんな青年と一緒に仕事をすることに、初めからひどく自尊心を傷つけられていたのである。

彼らはヴィトベルクを陥れ、中傷することに力を貸した。そして、やがては彼を無情にも亡ぼしてしまう。

この気運を助長することになったのは、先ずはアレクサンドル・〔ニコラーエヴィチ・〕ゴリーツィン公爵の神秘主義的内閣の失脚であり、次いで、皇帝アレクサンドルの死である。

ゴリーツィン内閣の崩壊と共に、フリーメイソン、聖書協会、ルター的敬虔派も失脚することになった。これらはカザンのマグニーツキー(6)、ペテルブルクのルーニッチ(7)に見られるような、際限のない奇怪さ、野蛮な迫害、ひきつったような踊りや喚き声、その他わけの分からない奇蹟を引き起こしていたのである。

今度はこれに代わって野蛮で、粗暴で、無知な正教が勝ちを占めた。これの伝道にあたったのはノヴゴロドの掌院フォーチー(8)である。彼はオルローワ伯爵夫人(9)とある種の

(むろん肉体的ならざる)親しい関係にあった。ピョートル三世を絞め殺した有名なアレクセイ・グリゴーリエヴィチの娘である彼女は、エカテリーナ二世が各地の修道院から無理矢理に取り上げた広大な領地の大部分(10)を、父の魂の贖《あがな》いのために、フォーチーとその寺院とに寄進し、自ら狂気のような信仰に身を委ねていた。

しかし、ペテルブルクの政府が常に持ち続けたもの、その主義や宗教がいかに変わっても決して捨てなかったもの、それは不当な弾圧と迫害であった。ルーニッチやマグニーツキーの輩の兇暴さが、今度は当のルーニッチやマグニーツキーの輩の上に向けられることになった。昨日までは道徳と宗教との支柱として保護され奨励されていた聖書協会は、今日は閉鎖され封印され、まるで贋金作りと同じような取り扱いを受けるようになった。昨日まではすべての家庭の父親たちに薦められていた《シオン報知》は、ヴォルテールやディドロの書よりも、もっと厳しく禁じられるようになり、その発行者のラブジーンはヴォーログダに流された。(11)

ゴリーツィン公爵の失脚はヴィトベルクをも巻き添えにした。あらゆることが彼の上に襲いかかった。委員会は異を唱えはじめ、府主教は腹を立て、総督は不満であった。彼の態度は「不遜」であるとされた(彼の事件においては不遜がおもな罪状の一つになっている)。彼の部下たちは横領を事としていると言われた——まるでロシアの役人で横領をしない者がいるとでも言うように。しかし、恐らくヴィトベルクの部下たちは、他の場所におけるよりも、より多くの盗みをしていただろう。なにしろ彼はいまだかつて、矯正院や官等をもった盗人たちを監督した経験を、まったく持っていなかったのだから。

アレクサンドルはアラクチェーエフに事件の調査を命じた。彼はヴィトベルクを気の毒に思ったのである。彼はヴィトベルクが無罪であることを確信していると、側近の者のひとりをして伝えさせた。

しかし、そのアレクサンドルが死に、アラクチェーエフも失脚したのである。ニコライの即位と共に、ヴィトベルクの一件は悪化した。それは信じ難いほどの愚劣さをもって十年間も続いた。刑務監督局の確認した罪状は、元老院で否認される。監督局で無罪となった事案は、元老院によって有罪とされる。閣僚会議はすべての起訴事実につき有罪を確認する。皇帝は「赦免および減刑の大権」を行使して、判決にさらにヴャトカへの流刑を付け加える。

かくてヴィトベルクは「アレクサンドル帝の信任を濫用し、国庫に損失を与えたかどにより」免職の上、流刑に処せられた。彼の消費した額はたしか百万ルーブルと算定され、彼の全領地は没収され、すべては競売に付せられた。さらに彼が莫大な金をアメリカに送っていたという噂まで流された。

わたしはヴィトベルクと二年の間同じ家に住んでいた。そしてその後ヴャトカを去るまで、絶えず彼とつきあっていた。彼には一片のパンの蓄えとてなかった。家族は誠にひどい窮乏の中で生活していた。

この事件の、またロシアにおけるすべてのこうした事件の特徴を示すために、わたしは特に記憶に残っている二つの小さなことを、ここに書いておこう。

ヴィトベルクは、事業の必要のため、商人ロバノフから小さな森を買い取った。伐採を始める前に、ヴィトベルクはもう一つの森を下見した。これもやはりロバノフの所有にかかるもので、もっと川に近いところにあった。ヴィトベルクは聖堂の材料に買った森を、この森と取り替えてくれるようにと申し出た。商人は同意した。森は伐採され、材木は川に流して送られた。その後さらにもう一つの森が必要となった。そこでヴィトベルクは最初の森を改めて買うことにした。これが同じ森を二重に購入したという有名な罪状を構成することになった。哀れなロバノフはこのことのために牢屋に投げ込まれ、そこで死んだ。

第二の事件はわたしの目の前で起きた。ヴィトベルクは聖堂のための土地を買った。彼の考えでは、聖堂の土地と共に買われた領民は一定数の労役者を提供する義務を負い、この義務を遂行することによって、当人たちも村も完全な自由を与えられることになっていた。おかしなことだが、地主である元老院議員たちは、この方策の中にある種の奴隷制度を発見したのである！

何箇所かの土地と共に、ヴィトベルクはモスクワ川に面したルーザ郡のわたしの父の領地を買い入れようと思った。ところがこの村で大理石が発見された。そこでヴィトベルクはその埋蔵量を知るために、地質調査をする許しを求めた。わたしの父はこれに同意した。そして、ヴィトベルクはそのままペテルブルクに去った。

三カ月ほど経って、わたしの父は大規模な石切り場が作られて、そのため農民の冬麦畠が大理石の山に埋もれてしまったことを知った。彼は抗議したが、聞き入れられなかった。長い訴訟沙汰が始まった。人びとは初めの内、すべてをヴィトベルクの責任にしようと思っていたが、不幸なことに、ヴィトベルクが何の命令をも出さなかったということ、彼の不在中に建立委員会がすべてを差配してしまったということが明らかになった。

事件は元老院に持ち出された。元老院は、みんなの驚いたことには、かなり常識に近い判決を下した。すなわち掘り出された大理石は、荒らされた畠の代償として、地主の所有とし、採掘および作業のために国庫から支出された約十万紙幣ルーブルの金は、作業契約に署名した者から徴収するというのであった。契約に署名したのはゴリーツィン公爵、フィラレートおよびクーシニコフであった。言うまでもなく、彼らはこれを不満として騒ぎ立てた。事件は皇帝の前に持ち出された。

皇帝には自己流の法学があった。彼は被告の支払いを免除することを命じた。元老院の記録に印刷されてあるところによれば、彼は「委員たちは何に署名したかを知らなかったからである」と、自ら書き入れたのである。思うに府主教は、職掌柄、謙譲の心を示さなければならなかったであろうが、その他の顕官たちは、かくも丁重にかつ寛大に説明されたツァーリの贈り物を、どんなふうに受け入れたことであろう！

だが、その十万ルーブルはどこから徴収されるべきであったろうか。官有財産は火に焼けることもないし、水に沈むこともないと言われている。われわれは付け加えたい――それはただ盗まれるだけであると。ぐずぐずしてはいられない――直ちに侍従武官長が事件調査のため駅逓馬車でモスクワに遣わされた。

ストレカーロフ(12)は数日の内にすべてを調査し、整理し、解決し、片を付けた。採掘された石は、採掘に要した費用の代として、地主から取り上げる。ただし、地主がそれを手放すことを望まない場合は、地主から十万ルーブルを取る。地主に対して特別の賠償は支払われない、何故ならば、彼の領地は、富の新しい部門が発見されたことにより、価値を増したからである（これは傑作ではないか！）。ただし、農民の踏み荒らされた畠に対しては、ピョートル一世によって制定された牧場の浸水および草刈場の被害に関する法律に従って、一デシャチーナにつき数コペイカずつを支払うことにする。

この事件で実際に罰せられたのはわたしの父であった。しかし石の採掘の問題が、審理にあたって、やはりヴィトベルクの罪状に数えられたことは、付言するまでもないことであろう。

……ヴィトベルクの流刑後二年ほど経って、ヴャトカの商人たちが新しい教会を建てることを計画した。

到るところで、あらゆることについて、独立、個性、空想、自由のあらゆる精神を押し殺すことを望んでいたニコライは、至尊の裁可を得た大冊の教会設計図集を出版した。何びとといえども、教会を建てるにあたっては、必ず官許の設計図の中から一つを選ばなければならなかった。ニコライは直属の第三課において侍従武官リヴォフ[13]の書いたオペラをさえ、まったく不穏当なものと認め、ロシア・オペラの執筆を禁止してしまったと言われている。しかし、これだけではまだ足りない。彼は至尊の裁可を得たオペラの主題歌を出版したかったのである。

ヴャトカの商人たちは、「裁可されたる」設計図集をめくってはみたが、大胆にも皇帝の趣味には同意しないことに決めた。ヴャトカの商人たちの設計図はニコライを驚かせた。彼はそれを裁可したが、工事にあたっては建築家の意見を尊重するように、県当局に伝えることを命じた。

「この設計図は誰が書いたのか」と、彼は内大臣に下問した。

「ヴィトベルクであります、陛下。」

「なに、あのヴィトベルクか。」

「あのヴィトベルクであります、陛下。」

そこでヴィトベルクは、青天の霹靂のように、突然モスクワだかペテルブルクだかに帰ることを許された。この人はかつて身の潔白を証明する許しを求めた。だが、彼はそれを拒否された。今や彼は立派な設計図を書いた。そこで皇帝は彼を首都に帰すように命じた。これではまるで誰かが彼の芸術的才能に疑いを持っていたかのようだ……。

ペテルブルクで貧乏に打ちのめされながら、彼はおのれの汚名を雪《そそ》ぐ最後の試みをしたが、それはまるきり成功しなかった。ヴィトベルクはこのことで〔アレクサンドル・ニコラーエヴィチ・〕ゴリーツィン公爵にすがった。しかし、公爵は事件を蒸し返すことは不可能だと考えた。そして金銭上の援助を嘆願する手紙を、皇太子に宛てて、なるべく哀れっぽい調子で書くようにと、ヴィトベルクに勧めた。公爵はまたジュコーフスキーと共に尽力してみることを約し、一千銀ルーブルほどの金をもらってやると言った。ヴィトベルクはこれを拒絶した。

一八四六年の冬の初め、わたしが最後にペテルブルクに滞在していた時、わたしはヴィトベルクに会った。彼は零落していた。敵たちに対する彼のかつての怒り（わたしがあれほど愛していたところのもの）さえ消えかかっていた。彼はもはや何の望みも抱かず、自分が陥っている窮状から抜け出すための何の努力もしていなかった。尽きることのない絶望がこの窮状の仕上げを行ない、その生活はあらゆる面で破綻をきたしていた。彼はひたすら死を待っていた。

もし、ニコライ・パーヴロヴィチ〔一世〕がこのことを望んでいたのであるなら、彼は満足してよい。

この受難者はまだ生きているだろうか。わたしは知らない、しかし、恐らくもう亡くなったことだろう。

「家族がいなければ、子供がなければ」と、彼は別れ際にわたしに言った。「わたしはロシアを抜け出して、世界中を歩きたい。ウラジーミル十字勲章を首にかけて、わたしは通行人に静かに手を差し出します。アレクサンドル帝が握ってくれたこの手を。そして彼らに、わたしの設計図のことやロシアにおける芸術家の運命を話してきかせます！」

受難者よ――とわたしは考えた――、あなたの運命をヨーロッパの人たちは知るでしょう。わたしがこのことで責任を持ちます。

ヴィトベルクとの親しい交わりは、ヴャトカにおけるわたしの生活にとって、大きな慰めであった。彼の立居振舞いの中に見られる真面目な明るさと、ある種の荘重さとのために、彼はどことなく宗教者的な雰囲気を身に帯びていた。彼はきわめて潔癖な性格の持ち主で、概して、快楽よりも、むしろ、禁欲の方をよしとするところがあった。しかし、彼の謹厳さも彼の華麗で豊かな芸術的才能を少しも損なうものではなかった。彼はおのれの神秘主義にきわめて自由な形と優雅な色彩とを与えることができたので、反論の言葉も唇の上で消えてしまうのであった。彼の空想の中に輝くさまざまな形象や朧げな絵柄を分析し、解体してしまうのは惜しいように思われた。

ヴィトベルクの神秘主義は、ある程度、彼のスカンジナビア人の血の中に備わっているものであった。これはスウェーデンボルク[14]の中に見られる、あの冷たく考え抜かれた夢想であり、ノルウェーの氷の山々と雪の上に降り注ぐ日の光の、燃えるような反射にもたとえられるものであった。

ヴィトベルクの影響はわたしを動揺させた。しかし、わたしの現実的な性格がやはり勝ちを占めた。わたしは第三の天国に昇るようには運命付けられていなかったのである。

わたしはまったく地上の人間として生まれついていた。わたしの手が触れても机は回らないし、わたしの凝視によって環が震え出すこともない。思想の日の光の方が、幻想の月の光よりも、わたしにとって親しいものなのである。

しかし、ヴィトベルクと共に生活していたこの時期にこそ、わたしは他のいかなる時期におけるよりも、強く神秘主義への傾きをもっていた。

別離、流刑、わたしの受け取る手紙の宗教的熱狂(15)、わたしの魂を余すところなくますます強く包んで行った恋、それと共に心を締めつけるような悔悟の念(16)——すべてこれらはヴィトベルクの影響をさらに強めるのであった。

それからさらに二年ほど、わたしはピエール・ルルー(17)のようなフランス思想家にならって、福音書、および、ジャン・ジャック〔・ルソー〕からとった神秘的社会思想の影響の下にあった。

オガリョーフはわたしよりも先に神秘主義の波に洗われていた。一八三二年に彼はゲーベル(18)のオラトリオ『失楽園』のための台本を書き始めていた。「『失楽園』の思想の中には——とオガリョーフはわたしに書いて寄こした——人類の全歴史がある。(19)」ということは、その頃彼もまた、探し求める理想の楽園を、失われたものと思っていたのである。

一八三八年にわたしは、社会主義と宗教の精神をこめた歴史物の戯画[20]を書いた。その頃わたしはこれをドラマだと思っていた。それらの一つの作品において、わたしは古代社会とキリスト教との葛藤を描いた。ここではパウロがローマに赴く道すがら、死んだひとりの若者を新しい生命に蘇らせる。他の作品においては、英国国教会とクエーカー教徒との闘い、およびウィリアム・ペン[21]のアメリカへの、新しい世界への旅立ちを描いた*。

*わたしは、何故であったか分からないが、これらの場面を詩で書こうと考えたのである。恐らくわたしは、ポゴージン〔ミハイル・ペトローヴィチ、一八〇〇—七五、歴史家、作家、評論家〕だって書いているのだから、誰にだって無韻の史詩格で書けるはずだと考えたのであろう。一八三九年か一八四〇年かに、わたしは両方のノートをベリンスキー〔ヴィサリオーン・グリゴーリエヴィチ、一八一一—四八、文芸批評家〕に渡して、静かに彼の称讃を待ちうけていた。しかし次の日、ベリンスキーは手紙を添えてそれを送り返してきた。彼は手紙に次のように書いていた。「詩のように区切らないで、続けて書くようにして、清書し直してくれたまえ。そうすれば、ぼくは喜んで読もう。だが今は、これが詩だという考えが絶えず邪魔をするのだ。」

ベリンスキーはわたしのドラマ的場面の二つの試みを殺してしまった。負債を返すことは嬉しいものだ。一八四一年にベリンスキーは《祖国雑記》誌に、文学についての長い対話〔「一八四一年のロシア文学」」を載せた。「ぼくの今度の論文は君の気に入ったかしら。」――彼はデュッソの店のささやかな集まりで食事をしながら、わたしに聞いた。「とても気に入ったよ――とわたしは答えた――君の言っていることはみんなすばらしいよ。しかし一つ聞きたいがね。君はよくも辛抱強く相手の男と二時間も話ができたものだね。最初の一言で、相手が馬鹿だということが分からなかったのかね。」「いや、本当にそうだ――とベリンスキーは息の詰まるほど笑いながら言った――参った！　あれは完全な馬鹿者だよ！」

間もなく福音書的神秘主義は科学的神秘主義と入れ替った。しかし幸いにも、わたしはこの第二のものからも免れることができた。

しかし、我がフルィノフの慎ましい町のことに戻ろう。この町がエカテリーナ二世によってヴャトカと改名されたのは何故であるか分からない。恐らくフィンランドの愛国主義のせいだろう(22)。

この僻遠のヴャトカの流刑地で役人たちの汚い群れの中におかれ、この惨めな遠隔の地であらゆる尊いものから引き離されて、保護もなく、知事の権力の下に引き渡されてはいたが、わたしはここで多くの美しくも神聖な時を過ごし、多くの熱烈な心や友情に満ちた手に出会ったのである。

君たちは今どこにいるだろう。君たちは今どうしているだろう。雪に埋もれた国のわたしの友人たちよ！　わたしたちが別れてから、すでに二十年の歳月が過ぎた。恐らく君たちもまた、わたしのように年老いたことだろう。娘たちを嫁にやり、もはやシャンペンを何本も飲んだり、脚付きのコップで果実酒を飲んだりはしないだろう。君たちの内、金持ちになった者は誰か、貧乏している者はいないか、高い官職についた者は誰か、卒中にやられた者はいないか。とりわけ、わたしたちの大胆な会話についての思い出は、君たちの心に生きているだろうか。愛と怒りとをもってかくも強く震えたあの絃《げん》の響きは、今もなお残っているだろうか。

　わたしは前と同じだ。君たちはこのことを知っている。テームズ川の畔《ほとり》からの消息は、恐らく君たちのもとにも届いているだろう。時々わたしは君たちのことを思い浮かべている、いつも愛情をもって。わたしの手許には、あの頃の手紙がある。その幾つかは、わたしには限りなく尊い。わたしはそれらを読み返すのが好きだ。

「ぼくは自分がいま非常に苦しんでいることを君に告白するのを恥ずかしいとは思わない――と一八三八年の一月二十六日にひとりの青年がわたしに宛てて書いている――君がぼくを誘った生活のことで、ぼくに助言を与えてくれたまえ。ぼくは勉強したいのだ。どんな本を読んだらいいか教えてくれたまえ。君の好きな本を言ってくれれば、ぼくは全力を尽くして読んでみるつもりだ。ぼくに道を与えよ――君がぼくを突き離してしまうとすれば、君は罪を犯すことになる。」

「ぼくは君を祝福する——とわたしがヴャトカを去った後にもうひとりの青年が書いている——乾いた土地を蘇らしめた雨を農夫が祝福するように。」

わたしがこれらの文章を書き抜いたのは虚栄心からではない。それらがわたしにとってこの上なく尊いものだからである。これらの青年らしい呼びかけと青年らしい愛情との故に、またそれらの中に呼び覚まされた郷愁の故に、わたしは九カ月にわたる牢獄とも、ヴャトカにおける三年の生活とも、和解することができたのである。

その頃一週に二回、モスクワからの郵便を積んだ馬車がヴャトカを訪れた。わたしは郵便局の傍らで、どれほど胸をときめかせながら、手紙の選《え》り分《わ》けの済むのを待っていたことだろう。どれほどのおののきをもって、手紙の包みの封蠟《ふうろう》を破り、家からの手紙の中に、驚くほど細かい優美な筆蹟で、薄い紙の上に書かれた小さな便りを探し求めたことだろう。

わたしは郵便局ではそれを読まなかった。手紙が来ていると考えただけで幸せになり、それを読む時を先にとっておこうとして、ゆっくりと家に帰って行くのであった。

それらの手紙はすべて保存されていた。わたしはそれをモスクワに置いてきた。わたしは今それをとても読み返したいと思う。だが、それに触れることは恐ろしくもある……。

手紙——それは思い出よりももっと多くのものを持っている。それらの上には色々な出来事の血が固まっている。それは押し止められた、朽ちることのない、在りし日のままの過去の姿である。

……おのが婚礼の衣裳を取り出して、もう一度見直すことは必要だろうか、年老いてしわだらけになった手で、それに触れることは必要だろうか……。

第十七章　皇太子の行啓

ヴャトカにおける皇太子と知事の失脚

皇太子がヴャトカに来る！　皇太子はロシアの民衆におのれの姿を示し、ロシアを視察するために各地を行啓しているのだ！　この知らせにすべての者が関心を抱いた。しかしこれに誰よりも多大の関心を抱いたのは、言うまでもなく知事である。彼はすっかりうろたえ、信じ難いほど多くの愚行を演じた。沿道の百姓たちには晴衣《はれぎぬ》のカフタンを着るように命じ、町々には垣根を塗りかえ歩道を修理するように命じた。オルローフの町では、一軒の小さな家を持っているひとりの貧しい寡婦が町長のところへやって来て、歩道を修理する金がないと言った。町長は知事に報告した。知事はその寡婦の家の床板をひきはがし（その町の歩道は木を敷き詰めたものだった）、それでも足りない場合は、国庫から修理費を出しておいて、後でその女から金を取り立てるように、このために必要とあれば、家を競売に付してもよいと命じた。競売されるまでには到らなかったが、その寡婦の家の床は壊されてしまった。

ヴャトカを去る五十露里ほどのところに、ニコライ・フルィノーフスキー〔「フィルノフのニコライ」の意〕の霊験あらたかな聖像画《イコン》が、ノヴゴロド人たちの前に現われたと伝えられる場所がある。ノヴゴロドの人たちがフルィノフ〔ヴャトカの旧名〕に移住した時、彼らはこの聖像画を持って行ったのであるが、イコンは姿を消して、再びヴャトカを去る五十露里のヴェリーカヤ川〔「大きい川」の意〕の畔に現われた。ノヴゴロド人たちはもう一度これを運んだ。そして、もしも聖像が止まっていてくれるならば、毎年盛大な行列を作ってヴェリーカヤ川の畔まで運ぶ行事を営むことを約束した。その日は確か五月の二十三日であった。これは、ヴャトカ県の主な夏祭りだった。聖像画は立派な平底舟に乗せられて、一昼夜にわたって川の上を進んでゆく。聖像画と一緒に高位の聖職者とすべての僧侶たちが、祭服に威儀を正して乗っている。あらゆる種類の数百の小舟や平底舟や丸木舟が色彩々に、百姓や百姓女やヴォチャーク人や町人たちを満載して、流れて行く聖像画の後につき従う。すべての舟の先頭には——赤いラシャで覆われた知事の帆掛舟が進む。

野趣に富んだこの光景は中々の見ものであった。近郷近在から集まった数万の群衆が、ヴェリーカヤ川の畔でイコンの到着を待ち受けている。彼らはみな騒々しい群れをなして、小さな村の周りに野宿する。そして何よりも面白いのは、洗礼を受けてもいないヴォチャーク人やチェレミス人、はてはタタール人たちまでもが、イコンに祈りを捧げに来ることである。そのためにお祭りもまったく異教的な色彩を帯びてくる。修道院の壁の外には、ヴォチャーク人やロシア人たちが生贄《いけにえ》の羊や仔牛を連れて来る。それらはすぐにその場で処置される。修道司祭が祈禱書を読み、祝福を与え、肉を浄《きよ》める。この肉は囲いの内側の特別の窓口から人びとに配られる。この肉は小さく切って渡される。昔はそれは無料で配られていたのだが、今では僧たちが一切れにつき何コペイカかを取っている。そこで、仔牛をまるごと一頭寄進した百姓も、一切れの肉をもらうために、さらに幾らかの金を支払わなければならないことになる。

修道院の中には大勢の物乞いや、足や目に障害を持った者たちや、その他ありとあらゆる種類の身体の不自由な者たちがたむろしていて、声を揃えて施しを求めている。僧侶の若い倅《せがれ》や町人の子供たちが、インク壺を持って教会のそばの墓石の上に座って呼ばわっている。「誰のご供養をしますか、名前を書きますよ。」おかみさんや娘たちが彼らを取り巻き、名前を言っている。小僧どもは元気よくペンを走らせながら、復誦している。

「マリーア、マリーア、アクリーナ、ステパニーダ、父親のヨアン、マトリョーナ――さあ、おばさん、おまえさんのは――へえ、二コペイカ一枚かね。五コペイカより下は受け取らねえよ。恐ろしくたくさん縁者がいるでねえか――ヨアン、ワシリーサ、イオーナ、マリーア、エウプラクセヤ、赤ん坊のカテリーナ……。」

　教会の中は大変な混みようで、各人のごひいきの名前を呼ばわる声が入り乱れている。ろうそくを隣の者に渡しながら、ひとりの農婦はそれを、「お客さまのために」立ててくれるようにと頼み、別の農婦は「ご主人のために」などと叫んでいる。ヴャトカの修道僧や輔祭たちは、この行列の行なわれている間、絶え間なしに酔っ払っている。彼らは道々、大きな村に来る毎に、そこでひと休みする。すると百姓たちは彼らにたらふくご馳走するのである。

　この民衆の祭りは農民が幾世紀にもわたって親しんできた祭りである。知事は、五月十九日に到着する予定の皇太子にこれを見せるために、この祭りの日取りを早めようと思いついた。お客さまのニコライ聖者が三日早く主人の下に来たところで、何の差し支えもなかろう、と思ったのである。これには主教の同意が必要であったが、幸い、主教は話の分かる人だったので、五月二十三日の祭りを十九日に執り行なおうという知事の考えに、別段反対する理由もないと思った。

知事は皇太子の歓迎のための周到なる計画の一覧表を皇帝の下に送った。ご覧くださされ、わたくしどもはあなたのご子息をこのようにしてもてなそうとしています、とでも言いたかったのであろう。ところが皇帝はこのプログラムを見てひどく腹を立て、内務大臣に言った。「この知事と主教どもは何たる愚か者か、祭りは今まで通りに行なうようにさせよ。」大臣は知事をひどく叱りつけ、宗務院は――主教を叱りつけた。そして、お客のニコライ聖者は今までの仕来り通りに出発することになった。

ペテルブルクから各県庁所在地の都市に宛てて通達された色々の命令書の中に、博覧会の開催を命じたものがあった。これはそれぞれの地方の産物や工芸品を全部集めて、自然界の三つの部門別に陳列せよというのである。この分類には官房の役人たちはひどく悩まされた。チュファーエフもかなり悩まされた。彼はわたしに好意を持ってはいなかったが、間違いを仕出かさないようにと思って、わたしを呼んで、助言を求めることにした。

「そこで例えば、蜂蜜だがね」と彼は言った。「蜂蜜は何に属するのかね。それから金を張った聖像の枠《ラーマ》――これは何だね、これはどこに入れるのかね。」

わたしの返答を聞いて、わたしが自然の三つの部門について驚くほど正確な知識を持っていることを知った彼は、わたしに博覧会の陳列の仕事をやってみないかと言い出した。

わたしが木製の食器やヴォチャーク人の服飾品や蜂蜜や鉄格子などの陳列の仕事に取りかかり、チュファーエフが引き続き、「殿下」をより一層満足させようと、乱暴な手段を講じている間に、殿下はオルローフの町に到着した。すると、オルローフの町長が捕縛されたという知らせが、雷のように全市に広がった。チュファーエフは血の気を失った。そして、歩き方までも何となく怪しげになった。

皇太子がオルローフに着く五日ほど前に、町長がチュファーエフに手紙を寄こして、床を壊された寡婦が騒ぎ立てていること、町でも名を知られているある金持ちの商人が、何もかも皇太子に話してやると言って息巻いていること、などを知らせてきた。チュファーエフはこの商人をきわめて適切に処置した。すなわち、彼はこの商人に精神異常の疑いありとして(ペトローフスキーの先例が彼の気に入っていたのだ(1))、鑑定のためにヴャトカに送るようにと、町長に命じた。調査が長引いている間に、皇太子はヴャトカ県から立ち去るだろう、それで一件落着だ、と考えたのである。町長はすべてを実行した。商人はヴャトカの病院に入れられた。

遂に皇太子が到着した(2)。チュファーエフには素っ気なく頷いてみせただけで、彼をお召しになることもせず、直ちに医師エノーヒンを差し遣わして、捕えられている商人の診断をさせた。皇太子はすべてを知っていたのである。オルローフの町の寡婦が嘆願書を出し、他の商人や町人たちが事の次第をすっかり話したのである。チュファーエフの顔はますます歪んだ。雲行きはきわめて悪かった。町長はすべて知事からの命令書通りにやったのだと正直に言った。

医師エノーヒンは商人が完全に健康であると言明した。チュファーエフは途方に暮れた。

晩の七時過ぎに皇太子は随員を従えて博覧会場に現われた。チュファーエフは彼の案内をした。頓珍漢な説明をし、こんがらがって、トフタムィシ(3)というツァーリがいたかのようなことを言ったりした。ジュコーフスキーとアルセーニエフ(4)とはその様子をはたから見て、わたしに向かって、陳列品の説明をするようにと言った。わたしは彼らの案内をした。

皇太子の顔には彼の父親の顔に見られるような、心の狭い厳格さ、冷たい思い遣りのない苛酷な表情はなかった。その輪廓はむしろ人の良さと無気力とを示していた。彼は二十歳ほどではあったが、すでに太り始めていた。

彼がわたしにかけてくれた幾つかの言葉は優しかった。そこにはコンスタンチン・パーヴロヴィチ(5)のしわがれた切れ切れな調子もなく、聞く者を失神せんばかりの恐怖に陥れようとする、彼の父親の習慣もなかった。

皇太子が帰ったあとで、ジュコーフスキーとアルセーニエフとは、わたしにどうしてヴャトカにいるのかを尋ねた。彼らはヴャトカ県庁の一介の官吏がまともな人間の言葉を喋るのに驚いたのである。すぐ彼らはわたしの境遇について皇太子に話してやると言ってくれた。そして事実、できる限りのことをしてくれた。皇太子はわたしがペテルブルクに帰ることを赦すように、皇帝に進言してくれた。皇帝はこれが他の流刑者に対して不公平なことになるだろうと答えたが、皇太子の申し出を考慮して、わたしをウラジーミルに移すように命じた。これは地理的な改善であった。モスクワからの隔たりは七百露里ほど縮められた。しかし、これについてはあとで話そう。

晩に表敬舞踏会が催された。ある工場からわざわざ呼びよせられた楽士たちは、正体もなく酔っ払って到着した。知事は舞踏会が始まるまでの一昼夜の間彼らを閉じ込めて、警察からじかに演奏の席まで護送させ、舞踏会が終わるまで、一人も抜け出せないようにした。

舞踏会は愚劣で気詰まりで、あまりにも貧弱で、あまりにも取り止めのないものであった。小さな町で特別の場合に催される舞踏会というのは、大抵こんなものである。警官たちは駆けずり回り、官吏たちは制服を着て壁にへばりついていた。貴婦人たちは、野蛮人が旅行者を取り巻くような恰好で、皇太子の周りに群がった……。ここで貴婦人のことを少し話しておこう。ある小さな町で、博覧会のあとに、「グテー〔フランス語で「もてなし」の意〕」が準備された。皇太子は桃を一つ手に取った他は、何も食べなかった。彼は桃の種を窓の外に捨てた。と突然、官吏たちの群れの中から、酔っ払った背の高い男が出てきた。これは放蕩者として知られていた地方裁判所の陪席判事である。彼は断固たる足どりで窓のところへ行くと、種を拾いあげてポケットに入れた。

舞踏会かグテーかの後で、その陪席判事は著名な貴婦人連のひとりのところに行って、殿下のかじり残した種を進呈した。貴婦人はいたく喜んだ。それから彼は第二、第三の貴婦人のところへ行った――みんな有頂天になって喜ぶのであった。

陪席判事は五つの桃を買うと種をえぐりだして、六人の貴婦人を喜ばせたのである。本物の種は誰がもらったのか。みんな自分の種の真実性を疑っていた……。

チュファーエフは皇太子が帰った後、胸をわくわくさせて、自分のトルコ式太守の職を元老院議員の職と取り替える準備をしていた。しかし、事態は俄然不幸なことになった。

三週間ほど経って、ペテルブルクから「県の管理者」宛ての文書が届いた。官房の中は上を下への大騒ぎとなった。県庁の記録係は命令が来たことを知らせに駆けつけた。

係の主任がチュファーエフのところへ飛んで行った。チュファーエフは病気と称して役所には出てこなかった。

一時間の後に、われわれは彼が〈有無を言わさず〉あっさりと免職になったことを知った。

町中が知事の失脚を喜んだ。彼の支配には何か息の詰まるような、不潔な、そしてかび臭いお役所的なところがあった。しかしそれにもかかわらず、役人たちが彼の失脚を喜んでいるのを見ると、わたしは胸糞の悪くなる思いがした。

ロバどもはこぞってこの傷ついた猪を蹴とばしたのである。人間のさもしさはここでも、その規模こそ違え、ナポレオンの没落の時にも劣らないほど、はっきりと示された。わたしは終わりの頃には、彼と公然と仲違いをしていた。彼は、もし自分が追放されなかったら、きっとわたしを遠いカイの町かどこかに追い払っていたことだろう。わたしは彼に近寄らないようにしていた。だからわたしには、彼に対する態度を変えなければならない謂れはなかった。しかし、他の者たち、昨日まで、遠くに彼の馬車が見えると、早速帽子を取り、彼の顔色を窺い、彼の犬にまで微笑みかけ、彼の侍僕に嗅《か》ぎたばこを振舞ったりしていた連中が――今や彼に対してろくに挨拶もしないようになり、自分たちと一緒に彼が行なってきた無秩序を、声を張り上げて非難するのであった。すべてこれは古くからあることであり、昔から常に、繰り返し繰り返し、いたるところで行なわれてきたことである。それ故、われわれはこの卑しさを人類共通の性質と考えなければならない。少なくとも、これは驚くにはあたらない。

新しい知事が着任した。これはまったく別の種類の人間であった。背が高くて太ってはいるが、ひ弱な感じの、年の頃五十がらみの、いかにも病弱そうな感じの男で、顔には気持ちのよい微笑を浮かべ、身のこなしは上品であった。彼は稀に見る文法的正確さをもって、くどくどと、しかし明瞭に自分の考えを述べた。この明瞭さは、それが度を過ぎたものであるために、きわめて単純な事柄をかえってぼんやりとさせてしまうのであった。彼はリツェイの卒業生で、プーシキンの友人でもあった。近衛に勤務したことがあり、新しいフランス語の本を買い込んで来た。重々しい問題について議論することが好きで、着任した次の日に、アメリカにおける民主主義に関するトクヴィルの本をわたしにくれた。

誠に大きな変わり様であった。部屋も用度も元のままではあったが、ツングース人の風貌とシベリア式習慣とを持ったタタール的徴税官の代わりにきたのは、空想的理論家であり、ややペダントではあったが、とにかく教養のある人物であった。新しい知事は知的であった。彼の知力は輝いてはいたが、しかし温か味のないものであった。それは晴れた冬の日のように気持ちのよいものではあるが、そこからなんの実りをも期待しえない類のものである。しかも彼はひどい形式主義者であった。役人的な形式主義者ではないのだが、これは何と表現したらいいだろう。彼の形式主義は二流の代物であった。そして、他のすべての形式主義と同じように、退屈であった。

新しい知事は本式に結婚していたので、知事官邸はいままでの超独身的、すなわち一夫多妻的な性格を失うことになった。言うまでもなく、これは参事官たちを参事官夫人たちの下に帰した。頭の禿げた老人たちが「色事」における勝利を自慢することもなくなった。かえって、自分たちの連れ合いのことを、萎えしぼんでひどくごつごつと骨ばったり、放血療法を施すにもメスが血管に届かないほどに脂ぎったりしている夫人たちのことを、愛情をこめて話し合うようになった。

コルニーロフはヴャトカに来る幾年か前に、セミョーノフ連隊だかイズマイロフ連隊だかの連隊長から、急にどこかの県の文官知事に任命されたことがある。彼は仕事のことをまるっきり知らないままに赴任《ふにん》した。初めの内は、すべての新米の役人と同じように、彼もすべての文書に目を通した。ある日、他の県から文書が届いた。彼はそれを二度読み、三度読んだが、何のことやらさっぱり理解できなかった。

彼は秘書官を呼んで、それを読ませた。秘書官もまた問題をはっきりと説明することができなかった。

「この文書を官房の方へまわしたら」とコルニーロフは彼に尋ねた。「あなたはこれをどう処理しますか。」

「第三係にまわします。これは第三係の仕事です。」

「つまり、第三係の係長はどう処理したらいいか知っているんですね。」

「むろん知っています、閣下。もう七年も係長をしております。」

「では、呼んでくれたまえ。」

係長がきた。コルニーロフは彼に文書を渡して、どうしたらいいのかと聞いた。係長は急いで文書に目を通してから、県の税務監督局で調べることがあるので、郡の警察署長に通知を出さなければならないのだと説明した。

「何を通知するのかね。」

係長は返答に困っていたが、とうとう、これは口で言うことは難しいが、書くことはたやすいのだと言い出した。

「そこに椅子があるから、回答を書いてくれたまえ。」

係長はペンを執り、淀みなく、大胆に二枚の文書を書き上げた。

知事はそれを取って読んだ。一度読み、二度読んだが、やはり何のことやら分からなかった。

「わたしはこれが確かにあの文書に対する回答だということが分かったので」と彼は微笑しながらこの話をした。「そこで十字を切って署名しましたよ。その後、一度もこの事件のことはききませんから、回答書はあれで完全に満足なものだったんでしょうね。」

ウラジーミルへの移住

わたしがウラジーミルに移されるという知らせはクリスマスの前に届いた。わたしはすぐに支度をして出発した。

わたしはヴャトカの人びとと温かく別れた。この遠い町で、わたしは若い商人たちの間に二、三の誠実な友人を持っていた。

みんなは競って流刑者に同情と親切とを示したがっていた。幾台かの橇が最初の駅までわたしを送ってきた。そしてわたしがいくら辞退しても、わたしの荷馬車には、ありとあらゆる食料や酒が山と積み込まれた。次の日、わたしはヤランスクに着いた。

ヤランスクからの道は果てしない松林の中を通る。夜毎に月が昇って、ひどく寒かった。小さな橇は狭い道をひた走った。わたしはその後、一度もあのような森を見たことがない。それは切れ目もなく、そのままアルハンゲリスクまで続いている。時々、トナカイがこの森を通ってヴャトカ県の方までやって来る。森の大部分は建築用材に使える木から成っている。非常に真っ直ぐな松の木の列が橇の傍らを通り過ぎる。それは雪をかぶって、その下から固い毛のような黒い葉を突き出していて、さながら背の高い兵士のようである。まどろんでいても、また目覚めても、松の木の連隊は、時々雪を振り落としながら、相変わらずの速さで通り過ぎる。馬は小さな開墾地で取り替える。そこには、木々の間に埋もれている小さな家があり、馬が何頭も柱につながれている。鈴が鳴ると、縫いとりのあるルバーシカを着た二、三人のチェレミス人の子供が、眠そうな顔をして出てくる。御者のヴォチャーク人が、しわがれた中音《アルト》で仲間と罵り合っている。「アイダー」と叫んで、二段調子の歌を歌いだす。そしてまたしても、松、雪、そして雪、松……。

ヴャトカ県の県境のところで、わたしは役人の世界にもう一度別れを告げることになった。これは〈最後を飾って〉威風堂々と立ち現われたのであった。

わたしたちは駅で止まった。御者が馬を外していると、ひとりの背の高い百姓が入り口に現われて聞いてきた。

「誰が着いたのかね。」

「おまえさんに何の関係があるんだい。」

「署長さんが聞いてこいと言ってるだよ、わしは在の裁判所の使いの者だがの。」

「そんなら駅の小屋まで行ってごらん。わたしの駅逓馬券があるから。」

百姓は出て行ったが、一分後に戻ってきて御者に言った。

「馬を出しちゃいけねえだよ。」

これはひど過ぎる。わたしは橇から飛び出して、小屋に入った。一杯機嫌の郡警察署長がベンチに腰をおろし、これまた一杯機嫌の書記官に何かを口述していた。隅の方のもう一つのベンチには、手足を縛られたひとりの男が座っていた。あるいはころがされていたと言った方がよい。幾本かの瓶と酒杯、たばこの灰や紙の束が散らばっていた。

「署長はどこにいる」とわたしは、中に入りながら大声で言った。

「署長はここだ」と一杯機嫌のラザレフ(6)がわたしに答えた。この男にならヴャトカで会ったことがある。彼はふてぶてしく、わたしをじろりと見た。が、急に両手を広げて、わたしの方に飛んで来た。

ここで念のために言っておくが、チュファーエフがいなくなった後、わたしが新しい知事とかなり親しくしているのを見て、役人たちはわたしを恐れ始めていたのである。

わたしは片手で彼を押し止めて、大真面目な顔をして問いただした。

「わたしに馬を出さないように命令したのは、一体どういうわけです。街道で通行人をとめるなんて、実に理不尽ではありませんか。」

「わたしはまた冗談を言っただけでして、腹をお立てになっては困ります。馬を、おい、馬をつけてこい。何を突っ立っているんだ。ぬすっとめ！」と彼は使いの者に怒鳴りつけた。「さあ、どうかラム酒入りのお茶を一杯おあがりください。」

「ありがとう。」

「シャンペンはないのかね」と彼は瓶の方に飛んで行った。だが、みんな空っぽだった。

「あなたはここで何をしているんですか。」

「取り調べです。この若い衆が焼きもちから口論して、生みの父親と妹を斧で殺《や》っちまったんですよ。」

「それで一緒に酒盛りをしているわけなんですか。」

署長は口ごもった。わたしはそのチェレミス人の方を見た。それは二十歳ほどの男で、細い光った目と黒い髪の毛とを持ったその完全に東洋風の顔には、兇暴なところは少しもなかった。

これらすべての情景はきわめて不愉快なものだったので、わたしは再び外に出た。署長はわたしの後から追いかけてきた。彼は一方の手に杯を持ち、もう一方の手にラム酒の瓶を持って、わたしに飲め飲めと言ってつきまとった。

彼から逃れるために、わたしは飲んだ。彼はわたしの手を取って言った。

「申し訳ありません。どうも申し訳ないことをいたしました！　しかしどうかこのことを閣下にお話しにならないように。どうか、正直な人間を亡ぼさないでくだされ。」

そう言いながら、署長はわたしの手を握って、それに接吻し、これを何度となく繰返すのであった。

「どうか正直な人間を亡ぼさないでくだされ。」

わたしは不愉快になって手を引っこめ、そして彼に言った。

「さあ、帰って仕事を続けてください。大丈夫、わたしは誰にも話しませんよ。」

「何かお役に立つことでもございましたら……。」

「はやく馬をつけるように手配してください！」

「はやくしろ」と彼は叫んだ。「アイダー、アイダー！」そして自分も馬具の縄や革紐をあちこちと締め始めた。

この時のことはわたしの記憶に深く刻みこまれた。一八四六年に最後にペテルブルクに滞在した時、わたしは旅券のことで内務大臣の官房に行かなければならなかった。わたしが係長と話している時、ひとりの紳士が通りかかり……、官房の高官連と親しげに握手を交わしたり、係長たちにペコペコとお辞儀をしたりして行った。「〈畜生め——とわたしは思った——あれはあいつじゃないか。〉」

「あれは誰です。」

「ラザレフと言って、大臣つきの嘱託官吏です。中々の顔利きですよ。」

「ヴャトカ県の郡警察署長をしていたことがありませんでしたか。」

「していました。」

「おめでとう、みなさん、九年前にあの男はわたしの手に接吻したもんですよ。」

ペローフスキー(7)は人選びにかけては名人であった。

第十八章　ウラジーミルにおける生活の始まり

……わたしがコジモデミヤーンスクで橇に乗ろうとして外に出てみると、橇には三頭の馬がロシア式に横に並べてつけてあった。一頭は長柄に、二頭は副《そ》え馬として。頸木《くびき》をつけられた長柄馬は、嬉しそうに身震いして鈴を鳴らしていた。

ペルミとヴャトカでは、馬は縦に並べてつけた。一頭ずつ前後に並べるか、二頭を横に並べて、もう一頭を先につけるかした。

だからわたしがこのトロイカを見た時、心は喜びにおののいたのである。

「さあ、一つ飛ばしてみせてくれ！」とわたしは、裸皮の外套を着て元気よく御者台に座っている若者に言った。彼は恐ろしく硬い手袋をはめていたので、わたしの手から十五コペイカ銀貨を受け取ろうとしても、指の間をくっつけることができないのであった。

「わかりましただよ。さあ、おめえたち！　それから、だんな」と彼はいきなりわたしの方を向いて言った。「よおくつかまっていてくだされや。なんせ坂道だから、わしは馬をぶっとばしてみせるだよ。」

これは冬の間の大通りになるヴォルガの岸への、険しい下り坂であった。

実際に彼は馬を飛ばした。橇は走るのではなく、まるで右から左、左から右へと跳びはねるのだった。馬は坂を駆け下った。御者はひどくご満悦の態である。わたしも、罪深い人間で、やはりすこぶる愉快である。これがロシア人というものなのだ。

こうしてわたしは駅逓馬を駆って――一八三八年という新しい年の中へ――わたしの生涯で最も美しく最も明るい年の中へと乗り入れた。この年との最初の出会いのことを物語ろう。

ニージニー（ノヴゴロド）を去る八十露里ほどのところで、わたしたち、すなわちわたしと侍僕のマトヴェイとは体を暖めるために、駅長の家に入った。外はひどく寒くて、おまけに風が強かった。駅長は貧相な顔付きの、痩せた病弱そうな男で、駅逓馬券に書き込みをしていた。彼は自分で自分に一字一字読み聞かせながら、しかも書き間違えていた。わたしはシューバを脱いで、大きな毛皮の長靴のまま部屋の中を歩き回っていた。マトヴェイは真っ赤に燃えている暖炉のそばで体を暖め、駅長は呟いていた。木製の時計が壊れたような弱々しい音を立てていた……。

「ご覧なさい」とマトヴェイはわたしに言った。「もうじき十二時になります。新年です。ヴャトカでもらった食料の中から」と彼は半ば問いかけるようにわたしの方を見て、付け加えた。「何か持ってきましょう。」そして返事を待たずに、酒の瓶と何かの包みとを取りに、飛び出して行った。

マトヴェイについては、わたしは後でまた語ることになるだろう。彼はわたしにとっては下僕以上の者であった。彼はわたしの友であり、弟であった。彼はモスクワの町人の家に生まれ、われわれがこの書の第一部〔第一分冊一六二ページ以下〕で紹介したゾンネンベルクの下に、製本術の見習いに出されたのだが、ゾンネンベルク自身が製本術にはあまり通じていなかったので、マトヴェイはわたしのところへ移ってきたのである。

わたしはもし断ったらマトヴェイをがっかりさせるであろうと思ったし、また、わたし自身も駅で新年を祝うことに事実上少しも反対する理由はなかった……。新年もまた一種の駅なのだから。

マトヴェイはハムとシャンペンとを持ってきた。

シャンペンは固く凍りついていた。ハムは斧でやっと断ち切ることができた。それは一面に氷で輝いていた。しかし、〈戦場では戦場らしく〉。

「新年おめでとう！　新しい幸せが訪れますように……！」誠に、新しい幸せが来るのだ。わたしは帰り路にいるのではないか！　刻一刻とわたしはモスクワに近付いているのだ。心は希望に満たされていた。

凍ったシャンペンは駅長にはあまり気に入らなかった。わたしは彼のワインにラム酒を半杯注ぎ足した。この新しいカクテルは大変成功した。

わたしは御者をも招いた。彼はもっと過激であった。彼は泡立つ酒にこしょうを振りかけて、さじでかきまぜて、ひと息に飲み干した。彼は苦しそうに溜息をついた。そして幾らか呻きながら付け加えた。「すっぱらしく胸苦しいな！」

駅長は自分でわたしを橇に乗せてくれた。そして、たいそう熱心に世話を焼いてくれた。そのため火のついたろうそくを乾草《ほしくさ》の中に落としてしまって、それを見つけだすことができなかった。彼はすこぶる上機嫌であった。そして幾度も繰り返した。

「おかげさまで年越しができました。これで年越しもすんだ！」

胸苦しい御者は馬を走らせた……。

次の日の晩の八時頃に、わたしはウラジーミルに着いて、旅館に泊まった。この旅館のことは、そこの献立にある「跑足《だくあし》」の雌鶏だの「麦粉のねり菓子」だの、ボルドー代わりの酢のことなどと共に、小説『タランタス』の中にこの上なく正確に描写されている。[1]

「けさあなたを訪ねていらっしゃった方があります。居酒屋でお待ちになっているようです。」若衆風に髪を分け、こめかみの巻き毛を度外れに垂らした給仕が、駅逓馬券の中にわたしの名前を見て言った。このような髪の分け方やこめかみの巻き毛の伸ばし方は、以前はロシアの給仕だけの特徴だったものだが、今では給仕の他にルイ・ナポレオンまでもがこれをやっている。

それが一体誰であるか、わたしには分からなかった。

「ああ、おいでになりました」と給仕は脇に身を寄せながら言った。しかし、初めに現われたのは人間ではなく、恐ろしく大きな盆であった。その上には、ありとあらゆるおいしそうな食べ物が山と積まれてあった。クリーチ、バラン[2]、みかん、りんご、卵、はたんきょう、乾ぶどう……そして盆の後ろから、白いあごひげと青い目とが現われた。それはわたしの父が所有するウラジーミルの村から来た村長であった。

「ガヴリーロ・セミョーヌィチ！」とわたしは叫んだ。そして駆けよって、彼を抱きしめた。これはわたしが牢獄と流刑の後に出会った、わたしの以前の生活の中から現われた最初の懐かしい人であった。わたしはこの賢い老人をいくら見ても見飽きることがなかった。彼といくら話しても話し飽きることがなかった。彼はわたしがモスクワへ、我が家へ、友人たちへ近付きつつあることを示す者であった。彼は三日前にみんなに会ってきたのである。そして、みんなからの挨拶を持ってきたのである……。つまり、もうそんなに遠くはないのだ。

知事クルータ(3)は聡明なるギリシア人で、人間というものをよく知っていた。そして、とうの昔から酸いも甘いもよくわきまえていたので、彼はわたしの立場をすぐに理解してくれた。そして、わたしを圧迫するようなことは少しもしなかった。役所の仕事については一言も口にしないで、彼はわたしにひとりのギムナジアの教師と共に《県広報》(4)の編集の仕事をするように命じた。これがわたしの勤務のすべてであった。

この編集の仕事については、わたしはすでに経験していた。わたしはヴャトカにおいて《県広報》の非公式の欄を設けることに力を尽くしたのである。わたしは一度そこに小さな記事を載せたことがある。この記事のために、わたしの後任にすんでのところで災難が降りかかるところであった。わたしは「ヴェリーカヤ川」の祭りのことを書いた記事の中で、ニコライ・フルィノーフスキーへの生贄として供えられる羊の肉は、昔は貧者に分け与えられたものであるが、今ではこれを売っていると書いた。主教はひどく腹を立てた。知事はやっとのことで彼を宥めて、事件を打ち切りとさせた。

《県広報》が発行されるようになったのは一八三七年のことである(5)。沈黙無言の国において、国民を新聞に親しませようなどという風変わりな案を考え出したのは、内務大臣のブルードフである。カラムジーンの歴史の継承者に任命されながら一行も書き継がなかった人物として、また、まるっきり書かない方がよかったと思われる十二月十四日事件の「審理委員会報告書」の筆者として知られるブルードフは、アレクサンドルの治世の末期に現われた空論的政治家たちのひとりに属している。これらの人びとは聡明にして教養ある廉直な人びとで、官職を勤め上げた老いたる「アルザマスの鵞鳥《がちょう》(6)」であった。

彼らはロシア語で文章を書く術を知っていた。彼らは愛国者であり、きわめて熱心に祖国の歴史に没頭していた。そのために現代のことに真面目に注意を払う暇もないくらいであった。彼らは皆、カラムジーンの忘れ難い思い出を尊重し、ジュコーフスキーを愛し、クルィローフを諳んじていた。そして時々モスクワに赴き、ドミートリエフをサドーワヤ街(7)の家に訪れて、彼と語るのであった。わたしも学生の頃、しばしば、その家にドミートリエフを訪問し、ロマン的なる偏見や、ニコライ・ポレヴォーイとの個人的親交や、ドミートリエフが詩人でありながら司法大臣をしていることに対する密かな不満などによって武装して、彼と語らったものである。

これらの人びとからは多くのことが期待されてはいたが、彼らは、すべての国の空論家たちと同じように、何一つしなかった。もっとも、アレクサンドル帝が生きていたならば、彼らはもっとしっかりした足跡を残すことができたかもしれない。しかし、アレクサンドルは亡くなってしまった。そして、彼らは何かまともなことをしたいという希望だけを抱いて、取り残されたのである。

モナコのある大公の墓石の上に次のような碑文が刻まれている。「ここにフロレスタン何世眠る——彼はおのが臣下のために多くの善事を為すことを望み給えり。」我が空論家たちもやはり多くの善事を為すことを望んだ。おのが臣下のためではなく、ニコライ・パーヴロヴィチの臣下としてではあったが。しかし、ここでは主人が勘定に入られていなかった。フロレスタンの邪魔をした者が誰であるか、わたしは知らない。しかし我が空論家たちの邪魔をした者は、我が国のフロレスタンである。彼らはロシアを改悪するあらゆる施策に関与しなければならなかった。そして無用な改革、形式や名称の変更だけに満足しなければならなかった。我が国の役所のすべての長官たちは時として何かの案、しかも大抵は悪い方へ変わるような案、時には何の違いもないような改革案を持ち出すことを、最高の義務と心得ている。例えば知事官房の秘書官《セクレターリ》は事務主任と呼ぶことが必要とされたが、県庁の秘書官の方はロシア語に訳さないでそのまま残してある。わたしは司法大臣が文官用の制服の改革案を出したことを覚えている。この案は厳しい調子で重々しく始まっていた。「若干の文官服の刺繍《ししゅう》および裁断における統一の欠如に対し特別なる注意を払い、かつ基本的には……」等。

同じような改革案の病気に取り憑かれていた内務大臣は、地方の裁判所の陪席判事と郷の警察署長とを入れ換えた。判事は町に住んでいて、村に出かけて行く。署長は時々町に来ることもあるが、いつも村に住んでいる。こうして、すべての農民は警察の監視の下に置かれることになった。しかも、これは我が国の警察官吏がいかに貪欲にして低劣な、堕落した存在であるかを十分に承知の上でなされたことである。ブルードフは農民の生業や富の秘密の中へ、家庭生活の中へ、共同体の仕事の中へ警察官を引き入れた。そしてこのことによって民衆の生活の最後の隠れ家に手をつけたのである。幸いにして、我が国に村はきわめて多いのに、警察署長は一つの郡に二人ずつしかいない。

これとほとんど時を同じくして、この同じブルードフが《県広報》の発行を思いついたのである。我が国の政府は民衆の読み書きというものにまるっきり関心がないくせに、文書というものには大変な執着を持っている。例えば、イギリスなどでは政府発行の雑誌などというものは一つもないが、我が国では一つひとつの役所が自分の雑誌を出し、アカデミーや各大学もそれぞれの機関誌を出している。我が国には鉱山の雑誌や塩業の雑誌がフランス語やドイツ語で出ている。海運の雑誌や陸運の雑誌もある。すべてこれは官費で出版される。原稿の契約もそれぞれの役所で薪やろうそくの購入契約と同じ方法で行なわれる。ただ再入札の制度がないだけである。漠然とした説明や捏造された数字や幻想的な結論には、少しも事欠くことはない。すべての独占権を持っている政府はたわ言の独占権をも持っているというわけだ。すべての者に沈黙を命じておいて、自分は絶え間なく喋り始めたのである。この制度を続けつつ、ブルードフは各県庁に対して《県広報》の発行を命じ、かつ《公報》には歴史や文学などの記事のための、非公式の欄を設けることを命じたのである。

命令は直ちに実行に移され、五十の県庁はこの非公式の欄のために心血を注いだ。神学校出の司祭たち、医学博士、ギムナジアの教師、その他、少しでも教養があり、〈ѣ《ヤーチ》〉という字の使い方を知っていそうだと疑われたすべての者が狩り集められた。彼らは想を練り、《読書館》や《祖国雑記》を熟読し、自分の頭を捻ったり真似をしたりした挙句、やっとの思いで記事を書くのである。

自分の書いたものが印刷されているのを見ることは、書物の世紀によって毒された人間の最も強い人工的な欲情の一つである。しかしそれにもかかわらず、自分の作品を公衆の前に供覧する決心をするのは、特別の機会がない限りたやすいことではない。《モスクワ通報》やペテルブルクの諸雑誌に自分の論文を載せようとは考えなかった人びとも、自分たちに身近なところでそれを発表するようになった。そうこうしている内に、機関誌を持とうという有害な習慣、発表しようという習慣が根を張った。確かに、きちんと準備された武器を持つことは悪いことではない。印刷機というものはやはり厄介なものなのだ。

編集上のわたしの同僚は、我が大学のわたしと同じ学部の学士であった。わたしは彼について微笑をもって語る気はしない。彼はそれほど痛ましく生涯を終えたのである。それでもなお、死の間際まで彼はきわめて滑稽な人間であった。彼は決して愚かではなかったが、並み外れて不器用で、不恰好であった。その醜さは滅多に見当たらないほどの、完璧この上ないものであるばかりではなく、甚だしく大規模な、すなわち、甚だしく拡大されたものであった。彼の顔は普通の顔の一倍半の大きさがあって、何となく荒削りであった。大きな口は魚のように耳のところまで開いた。明るい灰色の目は薄色のまつ毛のために光を遮られることなく、むしろ明るくされていた。剛毛が彼の頭蓋骨をまばらに覆っていた。しかも彼はわたしよりも首一つだけ高く、猫背で、誠に不潔であった。

彼は名前の点でも変わっていた。ウラジーミルの歩哨が彼を、その名前の故に衛兵所に閉じこめたほどである。ある晩おそく、彼は外套にくるまって知事官邸の脇を通った。

彼は片手に小型の望遠鏡を持っていた。立ち止まって、ある遊星に狙いをつけた。このことが歩哨の疑惑を招いた。歩哨は恐らく星を官有財産と考えていたのであろう。

「誰か」と彼は、動かずに立っている観測者に向かって叫んだ。

「ネバーバ〔「女ではない」の意〕だ」とわたしの友人はその場から動かずに、渋い声で答えた。

「ふざけるな」と歩哨は侮辱を感じて言った。「こっちは勤務中だ。」

「だからわたしはネバーバだと言っているんだ。」

歩哨は我慢できなくなって、鈴を鳴らした。下士官が現われた。歩哨は、この天文学者を守衛本部に連行してもらおうと、下士官に引き渡した。「あっちへゆけばおまえがバーバ〔女〕かどうかわかるぞ。」もしも宿直の士官が彼を知っていなかったら、彼はきっと朝まで止めおかれていたに違いない。

ある時、ネバーバは朝早くわたしのところへきて、数日の予定でモスクワへ行ってくると言った。そう言う彼は、何となく嬉しそうな、曰くありげな微笑を浮かべていた。

「ぼくは」と彼は言い淀みながら言った。「一人では帰ってきませんよ！」

「すると、つまり……。」

「そうです。正式に結婚するんです」と、彼は照れくさそうに答えた。

わたしはこの善良ではあるが、しかしあまりにも見栄えの悪い男に嫁ぐ決心をした女性の、ヒロイックな勇気に驚いた。しかし二、三週間経ってから、彼のところに、十八歳ぐらいの、美しくはないが可愛らしい、そして目のくりくりした娘を見いだした時、わたしは英雄を見るようにして彼を見るようになった。

ひと月半ほど経ってから、わたしは我がカジモド[8]の生活がうまく行っていないことに気付いた。彼は悲しみに打ちひしがれていた。校正にも間違いが多くなり、「渡り鳥について」の文章も書き上げることができなかった。そして暗い、物思わしげな様子をしていた。時々彼の目は泣きはらしたように見えた。これは長くは続かなかった。ある時ゾロトエ門〔「黄金の門」の意〕を抜けて家に戻る途中で、わたしは子供や売り子たちが教会の境内の方へ駆けて行くのを見た。警官たちが駆け回っていた。わたしも行ってみた。

ネバーバの死体は教会の壁の側に横たえてあった。傍らには銃があった。彼は自分の家の窓の向かいで自殺したのである。片方の足には紐がついていた。彼はそれで引き金を引いたのである。医事監督官が周りの者に向かって、故人は少しも苦しまないで死んだのだということを雄弁に説明していた。警官たちは彼の遺骸を本署に運ぶ準備をしていた。

……自然は一人ひとりの人間に対して何と残酷なのであろう！　この受難者がおのれ

に屈辱のみを、不幸のみを刻んだ振り子を一本の紐で止める決心をするまでに、彼はその胸の中でどれほど多くの苦しい思いをしたことだろう。しかもそれは何のために。父がるいれきを患い、あるいは母が腺病質であったために。すべてこれはその通りである。しかし、どんな権利によってわれわれは公正さを、説明を、理由を求めるのだろうか。誰から。渦巻く生活の嵐からだろうか……。

その時、わたしにとって人生の新しい時代が始まったのである。汚れなく明るい、若々しく真面目な、俗世を離れた、そして、愛によって貫かれた人生の時代が……。

だがこれは次の巻に属する。

第三部　クリャジマ川の畔なるウラジーミル

一八三八―一八三九

若きナターリア

わたしからその頃の内面的な生活についての長い物語を期待しないでほしい……。数々の恐ろしい出来事、あらゆる悲しみは、まったく明るい、曇りなき思い出よりも、やはりたやすく紙の上に書き付けられるものである……。幸福など物語になるだろうか。

足りないものはあなたがた自身で補い、心で推し測ってほしい。わたしは外面のことについて、環境について語ろう——心の秘密については、暗示をもって、あるいは一語をもって、ごく稀に触れるだけにしよう。

（『過去と思索』）

第十九章　公爵夫人と公爵令嬢

わたしが五、六歳の頃に、わたしがひどい悪さをしたりすると、ヴェーラ・アルターモノヴナはよく言うのだった。「いいですよ、ええ、いいですとも、待っていらっしゃい。いまに見ていらっしゃい。公爵夫人がおいでになったら、みんな言いつけてあげますからね。」わたしは、こういう脅かしを聞くとすぐに大人しくなって、公爵夫人には話さないでくれ、と彼女に頼むのであった。

公爵夫人マリーア・アレクセーエヴナ・ホワーンスカヤは、わたしの父の実の姉で、口やかましく、気難しいお婆さんであった。太っていて、尊大で、頰にほくろがあって、室内帽の下から付け巻き毛を覗かせていた。彼女は目を細めながら話をした。そして生涯の終わりまで、すなわち八十歳になるまで、紅と白粉《おしろい》で薄化粧をしていた。彼女はわたしを見つけると、いつも必ず捕まえて放さなかった。彼女のお説教や小言には果てしがなかった。彼女はあらゆることでわたしを叱りつけた。襟がしわになっていると言っては叱り、ジャケットにしみがついていると言っては叱った。あるいはまた、彼女に近付いてその手に接吻する時の仕方が悪いと言っても叱った。そんな時にはもう一度やり直しをさせるのである。お説教を終えると、彼女は小さな金製のたばこ入れを開けて、指先でたばこを摘み出しながら、時々わたしの父に言うのであった。

「おまえさん、この悪戯っ子をしつけてやるから、わたしのところへ寄こさないかね。わたしのところにひと月もいたら、絹のように大人しくなるんだけどね。」わたしは自分が彼女のところにやられるようなことはないということを知ってはいたが、それでもこんな言葉を聞くと、思わず身を震わせるのであった。

年と共に恐怖は消えて行ったが、わたしは公爵夫人の家を好きになれなかった。わたしはその家では、自由に呼吸することができなかったのだ。彼女のそばにいると、わたしは息の詰まるような感じがした。そしてわたしは、捕えられたうさぎのように、折さえあれば逃げ出そうと、不安な面持ちで辺りを窺うのであった。

公爵夫人の家はわたしの父の家、あるいはセナートルの家とはまるっきり違っていた。これは正教的でロシア式の古風な家であった。この家では人びとは精進を守り、早課に通い、洗礼祭(1)の前の晩には部屋という部屋のドアに十字架をつけ、乾酪《バター》週間には見事なパンケーキを作った。そして豚肉料理にわさびをいれて食べ、正餐は正二時に、夜食は八時過ぎに食べるのであった。彼女の弟たちを捉えて、これを母国の軌道から幾らか逸らしてしまった西ヨーロッパ的風潮も、彼女の生活に影響を及ぼすことはなかった。むしろ彼女は「ワニューシャ」や「レーヴシカ」(2)が、この「フランスかぶれ」の中で損なわれてしまったことに不満の念を抱いていた。

公爵夫人はその伯母なる八十歳ほどの処女、メシチェールスカヤ公爵令嬢の所有する家の離れ屋に住んでいた。

この公爵令嬢はかくしゃくとしていて、七族に及ぶ祖先や子孫の多くの親戚の者たちの間の、ただ一つの結び目ともいえる存在であった。大祭の日には、すべての近親者が彼女の周りに集まった。彼女は仲違いをしている者たちを和解させ、疎遠になっている者たちを近付けた。みんなが彼女を尊敬していた。彼女には尊敬されるだけの値打ちがあったのである。彼女の死と共に、親戚のつながりはばらばらになり、人びとはその中心を失って、互いに忘れてしまった。

彼女はわたしの父やその兄たちの教育を終えた。彼らの両親が死んだ後に、彼女は彼らが成人するまでその領地を管理した。彼女は彼らを近衛の勤務に就け、彼らの姉妹たちを嫁にやった(3)。ヴォルテールの親戚だというフランスの工兵士官上がりの家庭教師を雇って、自由思想家の地主たちを育て上げた彼女が、おのが教育の果実にどれだけ満足していたか、わたしは知らない。しかし、彼女は自分に対する尊敬の念を植えつけることはできた。甥たちは従順とか尊敬とかいう感情にはおよそ縁遠い方ではあったが、それでもこの老婆だけは尊敬していた。そして彼女が死ぬまで、しばしば彼女の言いつけには従ったのである。

公爵令嬢アンナ・ボリーソヴナの家は一八一二年の火事の時に不思議にも焼けずに残ったのだが、すでに五十年ほども修理されないままだった。色褪せて黒ずんだ毛織りのタピストリーが部屋部屋の壁を覆っていた。水晶のシャンデリアが何となく煤けて、時の古さの故に煙色のトパーズのようになって、誰かが部屋を通ると、ゆらめいて鈍い光を放ちながら、震えて音を立てるのであった。全部マホガニーでできている重厚な家具が、鍍金《めっき》のはげた凝《こ》った飾りをつけて、壁のそばに悲しげに立っていた。中国の象眼をちりばめた箪笥《たんす》、銅の板で縁取りされた机、ロココ風の焼き物の人形――すべてが別の時代の、別の風習を思い出させた。

控え室には白髪の下男たちがいて、重々しげに静かに、色々な細々した手仕事をしたり、時には祈禱書や詩篇(その中の紙は表紙よりももっと黒ずんでいた)を小声で読んだりしていた。戸口のところには小僧たちが立っていた。しかし彼らも、子供というよりはむしろ年とった小人に似ていた。決して笑うこともなく、大きな声を出すこともなかった。

奥の部屋という部屋には、死の静けさが支配していた。ただ時々、ボタンインコの悲しげな叫び声が響き渡るのみであった。「R」の音を舌たるく発音しながら、人間の言葉を真似ようとするこの鳥の不幸な試み、ブリキをかぶせた止まり木を叩くそのくちばしの骨の音、そして、広間のタイル張りの暖炉の小さな突出部の上に住んでいる、年老いて痩せこけた、肺を病む小さな猿の気持ちの悪いすすり泣き。太いトルコ式の赤ズボンをはいて仲仕《なかし》の装いをしたこの猿は、このうえなく厭わしい一種独特の臭いを振りまいていた。別の部屋には、大きさ、形、時代、年齢および服装において、あらゆる種類にわたる一族の肖像画が沢山かかっていた。これらの肖像画は、そこに描かれている姿と実物との対比によって、わたしにはとりわけ興味深いものであった。縫い取りのある薄緑色のカフタンを着て、髪粉を振りかけ、画面から優し気に微笑みかけている二十歳ほどの青年――これはわたしの父であった。巻き髪を広く立てて、バラの花束を持ち、付けぼくろを付けて、並外れて広いスカートの中に、まるで磨き上げた脚付きコップのようにはめこまれて、情け容赦もなく胴を引き絞られた姿をしている娘――これはあの怖い公爵夫人であった……。

礼儀正しさと静けさとは書斎に近付くにつれて増大した。幅広の縁飾りのついた白い室内帽をかぶった年寄りの女中たちが、何やら茶壺のようなものを持って、足音も聞こえないほど静かに行き来していた。時には、厚い青羅紗《らしゃ》の長いフロックコートを着た、白髪の下僕が戸口に姿を現わすこともあったが、その足音もやはり聞こえなかった。女中頭に報告をする時にさえ、彼はまったく声を出さないで、ただ唇を動かすだけであった。

背の低い、干からびた、しわだらけの、しかし少しも醜くはない老婆が、枕を敷き詰めた大きい不細工な長椅子の上に座っている、というよりはむしろ身を横たえているのが常であった。彼女を見分けるには骨が折れた。何もかもが白かったからだ。部屋着も、帽子も、枕も、長椅子も、カバーも。彼女の青ざめた蠟のような、そしてレースのように透けて見える柔らかそうな顔が、弱々しい声と白い服と共に、彼女に何かしら過ぎ去ったもの、やっと息づいているものの感じを与えていた。

大きなイギリス製の置き時計は、チク、タク、チク、タクと鳴るそのゆっくりとした声高の強々格〔詩の韻律の形式〕によって、彼女の生命の最後の時を刻んでいるように思われた。

十二時を過ぎると公爵夫人がお出ましになり、深い肘かけ椅子に重々しく腰をおろすのであった。彼女はひと気のない自分の離れ屋で退屈していたのだ。彼女は寡婦であった。わたしは今でも彼女の夫を憶えている。彼は背の低い白髪まじりの老人で、公爵夫人の目を盗んでは薬用酒や果実酒を飲んでいた。彼は家の中では何一つまともな仕事をしたことがなく、妻への無条件の服従にすっかり慣れきっていた。妻に対しては、とりわけ果実酒を飲んだ後などは、口先でこそ反抗することはあったが、実際に反抗することは決してなかった。そうしたことのあった時には、公爵夫人はフョードル・セルゲーエヴィチ公爵が食事の前におおっぴらに飲んだ小さな盃一杯のウォッカが、何と強い作用を彼の上に及ぼすものであるかに驚くのであった。そして翌朝になると、彼はつぐみや夜鶯《ナイチンゲール》やカナリヤを相手に、おとなしく遊んでいるように言いつけられるのである。これらの鳥は互いに声を限りに鳴き競っていたが、彼はその中のあるものには小さな自動オルガンで、他のあるものには自分自身の口笛で、鳴き方を教えた。彼は鳥を交換したり、売ったり買ったりするために、夜も明けきらぬ内から、自ら獲物市場《オホートヌイ・リャード》に出かけて行くことがあった。彼は商人に一杯喰わせることのできた(と自分でそう考えた)時には、芸術家的な満足感に浸った……。このようにしておのが有益なる生活を続けて行きながら、彼はある朝早くカナリヤどもに口笛を吹いてきかせている内に、急に前のめりに倒れて、二時間の後に息を引き取ったのである。

公爵夫人はひとりぼっちで取り残された。彼女には娘が二人いたが、彼女はその両方を嫁にやった。二人とも、愛の故にではなく、母親の母性的圧迫から逃れるためにのみ、嫁いだのである。二人とも最初の出産のあと、死んでしまった。公爵夫人は確かに不幸な女であった。しかし、不幸は彼女の気性を和らげるよりは、むしろ歪めた。彼女は運命の打撃によっても、穏やかにも善良にもならなかった。かえって一段と無情に、一段と気難しくなった。

今や彼女に残されていたものはただ弟たちと、それから、誰よりも公爵令嬢であった。彼女は一生の間ほとんど片時も公爵令嬢のそばを離れたことがなかったのだが、夫の死後は前にもまして親密に接するようになった。公爵令嬢は家のことは何一つしなかった。公爵夫人がすべてを独裁的に差配し、世話と配慮という口実のもとに、この老婆を押えつけていた。

壁の傍らやさまざまな片隅には、いつもありとあらゆる類の老婆たちがいた。彼女たちは公爵令嬢の家に住み付いているか、あるいはいっとき身を寄せていた。半ば聖人で、半ば浮浪者で、幾らか気が触れており、きわめて信心深く、病身で、かつ並外れて不潔なこれらの老婆は、古くからの家々を一つひとつ巡り歩いているのであった。ある家では食事にありつき、他の家では古いショールをもらい、見返りにひきわり麦や薪を送り出したり、亜麻布やキャベツを送り出したりするのを手伝う。それで何とか暮らして行けるのであった。彼女たちは行く先々で邪魔にされ、行く先々でないがしろにされた。どこの家でも末席に座らされた。どこの家でも、退屈さ、空しさの故に、だが何よりも多く、噂話を聞きたさに受け入れられたのである。よその客のいる席では、これらの悲しげな連中はたいてい黙りこくって、妬み深い敵意をもって互いに見交わし……溜息をつきながら、頭を振ったり十字を切ったり、呟き声で縫い目を数えたり、祈りや、あるいは恐らく罵りの言葉を口ずさんだりしている。その代わり恩人であり保護者である女主人と二人きりになると、彼女たちは、かつて自分たちを受け入れ食事や物を与えてくれたすべての他の恩人たちについての、この上ない忘恩的なお喋りによって、沈黙の償いをするのである。

　これらの老婆は公爵令嬢から絶えず何かしらをせがみ取った。そして公爵令嬢が、彼女たちを甘やかすことを好かなかった公爵夫人に隠れて、しばしば彼女たちに与えた品々に対するお礼として、石のように固くなった聖餅や、何の役にも立たない手製の毛織り物や編み物などを持ってきた。これらの品を公爵令嬢はあとで誰かに売りつけて、その代金を彼女たちに与えるのであったが、この場合、買い手の意志なぞは少しも考慮に入れられなかった。

誕生日や名の日やその他の祭日の他に、公爵令嬢の家で親戚や親しい知人たちの最も厳かな集まりのあるのは、新年の前夜であった。この日には公爵令嬢がイーヴェルの聖母像を奉挙することになっていた。修道僧や司祭たちが聖歌を歌いながら、聖像画《イコン》を捧げて部屋から部屋へと隅なく巡り歩いた。公爵令嬢が初めに十字を切りながら、聖像画の下を通って行く。彼女の後にすべての客たち、下僕、女中、老人、子供たちが続く。それが済むと、すべての者が彼女に新年のお祝いの言葉を述べ、子供にやるような、取るに足りないさまざまな品を彼女に贈る。彼女はそれらの贈り物を数日の間おもちゃにしてから、みんなに分け与えてしまう。

　わたしの父は毎年、この異教的な儀式にわたしを連れて行った。すべてはいつも同じ順序で繰り返された。ただ幾人かの老人や老婆の姿が見えなくなっているだけである。彼らについて、人びとはことさらに沈黙を守った。公爵令嬢だけが言うのだった。

「イリヤ・ワシーリエヴィチはもういないんだね。天国に行けますように！……神さまは来年は誰をお召しになりますことやら……。」

　そして疑わしげに首を振るのであった。

　だが、イギリス時計の刻む強々格は一日、一時間、一分を計り続け……、そして遂に宿命的な秒を計り終えた。ある日、老婆は床から起きて、何となく気分が悪いように感じた。部屋から部屋へと歩き回ってはみたが、やはり気分がすぐれない。鼻から血が出た、ひどく沢山出た。彼女は衰弱し、疲労した。すっかり身なりを整えて長椅子に横たわり、静かに眠った……。そして、もはや目覚めることがなかった。彼女はその時九十歳を超えていた。

家と領地の大部分とを、彼女は公爵夫人に遺した。しかし、自分の生活の内面の意味は、彼女には伝えなかった。公爵夫人には一族の親としての、多くの糸を結び付ける家長としての、独特の優美な役割を続けて行くことはできなかった。公爵令嬢の死と共に、あたかも山あいに日が落ちたように、すべてが一度に暗い様相を帯びるようになり、長い黒い影がすべてのものを覆った。彼女は伯母の家を固く閉ざして、自分は引き続き離れ屋に住んでいた。庭には草が生《お》い茂り、壁や窓枠はますます黒ずんでいった。玄関口は傾きかかって、薄汚れた老犬たちがいつもそこで眠っていた。

知人や親戚の足も遠のき、彼女の家は次第にひと気を失った。彼女はこのことを悲しく思ったが、どうにもならなかった。

家族の中でただ一人生き残った彼女は、自分の人生を、その無益さの故に恐れるようになった。そして彼女の平静を肉体的に、あるいは精神的に乱し、彼女を煩わせ苦しめるすべてのものを惜しげもなく斥《しりぞ》けるのであった。過去や思い出を恐れるあまり、彼女は自分の娘たちに関わりのあったすべてのもの、彼女たちの肖像画をさえ遠ざけていたが、これは公爵令嬢の死後においても同じであった。白いおうむや猿は召使部屋に追いやられ、それから家を追い出された。猿はセナートルの御者部屋で、ネージンスキエ・コレシュキ〔匂いの強い安たばこ〕の煙にむせながら、先導御者《フォレイトル》たちを慰めて、おのが余生を終えつつあった。

自己保存のエゴイズムは年寄りの心をひどく冷たいものにする。たった一人残された(4)娘の病気が望みのないものになった時、人びとは母親に家に帰ってくるように説得した。そして彼女は帰った。家に帰り着くとすぐに、彼女は色々なアルコールやキャベツの葉を準備するように命じた（彼女はそれらを首に結び付けておいた）。これは恐ろしい知らせがきた時に必要なすべてのものを、手許に備えておくためであった。彼女は夫の亡骸《なきがら》にも、娘の亡骸にも別れを告げなかった。彼女は息を引き取った後の彼らの姿を見ようとしなかったし、葬式にも行かなかった。その後、彼女の愛する弟であるセナートルが死んだ時、彼女は甥の数語を聞いて、何が起きたのかを察した。そして悲しい知らせや臨終の詳しい様子を自分に聞かせてくれないようにと、甥に頼んだのである。自分の心、しかもこのように影響を受けやすい心に対してこのような方策を講じてこそ、強い消化力を保ちながら、完全な健康の裡に、八十、九十までも生きることができたのだろう。

しかし、悲しいものはすべて遠ざけておこうとするこの奇怪なる習性は、前世紀の我がままな貴族たちにあっては、今日におけるよりも、もっと一般的なものだったということを、わたしは公爵夫人のためにここで言っておきたい。有名なカウニッツ[5]は老年になってから、彼のいる前で誰かの死について、また、彼がいたく恐れていた天然痘について語ることを、固く禁じていた。ヨーゼフ二世[6]が死んだ時、秘書官はこれをカウニッツに何と言って知らせたらよいか分からないままに、「いま位に就かれている皇帝レオポルト」という表現を使うことに決めた。カウニッツは理解した。そして、一言も口をきかず、青ざめて肘かけ椅子に深く腰をおろしたのだった。彼の園丁は会話をする時に、天然痘を思い出されることのないように、接ぎ木〔「接種」という語と同じ〕という語を使わないようにしていた。最後に、彼は自分の息子が死んだことを、偶然の機会にスペイン公使から知ったのである。それでいながら、人びとは危険から逃れようとして、自分の翼の下に頭を隠す駝鳥のことを笑うのである！

公爵夫人は自分の全き安静を保つために独特の警察を設けて、ある老練の人物の手にその管理を委ねた。

公爵夫人のところには、公爵令嬢の時代から受け継がれた遊牧的な老婆たちの他に、定住的な「コンパニヨンカ」〔話し相手の婦人〕がいた。この名誉ある職についていたのはズヴェニゴロドのさる官吏の寡婦で、頬の赤い頑健な女であった。自分の「家柄」と亡夫の八等官の位とを鼻にかけ、怒りっぽくて騒々しいこの女は、一八一二年の祖国戦争の時に悲運な死を遂げた自分のズヴェニゴロド産の牝牛のことで、ナポレオンを決して許すことができないのであった。わたしは、アレクサンドル一世の死んだ時に、彼女が自分の身分に応じた喪章はどれくらいの幅にしたらよいか、大真面目に心配していたのを憶えている。

公爵令嬢の生きていた頃は、この女はきわめて詰まらない役割を演じていた。しかしその後、公爵夫人の気紛れとその自分自身に対する不安感とに巧みにつけこむことができたので、間もなく、丁度公爵夫人自身が伯母のそばで占めていたような地位を、夫人のそばで占めるようになった。

官吏の喪章を縫いつけたマリーア・ステパーノヴナは、朝から晩まで、まりのように家の中を跳ね回り、叫んだり騒ぎ立てたりした。召使たちを不安に陥れ、彼らのことで小言を言い、女中たちを取り調べたり、小僧たちにげんこつを喰らわせたり、耳を引っぱったり、金を払ったり、台所に駆けこみ、厩に駆けこみ、蝿を追い払い、公爵夫人の足をさすったり、無理に薬を飲ませたりした。家の者たちはもはや奥さまに近付くことができなくなった——これはアラクチェーエフ[7]であり、ビロン[8]であり、まさに総理大臣であった。公爵夫人は口やかましく、そして旧式だったとはいえ、やはり節度のある人だったから、しばしば、とりわけ初めの内こそ、ズヴェニゴロドの寡婦のことを、その甲高い叫び声や市場の物売り女のような振舞いを快からず思ってはいたものの、段々彼女を信頼するようになり、マリーア・ステパーノヴナがこの家の、さなきだに多くもない出費を著しく切り詰めてくれたのを見て、大いに喜んだ。公爵夫人が誰のために金を大切にしていたのか、言うことは難しい。彼女には、弟たちの他には一人も身内の者はいなかった。しかも弟たちは彼女よりも二倍も金持ちであった。

こうしたことがあれこれあったので、公爵夫人は夫や娘たちの死んだ後には、本当は、淋しい思いをしていたのである。だから、彼女の娘たちの家庭教師をしていたことのあるフランス婦人[9]が二週間ほど彼女のところに客に来たり、あるいは姪がコールチェワから彼女を訪ねてきてくれた時など、大変喜ぶのであった。しかしこれはみな一時的なことであり、ときたまのことであったし、「コンパニヨンカ」との退屈な差し向かいは、それらの合間を満たすものではなかった。

彼女が公爵令嬢の死ぬ少し前に暇つぶし、玩具、気晴らしを見つけたのは、きわめて自然の成り行きであった。

第二十章　みなし児

「化学者」は父親の遺したさまざまなことどもを、その著しい乱脈のままに引き継いで、一八二五年の半ばに、自分の弟や妹たちをペテルブルクからシャーックの領地に送った。彼はそこの地主屋敷と生活費とを彼らに与え、行く行くは彼らを教育し、身の振り方をつけてやるつもりでいた。公爵夫人はこれらの子供たちを見に行った。八歳になるひとりの子供(1)が、その悲しげな物思いに沈んだ様子によって、彼女の心を強く惹きつけた。公爵夫人はこの子を馬車に乗せて家に連れ帰り、そのまま手許に引き取った。

子供の母親は喜んだ。そして、他の子供たちを連れてタムボフに帰った。

「化学者」は同意した。要するに、彼としてはどちらでもよかったのである。

「一生忘れてはいけないよ。」家に着いた時に、「コンパニヨンカ」がこの女の子に言った。「公爵夫人がおまえの恩人だということを忘れてはいけないよ。あのお方がいつまでも生きていらっしゃるようにと、神さまにお祈りするんだよ。あのお方がいなかったら、おまえなんかどうなっていたか、分かったもんじゃないんだからね。」

こうして、落ち着きのない二人の老婆（その一人は気紛れと我がままに満たされており、もう一人は思い遣りも節度もまるっきり持ち合わせていない、絶えずせかせかしたスパイであった）の重苦しい支配の下にあったこの傾きかかった家に、この子供はすべての親しいものから引き離されて、周りのすべてのものに縁のない存在として、身を置くことになった。子供は人が犬ころをもらってくるように、あるいはフョードル・セルゲーエヴィチ公爵がカナリヤを飼っていたように、退屈しのぎに引き取られてきたのである。

幾日か経って、わたしが父に連れられて公爵夫人の家に行った時に、この女の子は長い毛織りの喪服を着て、水色に見えるほどの青白い顔をして、窓のそばに腰をかけていた。彼女は黙ったまま、驚き怯えて座っていた。そして、他の何かを見ることを恐れるかのように、窓の外ばかりを見ていた。

公爵夫人は彼女を呼んで、わたしの父に引き合わせた。いつも冷淡で無愛想な父は、無関心な面持ちで子供の肩を軽く叩いた。そして、死んだ兄は自分の仕出かしたことを自分でも知らなかったのだと言い、「化学者」の悪口を少し言ってから、それなりにすぐに話題を変えた。

女の子は目に涙を浮かべていた。彼女はまたしても窓のそばに腰をかけ、そして再び外を眺め始めた。

彼女にとって苦しい生活が始まろうとしていた。一つの温かい言葉も、一つの優しい眼差しも、一つの愛撫もなかった。彼女の傍らにあるもの、周りにあるものは、自分とは縁のないものばかりであり、しわだらけの顔、黄ばんだ頬、消えかかり痩せ衰えた人間たちばかりであった。公爵夫人はいつも厳しく、冷たく、気短かであった。そして、このみなし児との間にあまりにも大きな隔たりをおいていたので、子供は彼女に庇ってもらったり、彼女に心の温もりや慰めを求めたり、あるいは彼女の膝で泣いてみたいなどと考えたことは、一度としてなかった。客たちはこの子に何の関心をも払わなかった。「コンパニヨンカ」はこの子供を、公爵夫人の気紛れとして、余計な、しかし自分には何の害をも与えることのできない存在として、大目に見ていた。彼女は、とりわけよその人たちのいる席では、自分が子供を保護し、公爵夫人からこの子を庇っているのだということを見せようとさえしていた。

子供は懐かなかった。そして一年経っても、最初の日と同じように、よそよそしい存在であった。そして、もっと悲しげになった。公爵夫人自らもこの子の「生真面目さ」

に驚いていた。そして子供が小さな縫い取り台の前に何時間でも悲しげに座り続けているのを見て、時々彼女に言うのであった。

「おまえ、遊ばないのかい、駆けまわらないのかい。」

女の子は微笑んで、顔を赤らめ、感謝の言葉を述べたが、その場から動こうとはしなかった。

公爵夫人の方も彼女をそのままにしておいた。実際、子供の悲しみなどには少しの心を配ることもなく、彼女の気が晴れるようにと、何かをしてやるわけでもなかった。お祭りの日がきて、他の子供たちがおもちゃをもらい、遊びに行くことや新しい服のことなどについてお喋りしている時でも、みなし児には何一つ与えられなかった。公爵夫人はこの子には住む場所を与えてやっただけで十分だと考えていたのだ。靴をやったのだから、なんで人形までやることがあろう。確かにそれらは必要のないものであった。少女は遊ぶことを知らなかったし、遊ぶ相手もいなかったのだから。

ただ一人だけ、みなし児の立場を理解する者がいた。彼女には年老いたばあやがつけられていた。この老婆だけが、何の飾り気も邪気もない心で、彼女を愛した。しばしば、晩に彼女の服を脱がせてやりながら、老婆は言うのであった。「お嬢さん、どうしてそんなに悲しそうにしていらっしゃるんですか。」

少女は彼女の首に抱きついて、さめざめと泣いた。老婆は涙にくれて頭を振りながら、ろうそく台を片手にもって、部屋を出て行くのであった。

こうして幾つかの年が過ぎた。彼女は泣き言を言わなかった。彼女は不平を言わなかった。ただ彼女は十二歳ほどで、すでに死ぬことを望んでいたのである。

「わたくしにはいつも自分がこの生活の中にまちがって落ち込んだのであって、間もなく家に戻ることになるだろうというような気がしていました。」と彼女は書いた。「けれどもわたくしの家はどこにあるのでしょう……？　ペテルブルクを立ち去る時、わたくしは父の墓の上に大きな雪だまりがあるのを見ました。母はわたくしをモスクワに残して、広い、果てしのない道の彼方に、姿を消しました……。わたくしは激しく泣きました。そしてわたくしを早く家に連れて行ってくれるようにと、神さまに祈りました。(2)」

「……わたくしの幼年時代はこの上なく惨めで苦しいものでした。人知れず、どれほどの涙を流したことでしょう。夜遅く、お祈りとはどういうことなのかもまだ知らないままに、わたくしは密かに起き上がって（決められた時間には祈ることもできないのに）、そして、誰かがわたくしを愛し、可愛がってくれますようにと、幾度神さまに祈ったことでしょう。わたくしには心を引きつけ慰めてくれるような、楽しみもおもちゃもありませんでした。何故なら、人がわたくしに何かをくれる時には、非難の言葉と一緒でしたし、いつもおまえはそんな柄ではないんだけどねと、付け足すに決まっていたからです。あの人たちから与えられるどんなぼろきれも、わたくしにとっては涙の種でした。その後、わたくしはこうしたことに打ち克つことができました。わたくしは知識を渇き求めるようになりました。わたくしはもはや、勉強以外のことでは、他の子供たちを羨ましいとは思わないようになりました。多くの人はわたくしを褒め、わたくしが才能を持っているのだと思っていました。そして同情しながら言うのでした。「この子をもっと伸ばしてやりたいもんだね！」わたくしは心の中で、〈この子はいまに世間を驚かせるようになる〉――とそれに付け足すのでした。すると、わたくしの両の頬は燃え、わたくしの心は大急ぎにどこかへ向かって飛び出して行くのです。わたくしは自分の描いた絵や自分の弟子たちを想像してみました。けれども人びとはわたくしに一枚の紙きれも一本の鉛筆もくれようとはしません……。別の世界に抜け出したいという願いはますます強くなり、それと共にわたくしの牢獄や、そこの無情な番兵たちに対する蔑みの念も次第に大きくなってゆきました。わたくしは絶え間なしに「修道僧」[3]の中の詩句を繰り返していました。

これ秘めごとなり、我が日々の春に

われすでに生くる嘆きを知り尽くしぬ。

あなたは覚えておいででしょうか。わたくしたちはあなたの家に行きました。もうずっと前のことです。あなたがまだ以前の家に住んでいらした頃のことです。あなたはコズローフの詩を読んだことがあるかとわたくしに聞きました。そしてその詩の中から、丁度同じ個所を聞かせてくれましたね。あの時、わたくしは思わず身震いしました。無理に涙をおさえて微笑しました[4]。」

深い悲しみの音が、いつも彼女の胸の中に響いていた。それは決して完全に消え去ることがなかった。ただ、生活の明るい束の間の声に途切れ、時に沈黙するのみであった。

死のふた月ほど前に、彼女はもう一度自分の子供の頃の思い出に立ち戻り、そして、次のように書いた。

「周りにあるすべてのものは古臭く、厭わしく、冷たく、そして生気のない、偽りのものでした。わたくしの教育は叱責と侮辱から始められました。そのために——すべての人から遠ざかり、彼らの好意を信じないようになり、彼らの同情をしりぞけて、自分の心の奥底に閉じこもるようになりました[5]……。」

しかし、このように自分自身の奥底に閉じこもるためには、その中に思うさま浸っていられるような、魂の常ならぬ深さを持つことが必要であるばかりではなく、独立と自主との強い力を持っていることも必要である。敵対的で卑俗な、抑圧的で出口のない環境の中にありながら、自分の生き方を貫くことのできる人はきわめて少ない。ある時は精神がそれに耐えられなくなり、ある時は肉体が打ち負かされる。

最も感じやすい年頃に、身寄りもなく、心ない人びとのそばにいなければならなかったことは、心に黒い溝を刻み、決して完全には癒えることのない傷を残した。

「わたくしは」と一八三七年に彼女は書いている。「いつ心おきなく、そして心から、「お母さん」という言葉を口にしたことがあったのでしょうか。誰の胸に、心安らかに、すべてを忘れて、身を投げかけることがあったでしょうか。わたくしは何も覚えていません。わたくしは八つの時からすべての人にとって縁の<u>ない</u>存在でしたが、わたくしは母を愛しています……。でも、わたくしたちはお互いに知らないのです[6]。」

十二歳の少女の青い顔色、暗い隈に縁取られたその大きな目、彼女の物憂げな疲れ、そして、消えることのない悲しみを見た時、多くの人は、これが肺結核の宿命的な早期の犠牲者のひとり、死の指によって、美と早熟な知力との特別な印によって、子供の頃から定められていた犠牲者のひとりだと思ったことだろう。

「もしもわたくしが」と彼女は語った。「わたくしたちの出会いによって救われなかったならば、わたくしはこの闘いに耐えられなかったことでしょう。」

そして、わたしはかくも遅く彼女を理解し、彼女の心を知ったのである！

一八三四年に到るまで、わたしは自分の傍らに繰り広げられていた、この豊かな存在を推し測る術を知らなかった。公爵夫人が長い毛織りの服を着たこの少女をわたしの父に引き合わせた時から、九年もの年月が流れていたにもかかわらず。そのわけを説明することは困難ではない。彼女は内気であったし、わたしは別のことに気が向いていたのだ。いつもとても悲しそうにひとりぼっちで窓辺に腰かけていた子供を、わたしは可哀想に思った。しかし、わたしたちは時たまにしか顔を合わせることがなかった。公爵夫人の家へは、わたしは稀に、しかも、いつでも嫌々ながら、出かけて行くのだった。公爵夫人がわたしたちの家に彼女を連れて来ることはもっと稀だった。加うるに、公爵夫人の訪問はほとんど常に不愉快な印象を残した。彼女は詰まらないことで父と言い争うことが多かった。二カ月ほど会わなかった後でも、彼らは互いに刺々しい皮肉を言い合うのであった。もっとも、苦い薬に砂糖の皮をかぶせるように、それらの皮肉も穏やかな言いまわしに包まれてはいたが。「わたしのかわいい鳩よ」と公爵夫人は言う。「わたしのかわいい雌鳩よ」と父は答える。そして、争いはいつも決まった通りに進んだ。公爵夫人が帰って行くと、わたしたちはいつも喜ぶのであった。さらに、その頃のわたしがさまざまな政治的な空想や学問に夢中になっていて、大学や友人たちの中に生きていたことも忘れてはならない。

　だが彼女は、愚かな偽善者や、おごり高ぶった親戚や、退屈な修道司祭や、太ったその女房たちに取り巻かれて、「コンパニヨンカ」の偽善的な保護を受けながら、草の生い茂った陰気な屋敷内と、家の裏の小さな庭より先へは、外へ出ることも許されない生活の中で、これらの暗くて長い九年もの年月の間を、自分の悲しみの他に、何を拠り所として生きてきたのであろうか。

　すでに述べてきたところから明らかなように、公爵夫人は自分が引き取った子供の教育に、特に金をかけるようなことはしなかった。道徳は彼女が自ら教えた。この授業は外面的な行儀作法と偽善の完全なるシステムを植えつけることから成っていた。子供は朝からコルセットで締めつけられ、髪を整え、身体を真っ直ぐにしていなければならなかった。これは健康に害のない程度なら許されるべきことだったかもしれない。しかし公爵夫人は、飾り気のない、率直な感情をすべて抑え付けることによって、子供の腰と一緒に心をも締め付けたのである。彼女は子供が悲しがっている時に微笑や嬉しそうな様子を要求した。泣きたがっている時に愛情のある言葉を、どうでもいいようなことにも興味を持っているような様子を要求した。つまり、不断の偽りを要求したのである。

初めの間、この哀れな少女は、あまり早くからものを教えることは無益であるという口実のもとに、何一つ教えてもらえなかった。その後、すなわち三、四年経ってから、セナートルや、さらにはよその人たちまでもがうるさく注意するので、公爵夫人は、できるだけ経費を切り詰めて、子供の教育を準備してやることにした。

このために彼女はひとりの年老いた女の家庭教師を利用した。この家庭教師は公爵夫人に恩を感じていたし、また時には彼女の援助を求めることもあった。かくして、フランス語は最低の値段に値切られた。その代わり授業は〈途切れ途切れに〉行なわれた。だが、ロシア語も同じように値切られた。ロシア語とその他のすべての課業のために、どこかの僧侶の寡婦の息子が招かれた。この寡婦も公爵夫人の世話になっていたので、むろん特別の費用は出さないで済んだ。公爵夫人が府主教に頼んでくれたおかげで、この僧侶の妻の息子二人は大寺院付きの司祭になれたのである。教師として来たのは彼らの上の兄の方で、沢山の家族を抱えて、貧しい教区の輔祭をしている男であった。彼は貧乏に押し潰されそうになっていたので、どんな値段でも満足した。それに弟たちの恩人に向かって、敢えて条件をつけるわけにはいかなかった。

これ以上に惨めで不完全な教育はなかったとはいえ、事はすべてうまく運んで、見事な実りをもたらした。伸びるべきものさえあれば、それが伸びるためには、どんなに僅かなものでも足りるのである。

　貧しい、痩せた、背の高い、そして、頭の禿げ上がった輔祭は、年を取っても不幸になっても治らない熱狂的な夢想家のひとりであった。こういう人たちは、不幸の中にあると、その神秘的な考えをさらに強めるものである。狂信ともいうべき彼の信仰は、誠実なものであった。そして詩的な色合いをさえ帯びていた。飢えた家族の父である彼と、他人のパンによって養われているみなし児との間には、すぐに相互的な理解が生まれた。

　公爵夫人の家では、輔祭は保護のない、しかも大人しい貧乏人として迎えられた――人びとは彼に会釈することも、言葉をかけることもほとんどしなかった。「コンパニヨンカ」に到っては、彼に対して見下すような態度を取ることを必要とさえ考えた。だが、彼はそのような人たちの存在にも、そのような態度にも、まるで気付かないかのようであった。そして、愛情をもって学科を教え、教え子の飲み込みの早さに感動し、また、彼女自身をも涙の出るほどに感動させた。このことを公爵夫人は理解できなかった。泣き虫だと言って子供を叱った。輔祭が子供の神経をかき乱していることにすこぶる不満であった。「これではひど過ぎる」と彼女は言った。「まるっきり子供らしくない。」

　その間にも、輔祭の言葉は若い人の前に別の世界を開いて見せていった。その世界は宗教そのものが何か調理場的なものとなってしまい、結局のところ精進を守るとか、夜に教会に通うといったことに帰するような世界、恐怖によって助長された狂信と欺瞞とが手に手を取って幅をきかせていたような世界、すべてのものが制限され、模造的な約束事とその偏狭さとによって人の魂を抑圧するような世界――そのような世界とは違った、別の魅力をもった世界である。輔祭は教え子の手に福音書を与えた。彼女は長い間それを手から離さなかった。福音書は彼女の読んだ最初の本であった。彼女はそれをばあやの姪で、公爵夫人の小間使をしていた、彼女のたった一人の友のサーシャと一緒に繰り返し読んだ。

わたしは後に、このサーシャのことを非常によく知るようになった。御者部屋と台所との間に生まれ、女中部屋から出たこともないような少女が、どこでどのようにして、あのように高い知性を持つようになったのか、わたしにはどうしても理解することができなかった。しかし、彼女は非常に高い知的発達を遂げていた。これは農奴という身分に押し潰されて、召使部屋の中で人知れず、そして、われわれの考えているよりももっとしばしば、身を亡ぼしつつある罪なき犠牲者のひとりであった。彼らは少しの償いも、思い遣りも受けず、明るい生活のひと時も、楽しい思い出の一つも持たずに死んで行くだけではない。自分たちと一緒に、どんなに価値あるものが、どれほど亡び消え去って行くのかを知らず、また考えてみることもなく、死んで行くのである。

奥方は忌々しそうに言うだろう。「あの小娘はやっと仕事を覚え始めたばかりなのに、急に病みついて死んでしまった……。」七十歳の女中頭は呟くだろう。「今どきの召使ときたら、どうしたわけだろうね。お嬢さんがたよりもっと始末がわるいよ。」そして、法事粥や法事料理を食べに出かけて行くだろう。母親はさんざん泣いて、それから少しばかり酒を飲み始めるだろう――それだけの話である。

そしてわれわれも、自分たちの足元で行なわれている、これらの恐ろしい物語には耳を貸そうともしないで、多忙という勿体ぶった口実を構え、幾ルーブルかの金や一つの優しい言葉でその場を取り繕いながら、そそくさと傍らを通り過ぎる。だが、その時突如として、われわれは永遠に打ち砕かれた魂がおのれの存在を告げ知らせようとする、恐ろしげな呻き声を聞いてひどく驚く。そして、寝ぼけまなこで、このような魂、このような力はどこから生まれたのかと尋ねるのである。

公爵夫人は自分の女中を殺してしまった。むろん、わざとではなく無意識にしたことではあるが。詰まらないことで事ごとに彼女を苦しめ、その生活のすべてを抑圧し、彼女を破壊してしまった。彼女を卑しめ、心ない、粗野な扱いをすることによって、彼女を疲れ果てさせた。公爵夫人は幾年かの間、彼女に結婚することを許さなかった。そして、彼女のやつれはてた顔に肺病の兆しを認めた時に初めて、それを許したのである。

哀れなサーシャよ、農奴制によって汚された厭うべき、呪うべきロシアの生活の哀れな犠牲者よ、君は死ぬことによって自由の身になることができたのだ。それでも君は、他の者たちとは比べものにならないほど幸せだった。公爵夫人の家の厳しい囚われの生活の中で、君はひとりの友に出会った。そして君がかくも限りなく愛したその少女の友情は、蔭ながら君を墓まで送って行った。君のために彼女は多くの涙を流した。彼女は死ぬ少し前にも君のことを思い出していたよ。そして、自分の少女時代に現われたただ一つの明るい姿として、君の思い出を祝福していたよ。

……二人の若い娘(サーシャの方が年上であった)は毎朝早く、家の中の誰もがまだ眠っている頃に起き出して、庭に出て、雲一つない空のもとで福音書を読み、祈りを捧げるのだった。彼女たちは公爵夫人のために祈り、「コンパニヨンカ」のために祈り、そして、彼女らの魂を開いてくれるようにと、神さまに願った。自分たちのために色々な試煉を考え出し、数週間にわたって肉食を断ったり、あるいはまた、修道院や死後の生活について空想したりした。

このような神秘主義はこの年頃の少女のさまざまな特質にふさわしいものである。ここではすべてがまだ秘密のままであり、すべてが宗教的な神秘に包まれ、目覚めつつある思想が、朝霧を通してほのかな光を投げかけるのみで、しかも、まだ経験や情熱が霧を吹き払うに至っていないのだ。

後になって、静かな、穏やかなひと時に、わたしは、一つの広々とした生命の始まりとなり、また別のもう一つの不幸な存在には終わりとなった、この子供らしい祈りの話を聞くことを愛した。粗暴な善行に辱められたみなし児と、おのれの出口のない立場に辱められた奴隷の少女とが、ひと気のない庭で自分たちを抑圧する者たちのために祈りを捧げる姿に、わたしの心はある感動に満たされ、稀なる安らぎがわたしの魂に訪れるのであった。

この清らかで奥床しい少女の存在は、公爵夫人の愚かしい家でこそ、輔祭とサーシャの他、身近な誰からもその値打ちを認められることはなかったが、しかし、召使たちはみな彼女に共感を示し、彼女を熱烈に崇拝していた。これらの素朴な人たちは彼女の中に善良な、優しいお嬢さん以上のものを見たのである。彼らは彼女に自分たちが崇めていた何かしら気高いものがあることを感じていた。彼らは彼女を信仰していたのだ。公爵夫人の家で働いていた娘たちがお嫁に行く時、彼女たちは彼女の手で何かのリボンをつけてくれるようにと頼むのであった。ある時、ひとりの若い女中(それはエレーナという名前であった)が急に激しい痛みのために病の床についた。重い肋膜炎であることが分かった。助かる見込みはなかったので、人びとは僧侶を呼びにやった。驚いた娘はすべてが終わってしまったのかと、しきりに母親に聞くのであった。母親はむせび泣きつつ、間もなく神さまがおまえをお召しになるだろうと彼女に言った。すると、病気の娘は悲しみの涙を浮かべながら、母親にすがりついて、お嬢さんを呼んで来てくれるように頼んだ。来世のためにお嬢さんの聖像で祝福してもらいたいのだと言った。彼女が来た時、病気の娘は彼女の手をとって自分の額に押しつけると、繰り返し言うのだった。
「わたしのために祈ってください。祈ってください！」若い娘は自分もすっかり涙にくれて、囁くように祈り始めた。病人は、この祈りの最中に息を引き取った。部屋にいたすべての者は、跪いて十字を切っていた。彼女は娘の目を閉じてやった。そして、冷たくなってゆくその額に接吻して、部屋を出て行くのだった。*

*わたしの書類の中には、一八三五年から三六年までの間にサーシャが書いた幾通かの手紙が残っている。その頃サーシャはモスクワに止まり、彼女の友は公爵夫人と一緒に村にいた。わたしは心のこの素朴な歓喜の囁きを、深い感動なしには読むことができない。「あなたさまがおこしになるというのは本当でしょうか。――と彼女は書いている――おお、もしも本当にあなたさまがおいでになったら、わたしはどんなにか嬉しいでしょう。あなたさまは信じてくださらないでしょうけれど、わたしはいつもいつもあなたさまのことばかり考えていました。わたしのほとんどすべての望み、わたしのすべての考えは、みんな、みんな、みん

なあなたさまのことばかりです……。おお、ナターリア・アレクサーンドロヴナ、あなたさまは何という素敵な方なのでしょう、何という優しい、気高い方なのでしょう、何という……わたしはもう言葉で言い表わすことができません。本当にこれは教わった言葉ではなくて、心の奥底からそのまま出てきたものです……。」

別の手紙の中で彼女は「お嬢さま」が彼女にしばしば手紙をくれることに対して感謝している。「これはわたしにはもったいなさ過ぎます――と彼女は言う――けれどもこれは本当にあなたさまなんですね、あなたさまなんですね。」そして次の言葉で手紙を結んでいる。「みんながわたしの邪魔をします。わたしの天使よ、誠の限りない愛をもって、わたしはあなたさまを抱きしめます。わたしを祝福してください！」

才能のない干からびた性格の人たちだけが、人生のこのロマンチックな時代を知らない。彼らは、青春時代を過ぎてもまだ神秘主義から抜け出せずに、いつまでもその影響の下に止まる虚弱な人びとと同じように、憐れむべき存在である。われわれの時代においては、現実的な性格をもった人びとには、こういうことは起こらない。しかし、十九世紀の世俗的な影響が公爵夫人の家にどうして入り込むことができたのだろう。この家のすべての隙間はあれほどよく塞がれていたというのに。

しかし、やはり割れ目は見つかった。

コールチェワの従姉《いとこ》〔タチアーナ・クーチナ〕が時々公爵夫人のところへ客に来た。彼女は人が子供たち、わけても不幸な子供たちを労るのと同じように、「小さな従妹」を労った。しかし、この少女を理解していたわけではなかった。後になって彼女は驚きをもって、ほとんど驚愕をもって、少女の非凡な天性に気付いた。そして、何事につけても直情的だったので、直ちに自分の不注意を埋め合わせようと決心した。彼女はわたしにユーゴーでもバルザックでもよいから、誰かの新しい作品を何か貸してくれと言った。「小さな従妹は」と彼女はわたしに言った。「天才的な子よ、わたしたちはあの子を導いてやるべきだと思うわ！」

「大きな従姉」(わたしは彼女をこう呼びながらも、彼女がとても小柄な体格であったことを思い出して微笑を禁じえない)は彼女自身の心の中にさまよっていたすべてのこと――シラー的な理念、ルソーの理念、わたしのところから引き出した革命的な思想、自分自身のところから引き出した恋する乙女の空想などを、自分の弟子に一度に伝授したのである。それからというもの、彼女は沢山のフランスの小説や詩や叙事詩を、この少女に密かに貸し与えた。これは大部分、一八三〇年以後に出た本であった。これらの本は、そのあらゆる欠点にもかかわらず、思想を強く呼び覚まし、炎と精神とによって若い心に洗礼を授けたのである。この時代の小説や物語、叙事詩や歌の中には、作者が意図していたか否かに関わりなく、常に社会の動きが強く脈動し、到るところで社会の傷が暴き出され、到るところに飢えに押しひしがれた罪なき労働の苦役者たちの呻き声が聞かれた。その頃には、人びとはまだこうした呟きや呻きを、犯罪として恐れるようなことはなかったのである。

言うまでもなく、「従姉」はこれらの本を、説明抜きに手当たり次第に貸し与えた。このことは有害ではなかったと、わたしは考えている。他人の援助や支えや指導を、決して必要としないような性格の人たちがいるものだ。彼らは制約のない場所においてこそ、最もよく成長するのである。

間もなく、コールチェワの従姉の世俗的影響を引き継ぐべき、もうひとりの人物が現われた。公爵夫人は遂にひとりの女の家庭教師を雇うことにきめた。そして安い給料で済ませるために、寄宿女学校を出たばかりの若いロシア人の娘を招いたのである。

我が国ではロシア人の女の家庭教師は物の数にも入れられていなかった。少なくとも、一八三〇年代にはまだそうであった。だが色々な欠点はあっても、彼女たちはスイスから渡ってきたフランス女の大部分、無期限に暇を出された浮気女や、隠退した女優たちよりはましであった。これらのフランス女たちは、日々のパンを得るための最後の手段として、教育の仕事に身を投じたのである。これは才能も若さも必要とせず、〈hrrra〉の発音と、我が国の田舎でしばしば「よい」行儀と考えられている〈女店員〉の行儀との他には、何一つ必要としない仕事であった。ロシア人の家庭教師は寄宿女学校か養育院の出身である。従って、とにかくある種のまともな教育を受けていた。そして、外国の女たちが持ち込んでくる町人的《プチブル》な〈襞〉は持っていなかったのである。

一八一二年以前にロシアに来たフランスの女教師たちと、今日《こんにち》のそれとは区別されなければならない。その頃はフランスも今日ほどプチブル的ではなかった。そして、ロシアに来ていた女たちもまったく違った層に属していた。彼女たちのある部分は亡命者や落ちぶれた貴族の娘であり、士官の寡婦であった。また、夫に捨てられた士官夫人なども少なくなかった。ナポレオンは部下の軍人たちを結婚させるにあたっては、丁度、我が国の地主が農奴の召使を結婚させる時のように、愛情とか好みとかいうものにはあまり注意を払わなかった。彼は火薬の匂いのする貴族階級と古い貴族階級とを、結婚によって結び付けようとした。彼は女房たちの力で沢山のスカロズープ(7)を作り出そうと欲したのである。盲目的な服従に慣れてきた士官たちはおとなしく結婚したが、間もなく、自分たちの妻が兵営や露営地の夜会にはあまりに窮屈な存在であることを発見して、これを捨ててしまった。

不幸な女たちはイギリスやオーストリアやロシアへと流れて行った。公爵夫人の家に時折客に来ていたフランス女は、昔のタイプの家庭教師のひとりであった。彼女は微笑を湛えつつ、選り抜きの言葉をもって語り、激しい言葉遣いをしたことは一度もなかった。彼女のすべては優雅な作法から成り立っていて、どんな時にも決して取り乱すようなことはなかった。彼女が夜に床に就く時には、眠るというよりは、むしろ、いかに眠るべきかの手本を示していたのだと、わたしは確信している。

女学生上がりの若い家庭教師は、活発ではきはきとした頭のよい娘だった。加うるに、寄宿女学校風の熱意と生まれつきの高雅な感情とを持っていた。活動的で熱心な彼女は、友であり生徒でもある少女の生活に、より多くの活力と活気とをもたらした。

萎え凋《しぼ》んでゆくサーシャとの暗く物悲しい友情は、辛い服喪の影を帯びていた。しかもこの友情は、輔祭の言葉や気晴らしのない生活とも相まって、若い乙女をこの世から、人びとから遠ざけるばかりであった。そんなわけで、活発で陽気で若く、同時にあらゆる空想的なもの、ロマンチックなものへの共感も持った第三の人物の登場は、誠に時宜に適ったものであった。それは少女を地上へ、現実へ、本物の地盤へと引き戻したのである。

初めの内、女生徒はエミーリアの外面的な挙措《きょそ》の幾つかを取り入れた。微笑がよりしばしば口元に浮かぶようになり、話し方も活気を帯びてきた。けれども一年もすると、二人の娘の本性は、その比重に基づいて、それぞれの位置を占めるようになった。呑気で気のいいエミーリアは強い性格の前に譲歩して、教え子にまったく従属し、彼女の目で物を見、彼女の思想で物を考え、彼女の微笑、彼女の友情を生き甲斐とした。

大学の課程が終わる頃になると、わたしは公爵夫人の家を前よりもしばしば訪れるようになった。少女はわたしの訪問を嬉しく思っているようだった。時には頬を火照らせて、快活に話し始めることもあった。しかし、すぐにいつもの物思いに沈んだ静かな状態に立ち戻ってしまう。それは冷たい彫刻の美しさ、あるいは近付くことを拒否する、シラーの「異国の乙女」を思わせるものであった。

だが、これはよそよそしいのでも冷たいのでもなく、内心の活動のせいであった。他人に馴染めない彼女は自分にもまた馴染めず、そのために、この活動の中に何があるのかを知っていたというよりは、むしろ予感するばかりだったのである。彼女の美しい表情には何か未完成なもの、語られ切らない何かがあった。それに欠けているのは一点の火花、鑿《のみ》のひと削りであった。そしてこのひと削りこそが、果たしてこの女が自分のことも人生のことも知らずに砂地で枯れて凋んで行くことになるのか、それとも、情熱に包まれその炎の照り返しを一身に浴びて生きて行くことになるのか——あるいは苦しむことになるのか、そして、苦しみながらも豊かに生きて行くことになるのか——これを決めるはずであった。

幼さの残る彼女の顔に、生命の刻印が顕《あら》われていることにわたしが初めて気付いたのは、長い別離の前夜のことであった。

今までとは異なる光を帯びたこの眼差しは、わたしの記憶に刻みこまれた。そして、突然意味を変えた表情の一つひとつ、あたかも今までとは違う思想、違う炎によって貫かれているかのようなすべての表情も……。まるで秘密が解き明かされ、内なる霧が吹き払われたように思われた。それは獄中でのことだった。(8) わたしたちは幾度となく別れを告げたのに、それでもまだ別れたくなかった。Natalie* を連れてクルチーツキーに面会に来てくれた母は、とうとう行く決心をして、キッパリと立ち上がった。若い娘は身を震わせ、青ざめ、彼女の力では考えられないくらいに強くわたしの手を握り、涙を隠そうと顔を背けながら、繰り返し言うのだった。「アレクサンドル、妹のことを忘れないでね。」

＊名前をフランス語に訳して用いることがいかに気障りなことであるかを、わたしは非常によく知っている。だがどうしたらよいか。名前は——伝統的なものである。どうしてそれを変えられよう。しかもすべての非スラヴ的な名前は我が国では何故か縮められ、響きも悪い——ある程度「祖国の法律と外で」教育されたわれわれは、若い頃に名前を「ローマ化」したものである。ところが官憲の方でそれらを「スラヴ化」している。昇進し宮廷内に勢力を

持つようになると、名前の中の字母も変わってくる。そこで例えばストローガノフ伯爵〔軍人、政治家、モスクワ教育管区長官（一八三五―四七）〕は死ぬまでセルゲイ・グリゴーリエヴィチのままに止まったが、ゴリーツィン公爵は常に自分をセルギー・ミハイローヴィチと呼んでいた。このような改名の例は、十二月十四日の事件で有名なロストーフツェフ将軍〔政治家、侍従武官長、デカブリストに関する告発状を書いた〕の場合にも見られる。ニコライ・パーヴロヴィチの支配の時代には彼は、ヤコフ・ドルゴルーコフのように、終始ヤコフであったが、アレクサンドル二世の即位と共に、彼は神の兄弟と同じイアコフになったのである。〔以下ゲルツェンが Natalie と記している個所は〈ナタリー〉と表記することにする〕

憲兵は彼女たちを送り出し、再び行ったり来たりし始めた。わたしは寝台に身を投げて、この明るい姿の消えて行ったあとのドアを、長いこと見つめていた。そして思うのだった。「いや、君の兄は決して君を忘れはしないよ。」

次の日、わたしはペルミへ送られた。しかしわたしは、別れのことを語る前に、何がわたしをして牢獄に入る前に〈ナタリー〉をより多く理解し、彼女に近付くことを妨げていたのかについて語ろう。

わたしは、恋をしていたのだ！

然り、わたしは恋をしていた。若い日のこの清らかな恋の思い出は、花や歌に囲まれた春の日の海辺のそぞろ歩きの思い出のように、いとしい。これは夢であった。麗しい多くのものをもたらしながらも、夢の常として、はかなく消えてしまった一場の夢だったのだ！

　前にも書いたように、わたしたちのグループには女性はあまりいなかった。とりわけ、わたしの親しくなれるような女性は少なかった。コールチェワの従姉に対する、当初こそ熱烈であった友情も、次第に冷静なものになって行った。彼女が結婚してからは、会うことも稀になり、それから彼女は去った。男同士の友情よりももっと温かい、もっと優しいものを求める漠とした感情が、わたしの心の中をさまよっていた。何でもあった。ただ「彼女」だけがいなかった。わたしたちの知り合いのある家に若い娘[9]がいて、わたしは間もなく彼女と親しくなった。ある奇妙な機会がわたしたちを近付きにしたのである。彼女は婚約していた。が、急に何か諍《いさか》いが起きて、婚約者は彼女を棄てて、ロシアのどこか別の地方に去った。彼女は絶望し、悲しみ、そして屈辱を感じていた。彼女が悲しみに蝕まれて行く様を、わたしは心からの深い同情をもって見ていた。その理由を口に出すことはできなかったけれども、わたしは彼女の気を紛らせ、彼女を慰めようと努めた。色々な小説を彼女のところへ持って行き、自分でそれを読んで聞かせたり、色々な話をして聞かせたりした。時には、この不幸な娘のそばになるべく長くいてあげるために、大学の講義の予習をまったく放り出してしまうこともあった。

彼女の流す涙も少なくなり、時には涙の蔭から微笑が輝き出すこともあった。絶望は重苦しい悲哀に代わり、過ぎ去ったことどもが、やがて恐ろしく思われるようになった。彼女は自分と闘っていた。そしてあたかも戦士が戦いに敗れたことを知りながらも旗を固守するように、彼女も心の〈名誉にかけて〉、現在に抗して過去を固守していたのだ。わたしには、これが地平線上に微かに残る最後の雲であることが分かっていた。惹かれるものを感じていたわたしは、心をおののかせながら、静かに、静かに、彼女の手から旗を取り上げた。そして、彼女が旗へのこだわり《こだわり》を捨てた時、わたしは恋に落ちた。わたしたちは自分たちの恋を信じていた。彼女はわたしに寄せて詩を書き、わたしも彼女に捧げて幾つもの論文紛いの長い長い文章を書いた。それから、わたしたちは共に未来のこと、流刑のこと、地下牢のことなど空想しあった。彼女はどんなことにも耐える覚悟をしていた。わたしたちの空想の中では、生活の外側の姿は決して明るいものではなかった。強大な権力との闘いに赴くべく運命付けられていたわれわれにとって、成功はほとんど不可能なものと思われていたのだ。「ぼくのガエターナになってください」――とわたしはサンティーヌの『切り苛まれた詩人』を読みながら、彼女に言った。そして、シベリアの鉱山へ行くわたしを、彼女が見送る情景を空想するのであった。

『切り苛まれた詩人』――これはシクストゥス五世(10)に対する落首を書いた詩人である。彼は教皇が落首の犯人を死刑にはしないと約束したので自首して出たのだが、シクストゥス五世は彼の両手と舌とを切りとることを命じた。出口を見いだすことができず、頭の中にひしめいているさまざまな想念の過剰のために、息詰まる思いをしているこの不幸な受難者の姿は、その頃のわれわれの気に入らないはずがなかった。受難者の悲しい疲れ切った眼差しは、かつて彼を愛し、不幸の中にも彼を見棄てることのなかったひとりの娘の上に注がれる時にのみ、安らいの影を帯び、感謝と悦びの名残りとを湛えるのであった。ガエターナというのはこの娘の名である。

最初の恋の経験は、間もなく終わった。だが、それは完全に誠実なものであった。しかし、所詮このような恋は終わらねばならないものだったのだろう。さもなくば、十九歳という汚れなき瑞々しい年頃の最も良きもの、最も香り高いものが失われていたことだろう。果たして、スズランは冬を越すだろうか。

ガエターナよ、君はあの頃と同じ明るい微笑をもって、ぼくたちの出会いのことを思い出してくれているだろうか。二十二年が過ぎた今、ぼくについての思い出の中に、何か悲しいものが混ざってはいないだろうか。そうだとすれば、それはぼくにとって大きな苦痛となるだろう。君はいまどこにいるのだろう。君はどのように生きてきたのだろう。

　ぼくの人生は終わったよ。そして打ちひしがれ、精神を「切り苛まれて」、今や重い足を引きずりながら坂道を降りている。もはや、どんなガエターナをも求めはしない。昔のことをあれこれ思い起こし、君についての思い出を喜びをもって迎えている……。ぼくが帰る時に曲がったあの小路に面して、部屋の隅に小さな窓があったね。君はあの窓を覚えているだろうか。君はいつもあの窓のそばに立って、ぼくを見送ってくれたね。君が窓のそばに立っていてくれなかったり、ぼくが曲がりきらない内にそこから離れてしまったりした時には、ぼくはどんなに悲しく思ったことだろう。

　だがぼくは今の君に、実際に会いたいとは思わない。君はあの若々しい顔立ち、灰色がかった〈ブロンドの巻き毛〉のままに、ぼくの心の中に生きている。あの頃のままでいてほしい。君もまた、もしもぼくのことを思い出してくれるならば、輝く眼差し、燃えるような言葉を持った、あの細身の青年を思い浮かべてほしい。あの頃のままに記憶に留めておいてほしい。そして、ぼくの眼差しが光を失い、肥満し、額には多くのしわが刻まれていること、オガリョーフが「希望の表情」と名付けた、かつての明るい生き生きとした顔の輝きも久しい前に消え失せ、希望もまた消えてしまったことは知らないでいてほしい。

ぼくたちは、互いの心の中に、昔の姿のままに留まっていなければならない……。アキレスもダイアナも決して年を取ることはなかった。ぼくはラーリナ夫人〔プーシキンの『エウゲーニー・オネーギン』の中のタチアーナの母〕がアリーナ公爵夫人と出会った時のように、君と会いたいとは思わない。

わたしのいとこよ、グランジソンをおぼえている？
「え？　グランジソン？　あ、グランジソン！
ええ、おぼえているわ、おぼえているわ。今どちらにいるの？」
モスクワに、シメオンの近くにいます。
クリスマスの前の日にわたしをたずねてくれました。
このあいだむすこによめをもらいましたよ。(11)

……消え去ろうとする恋の最後の炎は、束の間、牢獄の天井を照らし、かつての夢によってわたしの胸を暖めた。それから二人はそれぞれの道を歩んだ。彼女はウクライナに去った。わたしは流刑地に赴こうとしていた。その時から、わたしは彼女の消息を聞いていない。

第二十一章　別離

「おお、人びとよ、邪な人びとよ、おまえたちは引き離した、彼らの……」

〈ナタリー〉に宛てたわたしの最初の手紙[1]は、このような言葉で終わっている。ここでわたしが「心」という語に不安を感じてそれを書かず、手紙の終わりに「君の兄」と書き付けているのは注目すべきことだ。

　その頃すでにわたしの妹がわたしにとってどれほど貴いものであったか、どれほど絶え間なくわたしの心を捉えていたかは、わたしが彼女に宛ててニージニーから、カザンから、またペルミに着いた翌日に書いた手紙によって見ることができる。妹という言葉はわたしたちの共鳴の中で自覚されたことを余すところなく示している。この言葉はこの上なく気に入っていたし、今でも気に入っている。さまざまな感情の極限としてではなく、むしろそれらの混ざり合ったものとして、この言葉は使われている。そこには友情、恋、血縁的な結び付き、共通の伝承、なじみの環境、分かち難い習慣などの連なりが一つになっていた。わたしはこれまで誰も妹などと呼んだことはなかった。この呼び名はわたしにとってはきわめて尊いものであった。それ故、わたしはその後においてもしばしば〈ナタリー〉をこの名で呼んだのである。

わたしが自分たちの関係を完全に理解するよりも前に、そして、恐らくわたしがこれを完全には理解しえなかったが故に、わたしは一つの試煉にあわなければならなかった。それはガエターナとの出会いのような、明るい一条の縞《しま》となって、わたしの心の中を通り過ぎたのではない。この試煉はわたしの高慢な心を挫き、わたしに多くの悲しみと内心の不安とをもたらしたのである。

人生についてほんの僅かな経験しか持たぬままに、九カ月を牢獄で過ごした後、自分にとってまったく縁遠い世界に投げ出されたわたしは、初めのうちは誰と話すでもなく、ただ漫然と日々を送っていた。新しい土地、新しい環境はわたしの目の前にちらちらと見え隠れするばかりであった。わたしの社会的位置は変わってしまったのである。ペルミやヴャトカでは、人びとはモスクワとはまったく違った目でわたしを見た。モスクワでは、わたしは親がかりの生活をしていたひとりの青年だったが、ここの泥沼の中では、わたしは自分の足で立っていなければならなかった。わたしは完全な意味における役人ではなかったにもかかわらず、役人として扱われた。わたしには自分が、ヴォルガやカマ川の向こう岸の町の客間で、社交界の人間としての役割を演じたり、ヴャトカの上流社会の人気者となったりするには、大した努力も必要としないだろうということを、たやすく察することができた。

ペルミでは、わたしは辺りを見回す暇もなかった。あそこではわたしが部屋を借りに行った家の女主人が、わたしに向かって、菜園が必要かどうか、自分で牝牛を飼うかどうかと聞いてきただけだった！　わたしはこのような質問を受けて、自分が学生生活のアカデミックな高所からいかに転落したかを、恐怖の念をもって考えさせられたのである。けれどもヴャトカではわたしはそこの社交界のみんな、とりわけ若い商人たちとすっかり知り合いになった。ここの商人たちは、中央の諸県の商人たちよりも、遥かに高い教養を持っていた。もっとも、放蕩をする点でもひけはとらなかったが。役所の勤務に疲れ果て、自分の勉強もできなくなって、わたしは落ち着きのない無為の生活を送っていた。わたしの特別の感じやすさ、あるいはむしろ性格の移ろいやすさ、そして経験の欠如の故に、どんな種類の衝突も起こりかねない状態であった。

人の気に入られたいというコケティッシュな情熱に駆られて、わたしは誰彼の区別なく、手当たり次第の人びとと仲よくしようと努めた。共感を押しつけ、二言、三言、言葉を交わしただけで親しくなり、必要以上に近付いては、一、二カ月後に自分の誤りに気付くようになる。あるいは控え目な気持ちから沈黙を守ったり、偽りの関係の味気ない絆を引きずったりする。この絆もしまいには、何か馬鹿げた諍いによって断ち切られてしまう。この種の諍いにおいては、わたしは気紛れな狭量、忘恩、移り気の故に非難されたのである。

わたしは初めの頃、ヴャトカに一人で住んでいたのではない。わたしの生涯のあらゆる転機にあって、すべての重要な出来事の節目に時折姿を現わす、奇妙で喜劇的な人物——わたしをオガリョーフと知り合いにさせるために溺れかかってくれた人物、そしてわたしがタウローゲンで国境を越える時には、ルーシの地から絹のハンカチを振って別れを惜しんでくれた人物、一言をもって言えば、ゾンネンベルクがヴャトカでわたしと共に住んでいたのである。わたしは自分の流刑のことを物語る時に、このことを話すのを忘れていた。

それはつまり、こういうことだ。わたしがペルミに送られることになっていた頃、ゾンネンベルクはイルビートの定期市[2]に行く支度をしていた。簡単な用事をいつも複雑なものにすることの好きなわたしの父は、ゾンネンベルクに対して、ペルミに立ち寄り、同地でわたしの住む家を整備するように頼んだ。ゾンネンベルクはそのために特別に旅費をもらった。

ペルミに着くと、ゾンネンベルクは熱心に仕事に取りかかった。すなわち、あらゆる種類の食器、鍋、茶碗、ガラス器、食料など不必要な品々をあれこれと買い集め始めたのである。彼はヴャトカの馬をその原産地から手に入れるために、わざわざオブヴァ(3)にまで出かけて行った。万端の準備が整った時になって、わたしはヴャトカに移された。わたしたちは彼の買い集めた品々を半値で売り払って、ペルミを去った。ゾンネンベルクはわたしの父の意志を誠実に果たしつつ、さらにヴャトカにまでついて来て、わたしの家を「整備する」ことを必要と考えた。父は彼の忠誠と献身ぶりに深く満足して、彼がわたしのところに留まっている間、毎月百ルーブルの給料を支払った。この方がイルビートに行くよりはもっと有利であり、かつ確かであった。そこで彼はわたしの下を離れることを急がなかった。

ヴャトカにおいて彼は早くも一頭ではなしに三頭の馬を買った。その内の一頭は彼自身の所有に属していたが、これもやはりわたしの父の金で贖われたものであった。これらの馬のおかげでわたしたちは、ヴャトカの社交界の人びとに対して、大いに威信を加えることになった。カルル・イワーノヴィチ〔ゾンネンベルク〕は五十歳になっていたにもかかわらず、また、容貌の上で著しい欠点をもっていたにもかかわらず、並々ならぬ漁色家であった（われわれはすでにこのことを語った）。そして自分のそばに近付くすべての女や娘たちは、燃えるろうそくのそばを飛ぶ蝶と同じように、大きな危険を冒すことになるのだという、楽しい確信を持っていた。カルル・イワーノヴィチは三頭の馬のもたらした効果を無駄にすることを望まなかった。そして、エロチックな分野における利益をそこから引き出そうと努めた。しかも、周りの事情は彼に有利であった。わたしたちの住んでいた家には、敷地に面した露台があって、この敷地の向こうは庭になっていた。朝の十時ともなると、ゾンネンベルクはカザン産の平靴、金糸の縫いとりのある丸帽子、カフカース風の上着にきわめて大きな琥珀のパイプという出で立ちで、露台に椅子を持ち出しては、あたかも読書をしているような風を装いながら、見張りを始めるのであった。丸帽子も琥珀も、これはすべて隣の家に住んでいた三人のお嬢さんに向けられたものであった。お嬢さんたちの方でも、新来の隣人たちに注意を払っていた。そして、露台でたばこをふかしているこの東洋風の人形を、好奇心をもって観察していた。カルル・イワーノヴィチは彼女たちがいつ、いかにして密かにカーテンを巻き上げて、覗き見をしたかを知っていた。そして、自分の仕事がうまく進行しているものと考えながら、たばこの軽い煙を、秘められたる方向へと、優しく吹き流すのであった。

間もなくこの庭は、われわれに隣家の婦人たちと知り合いになる機会を与えた。われわれの家主の家は三軒あって、庭は共用になっていた。人の住んでいるのは二軒だけで、その内の一軒には、わたしたちの他に、家主自身が継母《ままはは》と共に住んでいた。この継母というのはふくよかに太った寡婦で、きわめて巧妙に、かつ熱心に息子を見張っていたので、息子は庭で婦人方と話をする時にも、彼女の目を避けなければならなかったほどである。もう一軒の家には例のお嬢さんたちが、その両親と共に住んでいた。第三の家は空き家であった。カルル・イワーノヴィチは一週間後にはわれわれの庭の婦人たちの間で身内の人間になった。彼は絶えず、一日に数時間ずつも、お嬢さんたちの乗るぶらんこを動かしてやったり、彼女たちのケープや日傘を捕まえようとして追いかけたりした。一言をもって言えば、〈まめまめしくかしずいて〉いたのである。お嬢さんたちの方も、他の誰にもまして彼を相手にふざけた。何故なら、彼はカエサルの妻よりも、もっと疑われる余地が少なかったからだ。彼をひと目見れば、どんな無遠慮な悪口も思い止まらざるをえなかったのだ。

日暮れ時になるとわたしもまた、人がまったく何のあてもなしに、ただ他の者たちのしていることと同じことをしたいと思う時の、丁度群れ集う馬の心理にも似た気持ちに動かされて、庭に出てみるようになった。そこへは借家人たちの他に、彼らの知人たちもやって来た。ここで行なわれ話されることは、主に恋の駆け引きと互いの監視であった。カルル・イワーノヴィチはヴィドック(4)のような根気強さをもって、ひたすらセンチメンタルなスパイ行為に熱中していた。そして、誰は誰としばしば散歩するか、誰は誰を意味ありげな目付きで見ているか、というようなことを知っていた。わたしは庭の秘密警察のみんなにとって、誠に厄介な存在であった。女や男たちはわたしの打ち解けない態度をいぶかしく思っていた。彼らがどんなに努力をしてみても、わたしが誰を追いかけているのか、誰がとりわけわたしの気に入っているのかを知ることができなかったからだ。

　これを詮索することは確かにたやすいことではなかっただろう。わたしは絶対に誰の後をも追いかけていなかったし、特別にわたしの気に入ったお嬢さんはいなかったからだ。しまいに、彼らはこの詮索に飽き、そして、侮辱を感ずるようになった。人びとはわたしを高慢ちきな皮肉屋と思うようになった。お嬢さんたちの友情も目に見えて冷たくなった。もっとも、わたしと二人だけの時には、彼女たちはみな、そのきわめて危険な眼差しをわたしに対して試みるのではあったが。

　万事がこのような調子であった頃のある朝に、カルル・イワーノヴィチがわたしに告げたところによると、その日の朝から家主の料理女が三番目の家の鎧戸を開けて、窓を洗っている。どこかよそからきた家族が、この家を借りたのだということであった。

庭では、もっぱら新来者たちについてのあれこれの噂で持ち切りであった。見知らぬ婦人は旅の疲れのためか、あるいはまだ荷解きが済まないためか、まるでわざとのように、中々われわれのいる庭には姿を現わさなかった。人びとはせめて窓辺か玄関口に出てくる彼女を見ようと努力した。ある者はこれに成功したが、ある者は空しく幾日も見張っていなければならなかった。彼女を見た者は彼女が色白で悩ましげだということ、つまり魅力のある美しい人だということを伝えた。お嬢さんたちは彼女が悲しげで、病身らしいと言っていた。県庁の官吏をしていた伊達男で、中々気転のきいたある若者だけが、新来者たちのことを知っていた。彼は前に彼らと同じ県で勤務についていたのである。誰もが彼に向かって色々と質問し始めた。

気さくな官吏は他の者の知らないことを自分が知っていることに満足を覚え、新来の婦人のさまざまな美点について、際限もなしによく喋った。彼はこの婦人をほめそやし、彼女を首都の貴婦人と呼んだ。

「あの人は賢い人です」と彼は繰り返し語った。「すてきな人で、教養があって、わたしたちのような者には目もくれません。ああ、そうだ」と彼は急にわたしの方を向いて付け加えた。「いい考えがあります。ヴャトカの社交界の名誉を守っていただきたいものです。あのかたに言い寄ってみてください……。お分かりでしょうね。あなたはモスクワからいらした。そしていま流刑の身です。確か詩もお書きになる。これは天からあなたに授けられた贈り物です。」

「なんて馬鹿げたことを言うんです」とわたしは笑いながら言った。しかし、顔が真っ赤になった。わたしは彼女に会ってみたいと思うようになった。

それから幾日かが過ぎて、わたしは庭で彼女に出会った。確かに彼女は大変魅力のあるブロンドの婦人であった。彼女の話をしたあの紳士が、わたしを彼女に引き合わせてくれたのである。わたしは心を動かされた。わたしは心のこの動揺を隠すことができなかった。わたしの庇護者がその微笑を隠すことができなかったのと同じように。

自尊心の故のはにかみの時は終わって、わたしは彼女のことを色々と知るようになった。彼女はきわめて不幸であった。偽りの安静によって自らを欺きつつ、悩んでいた。そして、心のある空しさの中に萎え衰えて行きつつあったのである。

P(5)はブロンドの女の間でのみ見受けられる、打ち解けることのない、熱情的な性格の女性のひとりであった。彼女たちは、優しい、静かな輪郭のマスクの蔭に、炎のような心を秘めているものだ。彼女たちは心の動揺のために青ざめる。感情が溢れ出る時にはその目は輝かずに、むしろ光を失うのである。彼女の曇った眼差しは何かを求めて疲れ果て、満ち足りることのない胸は不規則な高まりを示していた。彼女の存在全体の中には、何かしら不安気な激しいものがあった。しばしば、庭を散歩しながらでも、彼女は突然青ざめることがあった。そして、内心の困惑あるいは不安に駆られて、放心したような様子で受け答えをしながら、そそくさと家に帰って行くのであった。わたしはこういう瞬間の彼女を見るのが好きだった。

わたしは間もなく、彼女の内面の生活を垣間見ることになった。彼女は夫を愛していなかった。愛することができなかった。彼女は二十五歳ほどであったが、夫は五十の坂を越えていたのである。これだけならば、彼女は何とか切り抜けて行けたかもしれない。けれども教養、関心、性格の違いはあまりにも大きかった。

夫はほとんど部屋から出たことがなかった。これは無愛想な、心の冷たい老官吏であった。そして、土地の所有権のことで誰かと争っていた。あらゆる病人の常として、また財産を失った者の常として、彼もまた怒りっぽかった。彼女が嫁にやられたのは十六歳の時であった。夫に財産はあったが、その内カルタに負けてすべてを失い、役所勤めをして暮らさなければならなくなった。ヴャトカに移る二年ほど前から、彼は病みついた。足の傷が悪化して骨髄炎になったのである。老人は気難しく陰気になり、自分の病気を恐れていた。そして、不安気で心許なげな疑惑の視線を妻に向けていた。彼女は悲しい心で献身的に彼の世話をしていた。しかし、これはただ義務を遂行しているだけだった。子供たちの存在も彼女を満足させることはできなかった。彼女の満たされぬ心は何かを求めていた。

ある晩、四方山《よもやま》の話をしている折に、わたしは自分の肖像画を是非とも従妹に送ってやりたいのだが、絵筆を執れるような人がヴャトカでは見あたらないのだ、という話をした。

「わたしに描かせてくださいい、わたしやってみますわ」とこの隣人は言った。「わたしは前には鉛筆でかなり上手に肖像画が描けたんですのよ。」

「それは大変ありがたいですね。いつ描いてくださいますか。」

「あした、食事の前に、もしよろしかったら。」

「もちろんいいですとも。わたしは一時に来ましょう。」

こうしたやり取りはみな、夫のいる前でなされたのだが、彼は一言も言わなかった。

あくる朝、わたしは隣人から手紙を受け取った。これは彼女からの最初の手紙であった。彼女はわたしの肖像画を描こうと申し出たことに、夫が不快の念を持っているということを、きわめて丁重に、かつ慎重に知らせてきた。そして、病人の気紛れの許しを求め、彼を大目に見てやらなければならないのだと言って、最後に、肖像画はその次の日に描くことにしたい、ただし、夫を不安にしないために、このことは彼に話さないことにしたと書いていた。

わたしは熱烈に、恐らくあまりにも熱烈に、彼女に感謝した。夫に隠れて肖像画を描こうという彼女の申し出は辞退したが、それにもかかわらず、これらの二通の手紙はわたしたちの間を非常に近付けたのである。わたしは夫に対する彼女の関係には一度も触れたことはなかったのだが、今や彼女の方からこれを話すようになった。わたしと彼女との間には、期せずして秘密の協定、彼に対する同盟が結ばれることになったのである。晩にわたしは彼らのところへ行った。もちろん肖像画のことは一言も話題にのぼらなかった。もしも夫がもっと敏感だったら、彼は何があったかを察したに違いない。しかし、彼はそれほど敏感ではなかった。わたしは目で彼女に感謝した。彼女は微笑みをもってわたしに応えた。

間もなく彼らは町の別の地区に移って行った。わたしが初めてそこに彼らを訪ねた時、彼女は一人きりでいた。家具のまばらな客間で、彼女はピアノに向かっていた。彼女の目はいたく泣きはらされていた。わたしはピアノを続けてくれるように頼んだ。しかし、曲は先に進まなかった。彼女は弾き間違いをした。両手が震え、顔色が変わっていた。

「ここは何て息苦しいんでしょう！」彼女は急いでピアノの前から立ち上がりながら

言った。

　わたしは黙って彼女の手を取った。それは力のない熱い手であった。彼女の頭は重い花冠のように、そして、何かの力に心ならずも従うかのように、わたしの胸にもたれかかり、額を押しつけた。そして、そのますぐに姿を消した。

　あくる日、わたしは彼女から手紙を受け取った。それは幾らか怯えたような調子の手紙で、前の日の印象を弱めようと努めていることが感じ取られた。彼女は、わたしが訪ねて行った時に、自分はひどい精神状態に陥っていたので、どんなことがあったかもよく覚えていないのだと書いていた。そして、許しを求めていた。しかし、これらの言葉の軽いヴェールも、行間に滲み出ている熱情を隠すことはできなかった。

　わたしは彼らのところへ行った。彼女の夫は、新しい住居へ移ってからというもの、もはやベッドに寝たきりであったが、この日はいつもより気分がいいようだった。わたしは調子に乗って、道化じみた真似をしたり、洒落をとばしたり、ありとあらゆる馬鹿げたことを喋り散らして、病人を息の詰まるほど笑わせた。むろん、これはすべて彼女とわたしとの心の動揺を押し隠すためであった。しかも、わたしはこの笑いが彼女の気持ちを紛らせ、酔わせていることを感じてもいた。

……二週間ほどが過ぎた。夫の容態はますます悪くなった。九時半になると、彼は客たちに帰ってくれるようにと頼むのであった。ますます衰弱し痩せ細り、痛みもひどくなっていたある晩、九時頃に、わたしは病人に別れを告げた。Ｐはわたしを送り出すためについてきた。客間には満月が差し込んで、床の上に淡いすみれ色の三本の光の筋を斜めに投げかけていた。わたしは窓を開け放った。外気は清々しく、爽やかだった。それがわたしの全身を包んだ。

「気持ちのいい晩ですね！」とわたしは言った。「ぼくは帰りたくありません！」

彼女は窓辺に近付いた。

「ここにしばらくいてください。」

「いけませんわ。包帯を取りかえる時刻ですから。」

「あとで来てください、ぼくは待っています。」

彼女は黙っていた。わたしは彼女の手を取った。

「来てください、お願いです……。来てくれますね。」

「嘘じゃありませんわ。ほんとに駄目ですの。わたし、いつも先に部屋着を着てしまうんですもの。」

「部屋着のままでいらっしゃい。ぼくはあなたが朝、部屋着を着ているのを何度か見ましたよ。」

「でも、もし誰かに見られたら。」

「誰に？　おたくの者は酔っ払っています。彼には寝てもいいと言っておやんなさい。ダーリヤは……確かにご主人よりもあなたの方を愛しています。それに彼女はぼくとも友達です。困ることなんか何もありませんよ。だって、そうでしょう。今はまだ九時ですよ。あなたがぼくに何か頼むことがあって、待っているように言ったのだと言えばいいのですよ……。」

「明かりもないし……。」

「持って来るように言ってください。もっとも、今夜は昼間のようですけれど。」

彼女はなお思い惑っていた。

「おいで、ね、おいで！」とわたしは初めて彼女にこのような言い方をして、耳元に囁いた。

彼女は身震いした。

「ええ、いいわ……。でも、ほんのちょっとだけよ。」

……わたしは半時間以上も彼女を待った……。家の中のすべては静まり返っていた。わたしは老人の溜息、咳払い、間延びした話し声、机か何かを動かす音までも聞くことができた……。酔った下僕が口笛を吹きながら、控え室の腰かけ代わりの箱の上に、自分の寝床を広げているようだった。そして、罵り声を立てていたが、一分後には鼾《いびき》をかきはじめた……。寝室から出て行く小間使の重い足音が最後の音であった……。それからまた静けさ、病人の呻き声、そして再び静けさ。……と、にわかに衣《きぬ》ずれの音がして、床が軋り、軽い足音が聞こえた——そして、白い部屋着が戸口のところに現われた……。

彼女の心は激しくおののいていた。そのため、彼女は初めの内、一言も口をきくことができなかった。彼女の唇は冷たく、彼女の両の手は——氷のようであった。わたしは彼女の心臓が強く激しく高鳴っているのを感じた。

「あなたのお望み通りにしたわ」と遂に彼女は言った。「もういいでしょう。さよなら、お願い、もう行って、おうちへ帰って」と彼女は悲しげに、懇願するような声で付け加えた。

わたしは彼女をかき抱いた。固く、固く胸に抱きしめた。

「ねえ、はやく行って！」

これは不可能なことだ……。〈もうおそい〉……彼女の胸も、わたしの胸もこんなに強く高鳴っているのだ。こんな時に彼女のそばを離れるなんて……。これは人間の力の及ばないことだ、きわめて愚かしいことだ……。わたしは行かなかった。そして、彼女は窓残った……。月は先ほどまでとは違った方向にその光の筋を投げかけていた。彼女は窓辺に腰をおろして、さめざめと泣いていた……。わたしは涙に濡れた彼女の目に口づけし、彼女の青ざめてくすんだ肩の上に落ちかかった髪の房で、その目を拭った。月の光は彼女の肩に吸いこまれて、照り返すこともなく、柔らかく曇った色合いの中に消えてしまうかのようであった。

涙の中に彼女を置いたまま去ることを、わたしは痛々しく思った……。わたしは囁くような声で他愛のないことを言った。彼女はわたしを見た。その時、彼女の目の中で、わたしが思わず微笑んだほどに強い幸せの光が涙の奥に煌《きら》めいた。彼女はわたしの考えていることを理解したかのようであった。両手で顔を覆い、そして立ち上がった……。今はもう本当に帰る刻限だった。わたしは彼女の両の手を取って、その手に、また彼女に幾度も、幾度も接吻した。そして外へ出た。

女中は静かにわたしを送り出した。わたしは彼女の傍らを通り過ぎながら、その顔を見る勇気がなかった。月は重みを増したかのように、巨大な、赤い砲弾のように沈みつつあった。夜が明けかかっていて、外はとても爽やかだった。風が真っ直ぐにわたしの顔に吹き付け、わたしはそれを深く深く吸い込んだ。わたしは心の火照りを冷まさねばならなかった。家の近くまで来た時、太陽が昇った。わたしに行き会った善良な人たちは、わたしが「よい天気を利用するために」かくも早く起きたことに驚くのであった。

抑え難い痛飲の発作のようなこの恋は、それでもひと月ほどは続いた。だが、やがて心は疲れ、萎え凋んで行くように思われた。わたしはやり切れない思いに襲われるようになった。わたしはこの思いを注意深く押し隠し、それを信じまいと努めはしたものの、自分の心の中に起こったこの変化には、我ながら驚いていた。そして、恋心は冷える一方であった。

老人が目の前にいることが、わたしを苦しめた。彼と一緒にいるのが気詰まりで、厭わしかった。それはこの老人を愛することができず、他方、彼の方でも愛する力を持っていなかったひとりの女性の、市民法と教会法の上での所有者を前にして、わたしが自分を不正な者と感じていたからではない。そうではなくて、自分の二重の役割が卑しいものに思われたからだ。偽善と虚偽はわたしが最も卑しむ二つの悪徳であった。解き放たれた欲情の方が強かった間は、わたしは何も考えなかったのだが、しかし、それが徐々に冷めてくるにつれて、ためらう気持ちが現われるようになったのである。

ある朝、マトヴェイがわたしの寝室に入ってきて、老人がPに「今生の別れを告げた」と知らせた。この知らせを聞いて、ある不可解な感情がわたしを捉えた。わたしは寝返りをうった。そして、着替えを急がなかった。わたしは死人を見たくなかったのである。ヴィトベルクが身繕いをして入ってきた。「どうしたんです」と彼は言った。「君はまだ寝ているんですか！　あの知らせを聞かなかったんですか。可哀想なPはきっとひとりぼっちでいるでしょう。一緒に行って見舞ってやりましょう。早く服を着たまえ。」

わたしは服を着た。わたしたちは出かけた。

わたしたちが行った時、Pは失神状態、あるいは、一種の神経的な仮死状態にあった。これは偽りのものではなかった。夫の死は彼女に自分の寄る辺なき身の上を思い出させた。彼女は金もなく身寄りもなく、よその町に、子供たちと共に、たった一人で取り残されたのである。しかも彼女は以前から、激しい衝撃を受けると幾時間も続くような神経性の目眩《めまい》の状態に陥ることがあった。こういう時には、彼女は死人のように青ざめ、冷たい顔をして、目を閉じたまま横たわっていた。そして、時々空気を飲みこむように口を動かすのだが、その合間には息をすることもなかった。

彼女の手助けをしたり、お悔やみを言ったり、子供たちや家の中の世話を焼いたりするために、一人の女も来なかった。ヴィトベルクは彼女のそばに付き添っていた。予言者たる官吏とわたしとが、色々な準備に取りかかった。

やつれ果て黒ずんだ老人は、制服を着て机の上に横たえられていた。ひそめた眉はあたかもわたしへの怒りを含んでいるかのようであった。わたしたちは彼を柩に納め、二日後には野辺送りを済ませた。埋葬を終えて、わたしたちは故人の家に戻った。子供たちは白い喪章を縫い付けた黒い服を着て、部屋の隅に身を寄せ合っていた。悲しんでいるというよりは、むしろ驚き怯えていた。彼らは互いに小さな声で話し合い、爪先立ちで歩いていた。Pは一言も口をきかずに座ったままだった。頭を片手で支え、あたかも何かを思い巡らしているかのようであった。

この客間で、この長椅子に座ってわたしは、老人の呻き声と酔った下男の罵り声とに耳を澄ませながら、彼女を待っていたのだった。今ではもう、何もかもがくすんでしまった……。わたしが優しい気持ちにならずには思い出すことのできなかったそれらの言葉、それらの瞬間が、埋葬の雰囲気と香炉の煙の中に、暗くぼんやりと浮かんでくるのであった。

彼女の悲しみは少しずつ消えて行き、彼女は自分の立場をもっとはっきりと見つめるようになった。それから別の考えが、彼女の思い疲れた悲しい顔を少しずつ明るくした。彼女の眼差しは、何かを知り、確かめようとするような不安な期待をもって、わたしの上に注がれていた、あたかも何かを――問いを……答えを……待っているかのように。

わたしは沈黙していた。彼女は怯え、不安に駆られ、疑惑に囚われた。

その時になってやっと、わたしは理解した。彼女の夫のことはわたしにとって、実は、自分の目をごまかすための言い訳に過ぎなかったことを、そして、煮えたぎっていた恋はすでに冷め果てていたことを。わたしは彼女に対して冷淡ではなかった、決してそうではなかった。しかし、このことは彼女が必要としたものとは違っていた。今や別な考えがわたしを捉えた。この熱情の迸りは、もう一つの別の感情をわたし自身にはっきりと示すために、わたしを捉えたかのようであった。今、わたしには自分を弁護するために一つだけ言えることがある。それはわたしの熱情は誠実なものだった、ということである。

わたしが途方に暮れて、どうしたらよいか分からないでいた時に、また、わたしが臆病な弱い心で時と状況との移り変わりを待っていた間に、時と状況の方が事態をますます複雑なものにしてしまった。

チュファーエフは、遠い見知らぬ町に何一つ頼りにするものもなく投げ出された、若くて美しい未亡人の寄る辺なき有様を見て、「県の父」として、彼女の上にきわめて優しい配慮を注いだ。初めの内われわれはみな、彼が実際に彼女に同情しているものと思っていた。しかし、間もなくPは彼の配慮に底意があることを知って、愕然としたのである。二、三の淫乱な知事が、ヴャトカの女性を手なずけてものにしたことがあった。彼らを見習っていたチュファーエフも、いつまでもぐずぐずしていないで、彼女に向かって手っ取り早く愛情を打ち明け始めた。彼の年寄り固有のお愛想に対して、Ｐが冷たい蔑みと嘲りとをもって応えたことは、言うまでもない。チュファーエフは自分が振られたとは思わなかったので、厚かましくも求愛を続けた。しかし、ことが思うようにはかどらないのを見てとると、今度は、彼は、彼女の子供たちの運命の鍵を握っているのは自分であり、自分の助力がなければ子供たちは官費で学校へ行くことはできないのだ、もしも、彼女が冷たい態度を変えようとしないならば、子供たちの面倒を見るわけにはいかない、というようなことを、彼女に思い知らせようとした。ひどく侮辱された彼女は、傷ついた獣のように立ち上がった。

「出て行ってください！　二度とわたしの家の敷居をまたがないでください！」彼女は戸口を指し示しながら彼に言った。

「ほほう、あんたはひどく怒りっぽい人だな！」チュファーエフは話を冗談にしてしまおうとして言った。

「ピョートル、ピョートル！」と彼女は控え室の方に向かって叫んだ。辱められ貶められたチュファーエフは、怒りのために息を切らしながらも、人に知られることを恐れて、慌てて自分の馬車に駆けこんだ。

その晩、Ｐはすべてをヴィトベルクとわたしに打ち明けた。ヴィトベルクは、辱められて逃げだした漁色家が、哀れな女をそのままにはしておかないだろうということを、すぐに理解した。チュファーエフの性格はわれわれにはよく知られていたのである。ヴィトベルクは何としても彼女を救おうと決心した。

迫害は間もなく始まった。子供たちに関する申請書は当然却下されるような形で書かれた。家主や小売商人たちは特別しつこく支払いを要求してきた。この上どんなことが起きるか、予想もつかなかった。ペトローフスキーを精神病院で死に到らしめたような男であってみれば、彼を甘く見ることは禁物であった。

沢山の家族を抱え、貧乏に押し潰されていたヴィトベルクではあったが、彼は、ためらうことなく、Pに向かって子供たちを連れて自分のところへ引っ越してくるように勧めた。これは彼の妻がヴャトカに到着した次の日か、あるいは三日目のことであった。Pは彼のところで救われた。この流刑者の精神的な力は、このように大きなものであった。彼の不屈の意志、気高い風貌、果敢な言葉、皮肉な微笑は、ヴャトカのシェミャーカ[6]までもが恐れていたのである。

わたしはこの同じ家の離れの部屋に住んでいて、ヴィトベルクと同じテーブルで食事をしていた。かくてわたしと彼女とは、大洋によって遠く遠く隔てられていなければならなかったまさにその時に、はからずも、同じ屋根の下に住むことになってしまったのである。

これだけ身近に生活を共にすることによって、彼女はかえって、過ぎ去った日々をもはや引き戻すことはできないのだ、ということを理解した。

自分が立つべき足場さえまだ持つことのできなかったわたしのような人間と、何故、彼女は出会ってしまったのだろうか。彼女は幸せになることができたはずだ。彼女は幸せになる資格を持っていた。悲しい過去は消え去り、恋と調和の新しい生活は彼女にとってかくも可能であったのに！　哀れな、可哀想なＰよ！　恋情の雲がかくも抗い難くわたしに近付き、かくも熱烈にわたしを取り巻き、わたしを酔わせ、魅惑した後に消え去ったことは、わたしの罪なのだろうか。

……思い乱れて、不幸を予感し、自分自身に不満を抱きつつ、わたしは落ち着かぬ気持ちを抱いて日々を送っていた。わたしは再び放蕩の生活を始め、喧騒の中に気晴らしを求め、気晴らしを見いだしたことに腹を立て、見いだきなかったことに腹を立て、そして、埃にまみれた炎暑の中に、一条の爽やかな空気の流れを待ち望むように、モスクワからの、〈ナタリー〉からの数行の便りを待ち望んだ。少女時代を抜け出ようとしていたこの女性の穏やかな姿が、さまざまな欲情のこのような泡立ちの上に、ますます明るく浮かび上がってくるのであった。Ｐへの恋の炎は、わたしに本来の心の在り所を指し示し、その秘密を解き明かしたのである。

遠く離れた従妹への思いにますます強く心を惹かれて行きながらも、自分たちを結び付けていた感情を、わたしははっきりとは自覚していなかった。わたしはその感情に慣れてしまっていたので、それが変化したのか、しなかったのか、考えてみようともしなかったのである。

わたしの書き送る手紙は、ますます不安に満ちたものになって行った。その一方で、わたしはPに対する自分の罪を深く感じていたばかりではない。わたしは自分が沈黙することによって犯した虚偽という新しい罪をも、深く感じていたのである。おれは堕落した、自分にはもう別の恋をする資格がない……。わたしはそう思っていた。けれども、恋はますます強く、そして、ますます大きくなって行くのであった。

「妹」という呼び方がわたしを苦しめるようになった。今やわたしにとって友情だけでは物足りなかった。この静かな感情には、冷たいものがあるように思われた。彼女の愛情はその手紙の一行一行から感じ取られた。しかし、わたしにはそれでもまだ足りなかった。わたしには愛情ばかりではなく、それを表わす言葉そのものが必要であった。

そこでわたしは書く。

「ぼくは君に奇妙な質問をしたい。君がぼくに対して抱いている感情は、友情だけだと君は信じていますか。——ぼくが君に対して持っている感情は、友情だけだと君は信じていますか。——ぼくは信じていません。(7)」

「あなたは少し気持ちが乱れていますね」と彼女は答える。「わたくしには、あなたの手紙がわたくしよりもご自分の方をもっとびっくりさせたのだということが分かりました。安心してください。あの手紙でわたくしの気持ちが変わるようなことは絶対にありません。あの手紙はあなたを愛するわたくしの気持ちを、これ以上にもこれ以下にも、変えることはできませんでした。(8)」

けれども言葉は遂に語られた。「霧は消え去って」と彼女は書いている。「再び明るく、晴ればれとしてきました。(9)」

表現を見いだしたこの感情に、彼女は曇りなき悦びをもって身を委ねていた。彼女の手紙は——子供じみた片言から力強い叙情性にまで高まって行く、少女らしい恋の歌であった。

「あなたは今頃はきっと書斎にいるのでしょうね」と彼女は書く。「そして何も書かず、何も読まず、ただじっと黙って葉巻をくゆらせているのでしょうね。目はどこかぼんやりとした遠いところに向けられて、誰かが部屋に入ってきて挨拶しても、あなたは返事もしないのでしょうね。あなたの思いはどこをさまよっているのかしら。あなたの眼差しはどこへ向けられているのかしら。返事はしないで。——あなたの思い、あなたの眼差しが、わたくしの方へ向けられていますように。[10]」

「……わたくしたちは子供になりましょう。二人が必ず外の空気を吸う時刻を決めましょう——隔たりの他には、何物もわたしたちを引き離すことはできないのだと、お互いに信じ合う時刻を決めましょう。晩の八時はどうですか、あなたはその時間はふさがっていないでしょう。さっきも昇降口のところへ出ようとしたのだけれど、すぐに引き返してきました、あなたが部屋の中にいると思って。[11]」

「……あなたの手紙や肖像画[12]を見たり、自分の手紙や腕環[13]のことを考えたりしていたら、百年ほど先へ飛び越して、それらの運命を見たいような気になりました。わたくしたちにとって神聖なものであり、わたくしたちの身体や魂を癒してくれたもの、わたくしたちの話し相手ともなり、わたくしたちが別れている時にお互いの代わりをつとめてくれたもの、わたくしたちが人びとから、運命の打撃から、自分自身から身を守る武器としたこれらすべてのもの——これらはわたくしたちの死んだあとではどうなるのでしょうか。それらの中には、それらの力、それらの魂が残っているかしら。それらは誰の心を目覚めさせ、温めるのかしら、わたくしたちの物語、わたくしたちの苦しみ、わたくしたちの恋を誰が伝えてくれるのでしょう。こうしたことのためにせめて一粒の涙なりと流してくれるのかしら。あなたの肖像画がしまいには誰かの書斎の壁に人知れず掛けられていたり、それとも、どこかの子供がそれをおもちゃにしてガラスを割ったり、顔を擦りむいたりするかもしれないと思うと、わたくしは悲しくなります。」(14)

わたしの手紙*はこれとは違っていた。欠けるところのない熱狂的な恋の中に、自分自身に対する腹立ちや悔悟の苦々しい響きが漏れている。Ｐの無言の叱責が心を苛み、明るい感情を曇らせ、わたしには自分が嘘つきであるように思われた。だが、わたしは嘘をついたのではない。

＊〈ナタリー〉の手紙の文体とわたしの手紙の文体との違いはきわめて大きかった、とりわけ文通の初めの頃には。その後、二人の文体はあまり違わないものとなり、さらに後には似たものとなった。わたしの手紙の中には、誠実な感情と並んで——不自然な表現、効果を狙う気取った言葉など、ユーゴーの流派やフランスの新しい小説家たちの、明らかな影響が見受けられる。彼女の手紙の中には、このようなものは一つもない——彼女の言葉は簡明で、詩的で、誠実である。そこにはただ一つの影響——福音書の影響がはっきりと見受けられる。その頃のわたしは、相変わらず飾り気の多い文章を書こうと努めていた。そして、下手な文章を書いていた。何故なら、これはわたしの本当の言葉ではなかったからだ。非実際的な環境の中での生活と過度の読書とは、長い間、青年をして自然に、そして素直に語ったり書いたりすることを妨げるものである。知性上の成年期はその人の文章のスタイルが固定して、そ

の最終的な形を整えた時に、やっと始まるのである。

八月に彼女に恋を語ったのはわたしの間違いであったなどと、どうして一月になってから告白することができよう、どうしてそれをPに語ることができよう。どうして彼女にわたしの話の誠実さを信じさせることができよう。新しい恋が始まったのだと言えばもっと分かりやすかっただろうし、心変わりしたのだと言えばもっと簡単だっただろう。その場にいない女性の遥かに遠い姿が、目の前にある姿と、どうして競い合うことができただろう。別な恋の細い流れがこの熔鉱炉を通って、いかにして一層はっきりとした、力強いものとして、出てくることができたのだろうか。こうしたことはみな自分では理解できなかった。しかし、わたしはこれがみな真実だと感じてもいたのである。

遂にP自身が、とかげのようにすばやく身をかわして、真面目な話を避けるようになった。彼女は危険を感じ、謎を解こうと努めながらも、しかし真実を遠ざけて行った。彼女はわたしの語ろうとしていることが、すべてを終わりにしてしまう恐ろしい真実を明らかにするものであることを、予見しているかのようであった。話が危険なものになると、彼女はすぐにそれを打ち切ってしまうのであった。

初め、彼女は辺りを見回した。そして幾日かの間、ひとりの若くて可愛らしい、元気のいいドイツ人の女の子を自分のライヴァルだと思っていた。この娘をわたしは子供を愛するような気持ちで愛していた。この娘にはわたしは気楽な態度で接することができた。彼女もわたしも、互いに媚《こ》びようなぞという考えは少しも持っていなかったからだ。一週間の内には、Pはパウリーナがまったく危険のない存在であることを知った。しかしわたしは、ここで彼女について数言を語らないでは、先へ進むことができない。

ヴャトカの社会保護局の薬局にドイツ人の薬剤師がいた。このことは少しも驚くべきことではない。驚くべきことは彼の助手がロシア人で、ボルマンと呼ばれていたことである。(15) このボルマンとわたしは知り合いになった。彼の妻はヴャトカのさる官吏の娘であったが、この婦人の髪は、わたしのかつて見たものの中でも、最も長く、最も濃く、かつ、最も美しいものであった。当の薬剤師フェルディナンド・ルールコヴィウスは、初めの頃は薬局にいなかった。わたしとボルマンとはさまざまな「泡立つ酒」や「胃のためになる」薬局風の、芸術的な薬用酒の類を飲んでいた。薬剤師はレーヴェリにいたことがある。同地で彼はひとりの若い娘と知り合いになって、彼女に結婚を申し込んだ。娘は彼がどんな人間であるかもろくに知らなかったのだが、一般に娘たち、とりわけドイツの女がするように、後先も考えずに彼と結婚してしまった。彼女は夫が、自分をどんなに人里離れた土地に自分を連れて行くことになるのか、ということさえも知らなかったのである。しかし結婚式が済んで、いよいよ出かけなければならなくなった時に、恐怖と絶望とが彼女をとらえた。薬剤師は花嫁を慰めるために、彼女の遠縁にあたる十七歳ほどのひとりの若い娘に、一緒にヴャトカへ来てくれるように頼んだ。この娘はさらに後先の考えもなく、しかも、「ヴィアトカ」とはそもそも何のことであるかもまるっきり知らないままに、これに同意した。

二人のドイツ婦人はロシア語を一言も話せなかった――ヴャトカにはドイツ語を話す者は四人とはいなかった。ギムナジアのドイツ語の教師さえ、この言葉を知らなかったのだ。これにはわたしもひどく驚いた。わたしは、彼がそもそもどのようにして授業をするのかを、彼に聞いてみようと決心したほどである。

「文法書によって」と彼は答えた。「それから会話の本によって。」

そう言ってから彼は、もともと自分は数学の教師であるが、今のところ空席がないので、ドイツ語を教えているのだということ、だが俸給は定額の半分しかもらっていないのだと弁解した。*

＊その代わり、「教化されたる」当局は、コワレフスキー[16]やミツキェーヴィチ[17]の友人で、「フィラレート」事件[18]で流刑に処せられて来た、有名な東洋学者のヴェルニコフスキー[19]を同じヴャトカ中学校のフランス語の教師に任命したのである。

ドイツ婦人たちは退屈さのあまり死なんばかりであった。そして、たとえ上手でないまでも、とにかくドイツ語で話の通じる人間に会って、この上もなく喜んだ。彼女たちはわたしにコーヒーや、さらに一種の「カルテ・シャーレ」などをふんだんに振舞い、自分たちの秘密や希望や期待をすっかり話して聞かせてくれた。二日後にはわたしを親友と呼び、肉桂《にっけい》入りの甘い粉菓子をご馳走して、前にもまして親切にもてなしてくれた。彼女たちは二人ともかなりの教養を身につけていた。すなわちシラーも暗記していたし、ピアノも弾いたし、ドイツのロマンスも歌った。しかし、二人の間の類似点はこれだけである。薬剤師の妻は髪の色が薄く、腺病質の背の高い女で、かなりの美人ではあったが、ひ弱で、物悲しげであった。彼女はきわめて善良だった。事実このような体質では、意地悪であることは難しかっただろう。自分の夫は他ならぬこの男であるということをひとたび確信してからというもの、彼女は静かに、穏やかに彼を愛した。台所の仕事や下着の繕いをし、暇な時間には小説を読んだ。そして時を得て薬剤師のために、髪も眉毛も白っぽい、るいれき質の女の子を無事に産んだ。

彼女の友達の方は背の低い、色の浅黒い、健康そうなブルネットで、大きな黒い目と特徴のある顔立ちとを持った、がっしりした体格の庶民的な美人であった。彼女の動作や言葉の中には、豊かなエネルギーが感じられた。そして、よくあったことだが、退屈でけちんぼうの薬剤師が自分の妻にかなり不躾なことを言う時、そして妻が唇に微笑を、そして、目に涙を浮かべながらそれを聞いている時、パウリーナは顔を赤らめた。そして自制心を失った薬剤師の顔を鋭く睨みつけるのであった。すると彼はたちまち大人しくなって、ひどく忙しいような振りをしながら、ヴャトカの役人たちの健康の回復のために、効きもしない薬をあれこれ調合したり、すり砕いたりするために、薬室へと退散するのであった。

　自分の立場を守ることを知っていたこのナイーヴな娘は、わたしの気に入った。そして、どうしてそうなったのか分からないが、とにかく、わたしは他の誰よりも先に、彼女にわたしの恋のことを話し、わたしのところへ来た幾つもの手紙を訳して聞かせたのである。自分にまったく関わりのない人びとの間で、長い間、幾年も生活した人間だけが、このような心からの雑談の値打ちを理解できる。わたしは自分の感情については稀にしか語らない。しかし時には、自分の胸にあることを何もかも話してしまいたいという欲求が抑え難くなることがある。これは今でもそうである。あの頃わたしは二十四歳だった。そして、やっと自分の恋を理解し始めたばかりである。わたしは別離を耐え忍ぶことができたのだから、沈黙だって耐え忍ぶことができただろう。けれども、すべてがかくもたくまざる素朴さに包まれていた娘、まだ大人になり切っていないこの少女に出会った時、わたしは自分の秘密を彼女に打ち明けないではいられなくなったのだ。しかし、このことに対して彼女は、どれほどわたしに感謝したことだろう、そして、どれほどわたしのために心配してくれたことだろう！

ヴィトベルクのいつも真面目な話は、時にわたしをうんざりさせることがあった。Pに対する重苦しい関係に悩み抜いていたわたしは、彼女のいるところでは、自由な気持ちになることができなかったのだ。晩になるとわたしはしばしばパウリーナのところへ行って、彼女に当たり障りのない小説を読み聞かせ、彼女の甲高い笑い声を聞いた。また、彼女がわざわざわたしのために歌ってくれる「異国の乙女」〔シラーの詩による歌曲〕を聞いた。わたしと彼女とは、そこに別な異国の乙女のことを考えていたのである。こうして、魂の上の雲は吹き払われて、わたしは心から明るい、穏やかな、静かな気分になるのであった。そして、薬剤師が最後の水薬を調合し、最後の膏薬を塗り終わって、政治問題についての愚にもつかない質問でわたしを辟易させるために部屋に帰ってくる頃には（彼の調合にかかる「薬用酒」を飲み、〈薬剤師夫人〉の白い小さな手で作られた鰊《にしん》サラダをひと口ご馳走になった上で）、平和な心を抱いて家路につくのであった。

……Pは思い悩んでいた。わたしは気弱な惨めな気持ちのままに、時のもたらす偶然の解決を待ちながら、半ば偽りの状態を長引かせていた。Pのところへ行って、彼女の足元に身を投げ出して、すべてを告白し、彼女の怒り、彼女の蔑みを甘んじて身に受けようと、わたしは幾度思い立ったか知れない……。しかし、わたしは彼女の怒りを恐れていたのではない。それならむしろわたしは嬉しく思ったことだろう。わたしが恐れていたのは彼女の涙であった。女の涙に耐えうるためには、そして、まだ暖かい涙が火照った頬を流れている時に、困惑したままでいられるためには、多くの心なき経験を持つことが必要である。しかも、彼女の涙は真実の涙であったのだから。

こうして多くの時が過ぎた。わたしの流刑は間もなく終わるだろうという噂が伝えられるようになった。わたしが馬車に乗ってモスクワに飛んで帰る日は、もはやそれほど遠い先のことではないように思われた。懐かしい人びとの姿がわたしの目の前に浮かんで来た。それらの中から前面に浮かんで来るのは、あの愛しい顔であった。けれども、わたしがこうした空想に心を委ねる暇のない内に、幻の馬車の背後から、目を泣きはらし苦痛と非難の眼差しをもったPの色褪せた悲しげな姿が浮かんでくる。するとわたしの悦びは翳《かげ》り、わたしには彼女が哀れに思われてくる、限りなく哀れに思われてくるのであった。

わたしはもはやこれ以上偽りの立場に止まっていることができなかった。わたしはあらん限りの力を奮い起こして、そこから抜け出そうと決心した。わたしはいささかの偽りもない告白を彼女に書き送った。わたしは熱烈に、ありのままに、そして真実をすべて語った。次の日、彼女は病気と言って部屋から出てこなかった。おのれの罪が暴かれることを恐れる罪人の耐えうる限りの苦しみを、この日、わたしは耐え忍んだ。彼女はまたしても神経性の自失状態に陥った。だが、わたしには敢えて彼女を訪れる勇気がなかった。

わたしにはもっと多くの悔悟が必要だった。わたしはヴィトベルクと二人きりで書斎に閉じこもり、彼にわたしのロマンスのすべてを告白した。初めの内、彼はびっくりしていたが、それから審判者としてではなく、親友として、わたしの話を終わりまで聞いてくれた。うるさく質問してわたしを苦しめたり、時期遅れのお説教を聞かせたりはしなかった。そしてわたしと一緒になって、打撃を軽くするための手段を考え始めてくれた。彼だけがこれをすることができた。彼は自分の愛する者たちを熱烈に愛したのである。わたしは彼のリゴリズムを恐れていたのだが、この時ばかりは、わたしとPとに対する彼の友情の方がはっきりと優位を占めた。然り、わたしによってその悲しい生活をさらに打ち壊されてしまったこの不幸な女を、彼の手にならばわたしは残して行くことができた。彼女は彼の中に強い精神的な支えと権威とを見いだしていた。Pは父親を尊敬するように彼を尊敬していた。

朝、マトヴェイがわたしに手紙を持ってきた。わたしは夜通しほとんど眠っていなかった。わたしは心をおののかせつつ、震える手で手紙の封を切った。彼女は深く悲しみながらも、優しい気高い心をもって書いていた。わたしの饒舌の花々はその蔭に毒蛇を隠してはいなかったし、彼女の穏やかな言葉の中からは、力ない胸から漏れ出る密かな呻きと、あまりにも激しい努力によって押し潰された、苦痛の叫びとが聞こえた。彼女はわたしの新しい生活を祝福し、わたしたち二人の幸福を願い、〈ナタリー〉を「妹」と呼び、過去を忘れるために、そして、未来の友情のために、わたしたちに手を差し延べていた。あたかも彼女の方が罪ある者であるかのように！

わたしは、むせび泣きつつ、彼女の手紙を繰り返し読んだ。〈何という心をおまえは裏切ったのか！〉

その後、わたしは彼女に会った。親しみをこめて彼女はわたしに手を差し出した。けれどもわたしたちは気詰まりであった。二人とも何かを口に出すことを避けていた。何かに触れないように努めていた。

今から一年前〔一八六〇年〕に、わたしは彼女の死の知らせを聞いた。

ヴャトカを去ってからも長いこと、Ｐについての思い出がわたしを苦しめた。自分自身と和解したくて、わたしはＰを主人公にした小説を書き始めた。わたしはその中で、自分を愛していた女を捨てて他の女と結婚した、エカテリーナ二世の時代の若い貴族を描いた。彼女は病み衰えて、死を待っている。彼女の死の知らせは彼の心を重く押しつける。彼は陰気になり、ふさぎこみ、そして遂に精神に異常を来す。彼の妻は柔和と献身の鑑《かがみ》ともいうべき女性であったが、ありとあらゆる試みをした挙句、夫をデヴィーチー〔処女〕修道院に伴い、彼と共に不幸な女の墓の前に額《ぬかず》き、その許しと守護とを乞い求める。修道院の窓からは祈りの言葉が聞こえてくる。静かな女の声が罪の赦しを歌っている——その時、若い貴族の病は癒される。この小説の出来栄えは拙劣であった[20]。わたしがそれを書いた時、Pはモスクワに来ることは考えていなかった。そしてPとわたしとの間に、何かがあったということに気付いていたのは、「永遠のドイツ人」、ゾンネンベルクただ一人であった。一八五一年にわたしの母が死んでからというもの、彼からは一つの便りもなかった。一八六〇年に、ある旅行者が、その頃すでに八十歳になっていたカルル・イワーノヴィチとの交友についてわたしに語った折に、彼の手紙を見せてくれた。追信の中で、彼はこの旅人にPの死について、そして、わたしの兄が彼女をノヴォ〔新〕デヴィーチー修道院に埋葬したことについて知らせていた。

　彼ら二人がわたしの小説について、何も知らなかったことは言うまでもない。

第二十二章　わたしの去った後のモスクワで

ウラジーミルにおけるわたしの静かな生活は、間もなく、モスクワからの知らせによってかき乱された。その知らせは今や、色々な人びとからわたしの下に伝えられて来るのであった。それはひどくわたしを苦しめた。このことを説明するためには、一八三四年のことにまで立ち戻る必要がある。

一八三四年にわたしが捕えられた日のあくる日は、公爵夫人の「名の日」にあたっていた。〈ナタリー〉が墓地でわたしと別れる時に、わたしに「またあした」と言ったのはそのためだ。彼女はわたしを待っていた。何人かの親戚の者が集まった。と、そこにわたしの従弟(1)が現われて、わたしの逮捕の次第を事細かに報告したのである。まったく予期しなかったこの知らせに、彼女は衝撃を受けた。彼女は別の部屋に出て行こうとして立ち上がった。だが、ふた足ほど歩いたところで気を失って、床に倒れた。公爵夫人はすべてを見た。そしてすべてを理解した。彼女は芽生えつつあるこの恋を、何としても阻止しようと決心した。

何のためにか。

わたしは知らない。少し前から、すなわち、わたしが大学の課程を終えてから、彼女はわたしに対して大変好意的になった。しかし、わたしの逮捕、われわれの自由思想についての噂、また、われわれがサン・シモンの「宗派」に帰依することによって正教会に背いたという噂に、彼女はすっかり腹を立ててしまった。それからというもの、彼女はわたしのことを「国事犯」あるいは「弟イワンの不幸な息子」としか呼ばなかった。彼女が、わたしに別れを告げるためにクルチーツキーに赴くことを〈ナタリー〉に許す決意をするまでには、セナートルがそのすべての権威を駆使して説きつけることが必要だった。

幸いにして、わたしは流刑地に送られることになって、公爵夫人には多くの時が与えられた。

「このペルミだとかヴャトカだとかいうのはどこにあるんだろうね。きっとあの男はそこでくたばってしまうか、それとも、人があれをくたばらせてくれるだろうよ。とにかく、そこにいる内に、あの子のことは忘れてしまうだろう。」

けれども、公爵夫人にとって不幸なことには、わたしはいい記憶力を持っていた。〈ナタリー〉が長い間、公爵夫人の目を盗んで、わたしと手紙のやり取りをしていたことが、遂に知られてしまった。公爵夫人は下男や女中たちに向かって、若い娘宛てに来た手紙を届けたり、あるいは、彼女の手紙を郵便で出したりすることを、固く禁ずると申し渡した。二年ほど経って、人びとはわたしが近い内に帰ってくるらしい、と噂し合うようになった。

「いまに弟の不幸な息子がいきなりドアを開けて、入ってくるんじゃないかしら。いつまでも考えてぐずぐずしているわけにはいかないよ――あの子を早く嫁にやって、宗教も道徳もないあの国事犯の手にかからないようにしてやらなければ。」

公爵夫人はかねてから、溜息をつきながら、哀れなみなし児について語っていた。この娘はほとんど無一物なんだから、いつまでも選り好みしているわけには行かない、自分の生きている内に、なんとかその身の振り方をつけてやりたい、と言っていた。事実、彼女は自分の家の寄食者たちの協力のもとに、財産のない遠縁にあたるある娘をどこかの輔祭の下に嫁がせて、まがりなりにも、その運命を決めてやったことがある。大変教養のある善良な優しいその娘は、母親を安心させたいばかりに嫁に行った。二年ほど経って彼女は死んだが、輔祭は生き残っていて、感謝の念から、公爵夫人の御用をうけたまわっていた。今度は全く逆で、みなし児は決して貧しい花嫁ではなかった。公爵夫人は彼女を自分の実の娘として嫁に出そうと考えていたのである。十万ルーブルを彼女に与えた上、さらに幾らかの遺産をも分けてやることにしていた。このような条件であれば、モスクワばかりではなく、思いのままのところで、いつでも求婚者を見つけることができる。まして「コンパニヨンカ」が控えているし、公爵という身分があるし、寄食の老婆たちの助力もあるのだから。

耳うち、駆け引き、噂話――そして、女中たちがこのような不幸な配慮の犠牲者の耳に、公爵夫人の目論見を伝えた。彼女はどんな人の申し出も決して受け入れるつもりはないことを、「コンパニヨンカ」に話した。そこで絶え間のない、侮辱的な、無慈悲な、そしていささかの思い遣りもない迫害が始まった――それは一つの動き、一つの言葉をも見逃さずに、不断に加えられる細々とした迫害であった。

「……悪い天気、恐ろしい寒さ、雨、風、たとえようもなく陰気な空を想像してください。それから、たった今死人を運び出したばかりかと思われる、不気味な小部屋を想像してください。そしてこれらの子供たちは目的もなく、喜びさえもなく、騒いだり、叫び立てたり、傍らにあるすべてのものを壊したり、汚したりしています。これらの子供をただ眺めてだけいられるならば、まだいいのですが、彼らの仲間入りをさせられる時には……」――と彼女は公爵夫人が夏の間滞在していた村から出した手紙の中で書いた。そして次のように続けている。

「わたしたちのところには三人の老婆がいます。そして三人とも今は故人となったその夫たちが卒中に倒れたことや、彼女たちがいかに夫の看病をしたかということについて話して聞かせます――ここはそれでなくてさえ寒々としていますのに。」(2)

今やこうした環境に大々的な迫害が付け加えられたのだ。これはもはや、公爵夫人一人によってではなく、惨めな老婆たちによっても加えられた。これらの老婆は〈ナタリー〉に向かって、嫁に行くことを説き勧め、そしてわたしの悪口を言っては、絶えず彼女を苦しめていたのである。たいていの場合、彼女は自分の耐え忍んでいる多くの不愉快なことについて、手紙の中に書いてはいなかったが、時には悲しみや屈辱や憂愁が彼女を打ち負かしてしまうことがあった。

「わたくしをこれ以上いじめるために、まだ何かを考えだすことができるものでしょうか、わたくしは知りません」と彼女は書いている。「あの人たちにそれを考え出すどれほどの知恵があるものか、あなたにはお分かりになりますか。わたくしは他の部屋へ出て行くことも、同じ部屋の中で場所を変えることさえ禁じられています。わたくしは久しくピアノを弾きません。灯りを受け取って、広間に出て行きます、ことによったら弾くことを許してもらえるかもしれないと思って。けれどもやはり駄目です。わたくしは部屋に帰って編みものをするように命じられます。ただ、別の机のそばに腰かけたいと思います――あの人たちのそばにいることは、わたくしには、耐え難く辛いのです。せめてこれくらいのことは許されるでしょう。ところが、それも駄目です。どうしてもそこへ、僧侶の妻の隣りに座りなさい、聞きなさい、見なさい、話しなさい――でも、あの人たちの話ときたらフィラレート〔府主教〕の噂か、あなたの悪口ばかりです。ある時などわたくしは、苛立たしい気持ちになって、顔を赤くしてしまいました。そして、急に重苦しい悲しみに胸がふさがってしまいました。けれどもこれは、わたくしがあの人たちの奴隷でなければならないのだと思ったからではありません。いいえ――わたくしはあの人たちがこのうえもなく哀れになってきたのです。(3)」

　縁談が正式に進められていたのである。

「わたくしたちの家に、ある奥さんが来ました。その人はわたくしを愛してくれていますが、だからといって、わたくしはこの人を好いているわけではありません……。わたくしの縁談をまとめようと、一生懸命になって世話を焼いています。わたくしはあまり腹が立ったので、あの人の出て行った後から歌ってやりました。

われは愛なき美麗なヴェールより
死に衣身にまとうを願う(4)。」

それから幾日か過ぎて、一八三七年十月二十六日に彼女は書いている。「きょうわたくしがどんなに辛い思いをしたか、あなたには想像することはできないでしょう。わたくしはきれいな服を着せられて、C《エス》夫人のところへ連れて行かれました。彼女は、わたくしがまだ子供の頃から、大変わたくしに優しくしてくれたのです。彼女の家には毎週火曜日に3《ゼー》大佐がカルタをしにきます。わたくしの立場を想像してください。片方にはお婆さんたちがカルタの机の周りに並んでいるし、もう一方には、色んな不細工な人たちと彼女とがいます。お喋り、人びとの顔——すべてこれらはあまりにも親しみのない、奇妙な、厭わしいものに思われました。あまりにも生気のない、卑俗なものでした。わたくし自身は、生き物というよりは、むしろ彫刻に似ているだろうと思います。そこで行なわれているすべてのことは、わたくしには重苦しい悪夢のように思われました。わたくしは家に帰ることを、子供のように、絶えず願いましたが、聞いてもらえませんでした。その家の主人と客との注意が、わたくしをすっかり押し潰してしまいました。彼はチョークでわたくしの頭文字の組み合わせを半分ほど書きさえしました。おお、わたくしには力が足りません。わたくしの支えとなってくれそうな人の内、今わたくしが助けを求めることのできる人は一人もいません。わたくしはたった一人で、深い淵のそばに立っています。しかも大勢の人が全力を尽くしてわたくしを突き落とそうとしているのです。時々わたくしは疲れ、力は弱まります——しかもあなたはそばにいない、遠くにもあなたの姿は見えない。けれども思い出だけは消えません——そして心は奮い立ち、恋のよろいを着て、再び闘いにおもむく用意をします。[5]」

とかくする内に大佐はみんなの気に入った。セナートルは彼を可愛がっていた。わたしの父は、「これ以上いい花婿を期待することはできないし、また望んではならない」という意見であった。「ドミートリー・パーヴロヴィチ〔ゴロフワーストフ〕閣下さえも彼に満足しています」——と〈ナタリー〉は書いていた。公爵夫人は直接〈ナタリー〉には言わなかったが、圧迫の度を加えて、事を急がせた。〈ナタリー〉は大佐を拒絶しようと思って、彼のいる前では完全な「馬鹿娘」の風を装ってみた。しかし、それも全く効き目がなくて——彼はますます足繁く訪れてくるのであった。

「きのう」と彼女は書いている。「エミーリアがわたくしのところに来ました。彼女はこう言いました。「もしもあなたが死んだという知らせがあったら、わたしは嬉しいわ、十字を切って、神さまに感謝するつもりよ。」彼女は色んな点で正しいけれども、全部が正しいわけではありません。彼女の魂はわたくしと同じ悲しみによって生きていますから、わたくしの魂の苦しみをすっかり理解してくれました。けれども恋を満たしている魂の喜びは、彼女にはよく分からないのです。(6)」

しかし、公爵夫人の方もまた諦めてはいなかった。「公爵夫人は自分の良心を清めようと思って、3《ゼー》さんの知り合いの司祭さんを呼びました。そして、わたくしを無理に嫁にやることは罪ではないかとたずねました。司祭はみなし児の身の振り方をつけてやることはむしろ神意にかなったことだと言いました。わたくしは自分の懺悔聴聞司祭を呼びにやります」と〈ナタリー〉は付け加えている。「そして、彼にすべてを打ち明けるつもりです。」

十月三十日。「ここに服があります。ここに明日のための衣裳があります。そこには聖像、指環があります。人びとが世話を焼き、支度をしています――けれどわたくしには一言も話してくれません！　ナサーキン家の人たちやその他の人たちが招待されています。彼らはわたくしのためにびっくりするようなことを準備しています。わたくしも彼らのためにびっくりするようなことを準備しています。」

晩。「いま相談が行なわれています。レフ・アレクセーエヴィチ〔セナートル〕も来ています。あなたは色々と言ってくれるけれども――その必要はありません。わたくしは鎖につながれて、こういう恐ろしい、厭わしい情景の前に引かれて行っても、それから身を背けることができます。あなたの姿がわたくしの上に輝いています。わたくしのことで心配する必要は少しもありません。悲しみも、悩みさえも、わたくしにとって限りなく尊いものです。それはわたくしの魂を強く固く抱きしめてくれたのです。だから、悲しみや悩みを引き離すことはかえって痛みをさらに大きくするでしょう、傷口を露わにすることになるでしょう。」

しかし、人びとが物事をいかに隠しても、いかに偽り繕っても、大佐は、花嫁が抱いている嫌悪の情が動かし難いものであることに、気付かないではいられなかった。彼の訪問は次第に間遠になった。彼は病気だと言った。持参金を増やしてもらいたいというようなことを口にしたこともある。公爵夫人はこのことでひどく腹を立てたが、こういう侮辱をも甘受した。そして、モスクワ近郊の領地を付け加えた。大佐の方ではこのような譲歩は期待していなかったらしい。何故なら、このことがあってからというもの、彼はまるっきり姿を見せなくなってしまったのだから。

二カ月ほどが静かに過ぎた。突然、わたしがウラジーミルに移されるという知らせが伝えられた。そこで公爵夫人は縁談をまとめるための、最後の、必死の試みをした。彼女の知り合いの婦人に、士官になっているひとりの息子がいた。彼はカフカースから帰ってきたばかりであった。若くて教養のある誠に立派な人物であった。公爵夫人はいつもの尊大な態度をかなぐり捨てて、その士官が結婚を申しこむ意志はないかどうかを「打診する」ことを、自ら士官の姉に頼んだのである。彼は姉の勧めに従った。若い娘は前と同じような、苦しい、うんざりするような役割をもう一度繰り返すことを望まなかった。彼女は事が真剣味を帯びてきていることを見て取ると、彼に手紙を書いて、自分が他の者を愛しているのだと率直に、ありのままに、正直に語り、彼の誠実さに信頼して、新しい苦しみを免れさせてくれるように頼んだ。

士官はきわめて上品に身を引いた。公爵夫人は事の成り行きに驚き、侮辱を感じ、どうしたわけなのかを知ろうと決意した。士官の姉は〈ナタリー〉自身とも話し、公爵夫人には何も話さないことを弟に約束したのであるが、「コンパニヨンカ」にすべてを話してしまった。言うまでもなく、「コンパニヨンカ」は早速このことを公爵夫人にご注進に及んだ。

公爵夫人は怒りのあまり息も詰まらんばかりであった。どうしたらいいか分からぬままに、彼女は若い娘に二階の自分の部屋に入っているように、そして、彼女の目の前に出てきてはいけないと言いつけた。これだけでは満足できずに、彼女は娘の部屋のドアに鍵をかけるように命じ、二人の女中を見張りに立てた。それから彼女は弟たちと甥の一人とに手紙を書いて、自分の上に降りかかった不幸な出来事をどう処理したらいいか分からないほどに気持ちが乱れ、困り抜いているのだということを伝えて、相談のために集まってくれるようにと頼んだ。わたしの父は、自分にも煩わしい用事が多いこと、今度のことは決してそんなに大騒ぎするにはあたらないこと、自分は愛情の問題を審議するのは不得手だということなどを理由に、これを断った。セナートルとゴロフワーストフとが、次の日の晩に招きに応じてやってきた。

彼らは長い間話し合ったが、結局、意見の一致を見なかった。そして最後に、監禁されている娘を呼ぶことにした。若い娘は部屋に入ってきた。しかし、これはもはや彼らの知っていた、無口ではにかみ屋のみなし児ではなかった。固い意志と不動の決意とが、その顔の静かな誇り高い表情の中に見られた。これは子供ではなく、自分の恋を――わたしの恋を守り抜くためにきた、一人の女であった。

「被告」の様子は高等法院の判事たちを戸惑わせた。彼らは気遅れを感じた。だが、遂に一家の演説家なるドミートリー・パーヴロヴィチが会議の開かれるに到った理由、公爵夫人の心痛、自分の養い子の身の振り方をつけてやりたいという彼女の切なる願い、すべての配慮の対象となっているその当人の側からの不可解な反抗などを雄弁に説明した。セナートルは頭と人さし指とで甥の言葉に対する承認の印を示していた。公爵夫人は顔を背けて黙って座っていた。そして、芳香塩〔気付け薬〕を嗅いでいた。

すべてを聞き終えたところで、「被告」は自分が何を求められているのかを問うた。

「わたしたちは決して何かを要求しようとしているのではない」と甥は言った。「わたしたちがここに来たのは、伯母様の望みによって、あなたに心からの忠告を与えるためです。あなたにはあらゆる点で申し分のない縁談がある。」

「わたくしはそれをお受けすることができません。」

「その理由は一体何ですか。」

「あなたはご存知です。」

一家の演説家は少し赤くなって、たばこを嗅いだ。そして目を細めながら続けた。

「あなたの言うことには、反論の余地が非常に沢山ある。あなたの期待が不安定なものであることに、わたしはあなたの注意を促したい。あなたはもうだいぶん久しく、不幸なアレクサンドルに会っていないし、彼自身もまだ非常に若くて、熱しやすい性格だ――あなたは彼を信じているんですか。」

「信じております。それにあの人がどんな考えでいても、わたくしといたしましては、自分の考えを変えることはできません。」

甥の雄弁は種切れになった。彼は立ち上がりながら言った。

「どうか、どうか後悔しないようにしてください！　わたしにはあなたの将来のことが非常に気掛りなのです。」

セナートルは顔をしかめていた。不幸な娘は、今度は彼に向かって言った。

「あなたさまは」と彼女は彼に言った。「いつもわたくしに優しくしてくださいました。お願いです、わたくしを助けてくださいまし。お好きなようにしてください、けれどこの生活から出られるようにしてくださいまし。わたくしはどなたのご迷惑になるようなこともしませんでした。何も頼みはいたしませんし、何の目論見も持ってはおりません。ただ、わたくしは心にもない方のところにお嫁に行って、その方を欺き、自分を滅ぼすことだけはお断りしたいのでございます。わたくしがこのためにどんなに辛い思いをしているか、ご想像もつかないと思います。公爵夫人のいらっしゃるところで、こんなことを申し上げなければならないことは心苦しいことでございますが、公爵夫人のお友達の侮辱や、嘲りの言葉や、あてこすりを耐え忍ぶ力は、わたくしにはございません。わたくしが侮辱されることは、実は……わたくしだけが侮辱されているのではないと思うと、わたくしは黙っていることができません、黙っていてはならないと思います……。」

神経がその当然の働きをして、彼女の目から涙が迸り出た。セナートルは興奮してつと立ち上がると、部屋の中を歩き回っていた。

この時、憎悪に燃えた「コンパニヨンカ」が我慢できなくなって、公爵夫人に向かって言った。

「これがうちの、おとなしい娘の言うことなんですからね、これがあなたさまへのお礼なんですからね！」

「この女は誰のことを言っておるんだ」とセナートルは怒鳴り始めた。「あ？　姉さん、あんたはこのどこの誰だか分からないような女に、あんたの弟の娘のことを、自分の目の前で、そんな言い方をさせておくとは、これは一体どうしたわけなんです。それに、だいたいこのやくざ女はどうしてこんなところにでしゃばってきているんです。あんたはこの女も相談の集まりに呼んだんですか。これはあんたの親戚の女なんですか、どうなんです。」

「ねえ、おまえ」と公爵夫人はびっくりして答えた。「この人がわたしにとってどういう人か、どれほどわたしの世話をしてくれているかは、おまえも知っているでしょう。」

「え、え、それは結構ですよ、薬だの何だのを持って来させたりするのはいいですよ。そんなことを言っているんじゃないんです。わたしのきいているのはね、家族の問題を話している席に、こんな女がいるのはどういうわけかということですよ。おまけに声を張り上げたりしおって。こういうことを見ると、この女が蔭で何をしているか、よく分かると言うものだ。あんたはあとになってからあの子に文句を言っておるんです。おい、馬車の支度をしろ！」

「コンパニヨンカ」は目を泣きはらし、顔を真っ赤にして部屋から逃げ出して行った。「何故あんなに甘やかしておくんです」と興奮したセナートルは続けた。「あいつはいつもズヴェニゴロド辺りの居酒屋にでもいるような気になっているんだ。よくあんたは平気でいられますね。」

「やめておくれ、おまえ、お願いだから。わたしも頭がすっかりこんがらがってしまって……。おや、おまえはもう二階へ行っていいよ」と彼女は姪に向かって付け加えた。

「こういうバスティーユの牢獄みたいなことはもうやめにすべきですよ。これはみんな馬鹿げたことだし、何の役にも立ちませんからね」とセナートルは言って、帽子を手に取った。

彼は帰りがけに二階へ上がってきた。〈ナタリー〉はその日のすべての出来事にすっかり興奮して、両手で顔を覆って肘かけ椅子に座っていた。そして、激しく泣いていた。老人は彼女の肩を叩いて言った。

「安心しなさい、心配することはないよ、万事よくなって行くからね。おまえは姉さんの怒りを解くように努めなさい。あれは病気だから、譲ってやらなければいけないよ。あれだってやはり、おまえが幸せになるように望んでいるんだからね。とにかく、おまえを無理に嫁にやるようなことはしないはずだよ。これはわたしが責任をもってもいい。」

「ここの生活をこれ以上我慢している位なら、いっそのこと修道院か寄宿女学校に入るか、タムボフかペテルブルクの兄[7]のところへ行ってしまいたい！」と彼女は答えた。

「さあ、もういい、もういい！　おばさんを安心させるようにしなさい。それから、あの女には、無作法なことをしないように、わたしがよくよく言い聞かせておくからね。」

セナートルは広間を通る時に、「コンパニヨンカ」に行き会った。

「身の程を忘れてはいかんぞ！」と彼は脅かすように指を立てて彼女に叫んだ。彼女は声を上げて泣きながら寝室に入って行った。そこにはすでに公爵夫人が寝台の上に横たわっていた。そして、四人の女中が彼女の手や足をこすったり、酢でこめかみを濡らしたり、ホフマン点滴剤を浸した砂糖を与えたりしていた〔当時行なわれていた精神を安定させる療法〕。

これで家族会議は終わった。

若い娘の立場がいい方に変わるはずのないことは分かりきったことである。「コンパニヨンカ」は今までよりも慎重になった。しかし、今や個人的な憎悪を抱き、自分が辱められ、卑しめられたことに対する恨みのはけ口を若い娘に求めようとして、細々した遠まわしの手段によって、彼女の生活をますます耐え難いものにした。公爵夫人が無力な娘に対するこの卑しい迫害に加わっていたことは言うまでもない。

こんな状態には結着をつけなくてはならなかった。わたしは直接舞台に登場することを決心した。そして父に宛てて、懇切丁寧な、誠実な長い手紙を書き送り、自分の愛情について彼に語った。そして父の返事を予想しつつ、次のことを付け加えた。すなわち、わたしは父をいささかも急き立てるつもりはないこと、わたしのこの感情が一時的なものであるか否かを見きわめる時間を父に与えたいこと、ただ一つの願いとして父とセナートルとが不幸な娘の立場に立って考え、かつ、彼らが自分たちもまたこの娘に対しては、公爵夫人と同等の権利を持っていることを思い出してほしいということを。

これに対してわたしの父は、他人の問題に干渉することは耐え難いことであり、公爵夫人が自分の家で何をしているかは、自分のあずかり知らぬことである、と答えてきた。彼はわたしに「流刑地の無為と退屈さの生みだした」下らぬ考えを捨てるように、むしろ外国へ旅行する準備でもした方がよいと忠告していた。かつてわたしは外国への旅行についてしばしば父と語り合ったことがある。彼はわたしがいかに熱烈にその旅を望んでいたかを知っていた。しかし、それには数限りない障害のあることに気付いていたので、いつも同じ言葉で話を結ぶのであった。

「わしの葬式を出してからにするんだね、それからなら道は四方に開けるさ。」

流刑地でわたしは近い将来の旅行に対するあらゆる望みを奪われていた。しかも強制的な離別のあとで、自発的な離別を主張することは思い遣りのないことのように思われた。わたしは、かつてわたしがペルミに出発しようとしていた時に、老人のまつげに涙が震えていたことを思い出した……。ところが今になって急に父の方から、わたしに旅することを勧めてきたのである！

わたしは正直に書いた。老人の気持ちを傷つけないように心を配りつつ書いた。そして、ほんの僅かなことしか頼まなかった。それなのに彼の方が皮肉と策謀とをもってわたしに答えて来たのだった。

彼はわたしのために何もしてくれる気はないのだ――とわたしは自分に言い聞かせた――彼はギゾー〔七月王政最後の宰相〕のごとく〈不干渉〉を宣言しているのだ。よろしい、それならばわたしは自分で行動しよう。今や――譲歩よ、さらばだ。

わたしはそれまで未来の生活設計について考えたことはなかった。わたしは未来が自分のものであること、わたしたち二人のものでもあることを信じていたし、知ってもいた。そして、細かなことは運命に任せていた。わたしたちには、愛し合っているという意識だけで十分だった。わたしたちの望みは、ただひと時の逢瀬だけであった。だが、父の手紙はわたしに自分の未来を自分の手で摑み取ることを余儀なくさせた。もはや待つまでもない――〈既往は咎めず〉だ。わたしの父はあまり感傷的な方ではない。だが公爵夫人は――

彼女をして泣かしめよ……
それは彼女にとって何の意味もない(8)！

丁度その頃、ウラジーミルにわたしの兄とケッチェル〔第一分冊二八二ページ以下〕とが泊まりに来ていた。ケッチェルとは幾晩も、涙ながらに、また涙の出るほどに笑いながら、夜通し思い出話に花を咲かせた。彼はわたしがモスクワから去った後に出会った最初の仲間であった。わたしは彼から、その後どんな変化があったのか、今どんなことが話題になっているのか、どんな新顔が加わったのか、モスクワを追放された連中は今どうしているかなど、われわれのグループの年代記を聞いた。そんなあれやこれやのお喋りの種も尽きたところで、わたしは自分の計画の話をした。何をどうしたらよいか、様々に議論をした挙句、ケッチェルは一つの案を考え付いた。もっとも、これは後にして思えば、誠に愚かしいものではあったのだが。つまり、彼は事を荒立てずに収めようとして、ほとんど面識のないわたしの父のところに行って、彼と真剣に話し合ってみようというのである。わたしはこれに同意した。

もとより、ケッチェルという男は外交的な駆け引き、とりわけ、わたしの父親のような者との駆け引きよりは、結果の善し悪しは別にして、成否のケリを一気につけるというやり方の方に向いていた。彼には物事をとことんぶち壊さないではおかないような、激しいところがあった。保守主義者など彼の風貌を見ただけで意気阻喪してしまう。大男で、髪は手入れをしたことがないので奇妙にもつれており、その尖った顔は一七九三年の国民公会の議員たち〔ジャコバン党議員のこと〕、とりわけマラーを彷彿たらしめるものがあった。大きな口といい、薄い冷笑的な唇の形といい、陰鬱な怒ったような顔付きといい、いずれもマラーそっくりだった。これらに更に、眼鏡、つばの広い帽子、度外れの癇癪、大音声、自制心の欠如、怒りの度合いに応じて吊り上げて見せる眉などを付け加えねばならない。つまり、ケッチェルはジョルジュ・サンドの傑作『オラース』(9)に出てくるラヴィーニエに似ていたのである。ただし、そこには何かパスファインダー的なもの、ロビンソン的なもの、さらに何か純粋にモスクワ的なものが入り混じっていた。その飾り気のない高貴な性格の故に、彼は子供の頃から常に周りの世界ともろに衝突してきた。彼はこの敵対的な態度を隠そうとしなかったし、それに慣れていた。彼はわたしたちより幾つか年上だったが、絶えずわたしたちと大声を出し合い、あらゆることに不満で、叱りつけたり、言い争ったりしていた。しかし、彼の子供のような善良さがこれらすべての埋め合わせをしていた。彼の口のきき方はぞんざいだったが、気性は優しかった。だから、わたしたちはどんな場合にも彼を許したのである。

このような彼、マラーの風貌を持ったこの最後のモヒカン〔アメリカ先住民の一部族〕、この「人民の友」が、わたしの父に訓戒を垂れるために出かけて行った姿を想像していただきたい。わたしはその後もケッチェルにこの会見の模様を何度となく繰り返させたものだ。この外交的干渉がどれほど独創的なものであったか、これを余すところなく描写するには、わたしの力はあまりにも不十分であった。干渉はあまりにも唐突だったので、老人は初めの内すっかりうろたえ、何故わたしの結婚に反対しているのか、大真面目に説明し始めたほどである。だが、それからハッと気がつき、調子を変えると、今度はケッチェルに向かって、関係のない事柄に口出しするために自分のところへ来たのはどういうわけか、その理由を問うた。やり取りの調子は刺々しくなった。我が外交官氏は旗色の悪くなったのを見て取り、わたしの健康のことを持ち出して老人を脅かそうとした。だが、時既に遅く、会談は予期されていたように、父の側からの辛辣な皮肉と、ケッチェルの側からの乱暴な物言いの応酬の裡に終わった。

ケッチェルはわたしに書いて寄こした――「絶対に老人をあてにしてはいけない。」この教訓こそ必要なものであった。しかし何をどう始めたらよいというのか。わたしが一日に何度となくあれこれと計画を巡らし、その内のどれにしたらいいかと思い惑っている内に、兄がモスクワに帰る支度を始めた。

これは一八三八年の三月一日のことである。

第二十三章　一八三八年の三月三日と五月九日(1)

朝の内にわたしは何通かの手紙を書いた。書き終わったところで、わたしたちは食卓についた。わたしには食欲がなかった。わたしたちは黙っていた。わたしの心は耐え難いほどに重かった。時計は四時を回っていた。七時には馬が来ることになっていた。明日、食事の終わった頃には、彼はモスクワだろう。だがわたしは……すると、一分毎にわたしの脈はますます激しく打ち始めた。

「どうでしょう」と遂にわたしは皿の中を見つめたまま、兄に言った。「ぼくをモスクワへ連れて行ってはくれませんか。」

兄はフォークを置いた。そして、聞き違えたのではないかと疑っているような様子でわたしを見た。

「ぼくを兄さんの下僕ということにして、関門を通ってください。それから先はもう必要ありません。どうですか。」

「ぼくの方は……いいよ。ただね、知っているだろうが、あとでおまえが……。」

これはもうすでに遅かった。彼の「いいよ」はすでにわたしの血の中に、頭の中にあった。一分前にかすかに閃いた考えは、今や消し難いものとなっていた。

「問題はないですよ。別に大したことにはなりませんよ！　じゃあ連れて行ってくれますね。」

「もちろんさ。連れて行くよ。ただね……。」

わたしは食卓から急いで立ち上がった。

「いらっしゃるんですか」とマトヴェイが何か言いかけて聞いた。

「行くよ！」とわたしは彼が何かを言い足す暇を与えずに答えた。「あさってには帰る。誰かが来たら、ぼくは頭痛で、寝込んでいると言ってくれ。晩になったら、ろうそくをつけてくれ。それから下着と袋を出してくれ。」

庭で鈴が鳴っていた。

「支度はよろしいですか。」

「できている。じゃあ、行ってくる。」

次の日の正餐時に、鈴は鳴りやんだ。わたしたちはケッチェルの家の玄関先に着いたのである。わたしは彼を呼び出してくれるように頼んだ。一週間前、ウラジーミルで別れた時には、わたしがモスクワに来るなど、予想だにされていなかった。それ故彼はわたしを見てひどく驚き、初めは一言も口がきけなかったが、それから大きな声で笑い出した。しかし、やがて心配そうな様子で、わたしを自分の部屋に招じ入れた。わたしたちが部屋に入った時、彼は念入りにドアに鍵をかけて言った。

「何かあったのか。」

「別に。」

「じゃどうして来たんだ。」

「ぼくはウラジーミルにじっとしていられなかったんだ。〈ナタリー〉に会いたいんだ。他に理由はない。君にその手配をしてもらいたいんだ。それも今すぐに、というのは、あしたにはぼくは家に帰っていなければならないんだ。」

ケッチェルはわたしの目を見ると、ひどく眉を吊り上げた。

「何という馬鹿げたことだ！　何のことだかさっぱり分からん。必要もないのに、おまけに何の準備もしないで、やって来るなんて！　君は手紙を書いたのか、時間を決めてあるのか。」

「何にも書いていないよ。」

「なんてこった。ぼくたち二人でどうしようっていうんだ。まずいぞ、頭がどうかしてるぞ！」

「一番大事なことはだね、今すぐに、何をどうしたらいいか考えることだよ。」

「君は馬鹿だよ」とケッチェルは眉をさらに吊り上げながら断固として言った。「完全に失敗することをぼくは喜ぶね、大いに喜ぶね、君に対する教訓になるからな。」

「捕まったりしたら、かなり長い教訓になりそうだ。いいかい、暗くなったら、一緒に公爵夫人の家に行くんだ。君は召使の内の誰かを往来に呼び出してくれ。誰を呼ぶかはぼくが言うからね。それからどうしたらいいか、様子を見るんだ。これでいいだろう、どうだい。」

「よし、仕方がない、行くか。だが、ぼくはむしろ失敗することを望むね！　一体どうしてきのうの内に手紙を書いておかなかったんだ。」そしてケッチェルは重々しげに、例のつばの広い帽子を目深にかぶり、赤い裏地のついた黒マントをはおった。

「いつまでもぶつぶつ言うなよ！」わたしは部屋の外へ出ながら言った。ケッチェルは腹の底から笑いながら、繰り返した。

「いやはや、まったく、馬鹿馬鹿しいったらありゃしない。手紙も出さないでやって来る。これじゃあ話にならんよ。」

ケッチェルのところに長くいるわけにはゆかなかった。彼はとてつもなく遠いところに住んでいたし、この日は彼の母がお客を呼ぶことになっていたからだ。彼はわたしを連れてひとりの驃騎兵士官の家に赴いた。ケッチェルはこの士官が高潔な人間であることを知っていたのだ。この士官は政治的事件に関係したことがなかった。従って、警察の監視は受けていなかった。長い口ひげをはやしたこの士官は、わたしたちが行った時、食卓に着いているところだった。ケッチェルは彼に用件を話した。士官は返事の代わりにわたしのために一杯の赤ワインをついで、自分を信頼してくれたことに対する感謝の言葉を述べた。それからわたしを自分の寝室に案内した。そこは鞍や色々な鞍被いで飾り立ててあって、この部屋の主人は馬の上で眠るのではないかと思われるほどであった。

「これがあなたの部屋です」と彼は言った。「ここでは少しも気兼ねはいりません。」

それから彼は従卒(これもやはり驃騎兵であった)を呼んで、どんな理由があっても、この部屋に人を入れないように命じた。わたしはここで図らずも、またしても、兵卒の護衛の下に置かれることになった。前と違う点は、クルチーツキーでは憲兵の見張りがわたしを他の世界から引き離していたのに、ここでは驃騎兵の見張りがわたしを他の世界から引き離していたのである。

すっかり日が暮れた時、わたしとケッチェルとは出かけた。わたしは四年ほどの間見ることのなかった、なじみの懐しい街や橋や家々を見た。わたしの心臓は激しく鼓動していた。クズネツキー・モスト〔「鍛冶橋」の意〕、トヴェーリ並木大通り……。あそこにはオガリョーフの家がある。その正面には大きな紋章が打ちつけてある。それはすでに人手に渡っていた。わたしたちがかくも若々しい日々を送った階下の部屋には、仕立屋が住んでいた……。ここがポーヴァル〔料理番〕街だ——わたしは息をひそめる……。中二階の角の窓には、ろうそくが灯っている。これが——彼女の部屋だ。彼女はわたしへの手紙を書いている。彼女はわたしのことを考えている。ろうそくはいとも楽しげに燃え、わたしに向かって瞬いている。

わたしたちが誰を、どうやって呼び出したらいいか思い巡らしていたその時、公爵夫人の若い料理番のひとりが駆けて来るのに行き会った。

「アルカージー」とわたしはすれ違いざまに呼んだ。彼にはわたしが誰であるかが分からなかった。「どうしたんだい」とわたしは言った。「うちの者の顔が分からないのかい。」

「ああ、あなたでしたか！」と彼は大きな声を出した。

わたしは唇に指をあてて言った。

「おまえに頼みがあるんだ。サーシャかコースチェンカに渡して、すぐに届けてもらいたい。できるだけはやく。この手紙だ、分かったかい。ぼくたちはあの角を曲がった横町で待っている。おまえがモスクワでぼくに会ったなんてことは、絶対誰にも言ってはいけないぜ。」

「ご安心ください。万事すぐにやってお目にかけます」とアルカージーは答えて、家の方へ飛んで帰った。

三十分程わたしたちは横町を行きつ戻りつしていた。すると、とうとうひとりの小さな痩せた老婆が急ぎ足で、辺りを憚るようにして出てきた。これは、一八一二年の火事の時にわたしのためにフランス兵から「マンジェ〔「食べる」〕」を要求した、あの大胆な女中である。わたしは子供の頃から彼女をコースチェンカと呼んでいた。老婆は両手でわたしの顔を挟みつけ、幾度も幾度も接吻した。

「それでは、おまえさま、とんできなさったんだね」と彼女は言った。「おまえさまって人は、むこう見ずな人だね。いつになったらおとなしくなるんだろうね、このきかん坊が。お嬢さまはあんまりびっくりなさったで、もうちょっとで気絶するところだったですよ。」

「で、手紙はある。」

「ありますともさ、ほれ、なんてせっかちな人だろうね！」そして彼女はしわになった紙切れをわたしに手渡した。

震える手で、幾つかの言葉が鉛筆で書かれてあった。「おお、これは本当でしょうか。――あなたがここに来ているなんて。あすの朝の六時にお待ちします！　信じられません、信じられません！　これは夢ではないでしょうか。」

驃騎兵は再びわたしを従卒の保護の下に置いた。五時半にわたしは街灯の柱に寄りかかって立っていた。そして、公爵夫人の家の潜り戸の中に入ったケッチェルを待っていた。わたしは柱のそばで待っていた時の自分の気持ちを、ここで伝えようとは思わない。このような瞬間は、それが声を持たぬが故に、秘め事であり続けているのである。

ケッチェルはわたしに向かって手を振った。わたしは潜り戸の中に入った。わたしのいない間に大きくなったひとりの少年が、前からわたしを知っているような様子で微笑みながら、わたしを案内した。わたしは控え室に入った。かつてはわたしはあくびをしながらこの部屋に入ったものだが、今は跪いて床板の一枚一枚に接吻したいような気がした。アルカージーはわたしを客間に導き入れ、それから出て行った。わたしは疲れて長椅子の上に身を投げ出した。心臓は苦しいほど激しく脈打っていた。おまけにわたしは恐怖を感じていた。

わたしの話は少々間延びしたものになりつつあるが、これはわたしがこれらの思い出を話すための言葉をうまく見つけられないでいるということもさることながら、この思い出にできるだけ長く浸っていたいという思いがあってのことでもある。

彼女は真っ白な服を着て入ってきた。眩しいほどに美しかった。別離の三年、そして、忍従の闘いが、彼女の容貌や表情を作り上げたのだった。

「本当に、あなたなのね。」彼女は柔和な声で静かに言った。

わたしたちは黙って長椅子に腰をおろした。

彼女の幸せそうな目の表情には苦悩の色さえ見えた。恐らく、激しいまでに昂じた悦びの感情には、苦痛の表情も混じるものなのだろう。彼女もまた言いたかったのだ、

「あなたはなんて苦しげなのでしょう」と。

わたしは彼女の手を取った。彼女はもう一方の手の肘で体を支えていた。わたしたちの間には話すべきことは何もなかった……。手紙のこと、アルカージーのこと、驃騎兵のこと、コースチェンカのこと――みな取り止めのないことばかりだった。

やがてばあやが入ってきて、もう時間だと言った。わたしは大人しく立ち上がった。

彼女もわたしを引きとめようとはしなかった……。心はもうそれほどまでに満ち足りていた。交わす言葉は少な過ぎた、もっと多く話したかった、逢瀬は短過ぎた、もっと長く逢っていたかった、もっと、もっと――そんな思いは今の充足の前にみな消えて

いた……。

わたしたちが関門の外に出た時、ケッチェルは聞いた。

「どうだった、何か決めたかい。」

「何にも。」

「彼女と話したんだろう。」

「そういう話は一つもしなかった。」

「彼女は同意したのか。」

「聞かなかった。むろん同意に決まっているさ。」

「まったく君のやり方ときたら、まるで子供か狂人だね！」とケッチェルは眉を吊り上げ、腹立たしげに肩をすぼめながら言った。

「彼女に手紙を書くよ。それから君に知らせる。今日はこれでさよならだ！　さあ、急がねば！」

外は雪どけであった。溶けかけた雪がところどころ黒ずんで、雪原が道の両側に果てしもなく広がり、ここかしこの集落が、煙の中に見え隠れしていた。やがて月が上がって、すべてのものを違った光のもとに照らし出した。わたしは御者と二人きりであった。目は絶えず外の景色を眺めていた。けれども思いは常にあの部屋の中の、彼女の傍らにあった。道も、月も、草地も、何故か公爵夫人の客間と混ざり合っていた。そして奇妙なことには、わたしはばあややアルカージーの言葉の一語一語、さらにわたしを門まで送り出してくれた女中の言葉さえも覚えていたのに、わたしが彼女に何を語ったか、彼女がわたしに何を語ったかは、思い出すことができなかった！

絶え間のない気苦労の内に二カ月が過ぎた。金を工面し、洗礼証書《メトリカ》を手に入れることが必要であった――だが、洗礼証書は公爵夫人が先に取ったことが分かった。わたしの友人のひとり(2)が、あらゆる策略を用いて、刑事や書記官たちに金をやったり、頭を下げたり、ご馳走したりした挙句に、主教管区監督局から別の洗礼証書を手に入れてくれた。すべての準備ができた時に、われわれ、すなわち、わたしとマトヴェイとは出かけた。

五月八日の夜明けに、わたしたちはモスクワへの最後の駅逓場に着いた。御者たちは馬を借りに行った。蒸し暑い日であった。大粒の雨が落ちてきて、雷雨になりそうな気配であった。わたしは幌馬車から出ずに御者を急き立てた。傍らで、誰かがか細い、泣くような、間延びした奇妙な声で話していた。振り向くとそこには十六歳ほどの少女がいた。それは青ざめ、痩せこけて、ぼろを身にまとい、髪を振り乱していた。彼女は施しを乞うていたのだ。わたしは彼女に一枚の小さな銀貨を与えた。彼女はその銀貨を見て大声で笑い出した。しかし立ち去る代わりに、御者台によじ登って、わたしの方を振り向き、わたしの顔を真っ直ぐに見つめながら、きれぎれな言葉を呟き始めた。彼女の眼は濁っていて痛々しかった。髪の房が顔にかかっていた。彼女の病人じみた顔、理解し難いお喋りは、暁の光とあいまって、わたしの心にある種の神経的な危惧の念を呼び起こした。

「こいつはこの近所にいて、ちょっくら気が変でしての、つまり神がかりでござんすよ」と御者は言った。「おい、どこへ登ろうってんだ。むちでひっぱたいてくれるぞ、わかんねえのか、いいか、ひっぱたくぞ、図太いあまっちょだ！」

「おめえ何どなっているだ。あたいがおめえに何しただよう。このだんなが五コペイカ銀貨をくれたんだ、あたいがおめえに何したっていうんだよう。」

「ふん、もらったんなら、森のおめえの仲間の悪魔のところへ、とっとと失せやがれ。」

「あたいを連れてっておくれよう」と、少女は悲しげにわたしを見ながら付け加えた。

「お願いだよ、連れてっておくれよう。」

「モスクワで金とって見世物になるだか、世にも稀なる化け物でございい、海の蟹でございって言うだか」と御者は言った。「さあ降りろ、もう動くだよ……。」

少女は立ち去ろうともしないで、悲しげに見守っていた。わたしは少女に手荒なことをしないようにと、御者に頼んだ。彼は静かに彼女を抱きかかえて、地上におろした。

彼女は泣き出した。わたしも彼女と一緒に泣きたいような気持ちになった。

何故にこのような存在が、他ならぬこの日に、丁度わたしがモスクワに入ろうとしている時に、わたしの前に立ち現われたのだろう。わたしはコズローフの『狂える女』を思い出した。コズローフもまたモスクワの近くでそのような女に出会ったのである。

わたしたちは出発した。空気は雷電に満たされていて、鬱陶《うっとう》しく、重苦しく、生暖かかった。青い雨雲が幾つもの灰色の房を地上にまで垂れ下げながら、それらを引きずって、原野の上をゆっくりと動いて行った——するとにわかに稲妻がジグザグに、段をなして、斜めに雨雲を貫いた。雷が轟いて、雨が滝のように降り注いできた。わたしたちはロゴーシスカヤ関門まで十露里ほどの地点にいた。それにモスクワに着いてからでも、デヴィーチエ〔乙女〕が原まで行くには、一時間ほど馬車を駆らなければならなかった。わたしたちはケッチェルが待っていてくれるはずのアストラーコフの家に着いた。全身、一本の乾いた糸もないほどずぶ濡れになって。

ケッチェルは来ていなかった。彼は瀕死の婦人、レワショーワ(3)の枕辺にいたのである。この女性はロシアが生んだ驚嘆すべき人びとのひとりであった。彼女らがいる故に、人はロシアの現実と和解する。彼女らの全生涯は、友人たちの小さなグループの他には、誰にも知られていないある種の偉業である。どれほど多くの人の涙を彼女は拭ってやったことだろう。幾つもの打ち砕かれた魂の中に、どれほどの慰めを注いでやったことだろう。どれほど多くの若い生命を支えたことだろう！「彼女は愛情の中でおのれを使い果たした。」彼女の最も親しい友人のひとりで、ロシアに関する有名な書簡（『哲学書簡』）を彼女に捧げたチャアダーエフ[4]は、わたしにこう語った。

ケッチェルは彼女のことをそのままにして来ることができなかったのだ。そして、九時頃には来ると書いて寄こした。この知らせはわたしを不安に陥れた。激しい情念の虜になっている人間は、恐るべきエゴイストになる。わたしはケッチェルが来ないことによって、自分の計画が台無しになることばかりを心配していた……。時計が九時を打って、夜の祈禱を告げ知らせる鐘の音が鳴り渡り、それからさらに十五分が過ぎた頃には、わたしは熱病的な不安と臆病な絶望とに襲われていた……。九時半になった……。いや、彼は来ないだろう。病人の容態がきっと悪くなったのだ。わたしはどうしたらよいのか。モスクワに止まっていることはできない。公爵夫人の家の女中かばあやが一言でも不注意な口をきけば、すべてが知られてしまうだろう。引き返すことは可能であった。けれども、わたしは自分には引き返す力もないことを感じた。

九時四十五分に、ケッチェルが、麦わら帽子をかぶり、ひと晩じゅう眠らなかった人間に特有の、生気のない顔をして現われた。わたしは彼の方に飛んで行った。そして彼を抱きかかえながら、非難の言葉を浴びせかけた。ケッチェルは顔をしかめてわたしを見た。そして言った。

「アストラーコフの家からポーヴァル街まで行くのに、半時間では足りないと言うのかね。早く来たところでまる一時間もここで君とお喋りして過ごさなければならなかっただろう。ぼくだって早く来たかったんだが、だからといって、死にかかっている婦人をほったらかしてくるわけにはいかなかったんだ。レワショーワは」と彼は付け加えた。「君たちによろしく言っていたよ。その冷えかかった手で、成功を祈って、ぼくに祝福を与えてくれたんだ。役に立つこともあるだろうと言って、ぼくに暖かいショールもくれたよ。」

死に行く婦人からの挨拶は、わたしにとってこの上なく尊いものであった。暖かいショールは夜には大変役に立った。わたしは彼女に感謝の言葉を伝えることも、彼女の手を握ることもできなかった……。彼女は程なく死んだのである。

ケッチェルとアストラーコフとは出かけて行った。ケッチェルは〈ナタリー〉と一緒に関門の外へ出る手はずになっていた。アストラーコフは、すべてがうまく行ったかどうか、そして、どうすべきかをわたしに知らせるために、戻ってくることになっていた。わたしはアストラーコフの愛くるしい綺麗な奥さん(5)と家で待っていた。彼らもつい先頃結婚したばかりであった。燃えるような、熱情的な性格の彼女は、わたしたちの計画をきわめて熱心に手伝ってくれた。彼女は、ことさら快活そうな素振りで、万事がうまくゆくだろうということを、わたしに信じさせようと努めていた。けれども自分では、顔の表情が絶え間なしに変わっていたほど、不安に取り憑かれていたのである。わたしと彼女とは窓のそばに腰をおろしていた。話は弾まなかった。わたしたちはあたかも、叱られて空っぽの部屋の中に閉じこめられた子供のようであった。こうして二時間程が過ぎた。

世の中に、このような瞬間に、何もしないでただひたすら待っていることほど、人の心にとって破滅的に耐え難いことはない。友人たちは、当事者本人の肩からすべての重荷を取り去ることによって、大きな過ちを犯している。もし何もすることがないとしても、彼のためにすることを何か考え出しておいてやることが必要である。肉体的な仕事で疲れさせ、多忙な用事で気を紛らせてやることが必要である。

遂にアストラーコフが帰ってきた。わたしたちは彼の方に飛んで行った。

「万事この上なくうまく行っている。二人の乗った馬車がぼくのそばを駆け抜けて行ったよ」と、彼は外からわたしたちに向かって叫んだ。「すぐにロゴーシスカヤ関門の外へ行きたまえ。あそこの小さな橋の脇のペロフの旅籠屋の近くに、馬がいるはずだ。

しっかりやれよ！　途中で御者を替えるんだぜ、君がどこから来たか分からないようにね。」

わたしは弦を離れた矢のように飛んだ……。確かにペロフの近くに小さな橋が見える――けれども誰もいない。もう一方の側にも小さな橋があるが、そこにも誰もいない。わたしはイズマイロフ動物園のそばまで行ったが――やはりそこにも誰もいない。わたしは馬車をおりて、歩いて行った。行きつ戻りつしている内に、わたしは遂にもう一本の道に一台の馬車を見つけた。若い美男の御者がその脇に立っていた。

「背の高い紳士が」とわたしは彼に聞いた。「麦わら帽子をかぶって、一人ではない、お嬢さんと一緒に、ここを馬車で通って行かなかったかい。」

「誰も見なかったです」と御者は気乗りのしない調子で答えた。

「おまえさん誰を乗せてきたんだい。」

「だんながたですよ。」

「なんていう名前。」

「あんたに何の用事があるんだね。」

「おまえさんも困った男だね！　用事がなけりゃ、聞くはずがないじゃないか。」

御者はわたしをじろじろと見てから、微笑した。わたしの様子が彼に好感を与えたらしい。

「用事があるんなら、名前は自分で知ってるでしょう。どなたに用事があるんですね。」

「強情な男だな！　ケッチェルというだんなに用があるんだよ。」

御者はもう一度微笑した。そして、墓地の方を指さしながら言った。

「あすこの遠くの方に見えるでしょう、黒く。あれがそうですよ。お嬢さんも一緒です。帽子を持っていらっしゃらなかったんで、ケッチェルさんが自分のを貸してあげたんです、それが麦わら帽子ですよ。」

今度もわたしたちは墓地で会った。

……彼女は微かな叫び声をあげてわたしの首に抱きついた。

「もう離れない！」と彼女は言った。

「もう放さない！」とわたしは繰り返した。

ケッチェルは感動した。涙が彼の目の中で震えていた。彼はわたしたちの手を取って、震える声で言った。

「お二人とも、お幸せに！」

わたしたちは彼を抱いた。これはわたしたちの事実上の結婚式であった。

わたしたちは一時間以上もペロフの旅籠屋の別室にいた。マトヴェイを乗せた馬車はまだ来なかった。ケッチェルは眉をひそめていた。わたしたちにとって、不幸の可能性などは考えも及ばないことであった。わたしたち三人でそこにいることはかくも楽しかったし、あたかもこれまでいつも一緒にいたかのように、寛いだ気分であった。窓の前には木立ちがあって、下からは音楽が聞こえてきた。そしてロマたちが歌っていた。雷雨の過ぎたあとの、美しい天気であった。

わたしは公爵夫人が警察の追手を差し向けるとは思っていなかった。ケッチェルも同じ考えであった。家庭の問題に警察を立ち入らせることは、彼女の自尊心が許さないということを、わたしは知っていた。しかも、彼女はセナートルに相談しないでは何一つ企てることはなかったし、セナートルはわたしの父に相談せずには何もしないだろう。わたしの父はわたしがモスクワか、あるいは、モスクワの近くで警察に捕まること、すなわち、わたしが至尊の意志に背いたかどでボブルイスクかシベリアに送られるようなことに、決して同意しなかっただろう。危険があるとすれば、それはただ秘密警察の側からだった。しかし、すべてはきわめて迅速に取り運ばれたので、秘密警察もこれを知ることは難しかった。もし何かに気付いたとしても、流刑地から舞い戻ってきて、しかも、自分の花嫁を連れ去ろうとしている人間が、朝から夜晩くまで人びとの出入りしているペロフの旅籠屋で、のんびり腰を落ち着けていようとは、考えも及ばなかっただろう。

遂にマトヴェイを乗せた馬車も来た。

「もう一杯」とケッチェルが号令した。「道中の無事を祈って！」

それからわたしたちだけで、すなわち二人きりで、ウラジーミル街道を馬車で駆った。ブニコーヴォで馬を替えている間に、わたしたちは一軒の宿屋に入った。そこの女主人の老婆が注文を聞きに出てきた。そして、人の善さそうな様子でわたしたちを見ながら言った。

「ほんにまあ、わかい、べっぴんさんの奥さんだのう。おまえさんがた二人とも、神さまのお守りがありますように。かわいいめおとだのう。」

わたしたちは耳まで赤くなって、互いに顔を見合わすこともできなかった。そして、恥ずかしさを隠すためにお茶を注文した。次の日の五時過ぎ頃に、わたしたちはウラジーミルに着いた。一刻も無駄にはできなかった。わたしは花嫁をさる家族持ちの老官吏の下に預けて、万端の準備が整っているかどうかを確かめるために、急いで出かけた。だが、ウラジーミルでは一体誰が準備をしてくれたのか。

どこにも善良な人びとはいるものだ。ウラジーミルにはその頃、シベリア槍騎兵連隊が駐屯していた。わたしは士官たちをあまりよく知らなかったが、その内のひとりと公共図書館でかなりしばしば顔を合わせている内に、わたしたちは挨拶を交わすようになった。彼はきわめて礼儀正しく愛想がよかった。ひと月ほど経ってから、彼はわたしと一八三四年のわたしの事件〔「マーロフ事件」第一分冊二四〇ページ以下参照〕とを知っていると、わたしに言った。そして、自分もモスクワ大学の卒業生だと言った。ウラジーミルを発つにあたって、色々な面倒な用事を頼む人を探している内に、わたしはその士官のことを思い出し、彼のところへ行って、事の経緯《いきさつ》を正直に話した。彼はわたしの信頼に心から感動し、わたしの手を握ってすべてを約束した。そして、すべてを実行してくれた。

士官は完全な正装をしてわたしを待っていた。白い縁取りをしたひさしのない軍帽をかぶり、銃弾盒《じゅうだんごう》を肩にかけ、さまざまな撚《よ》り紐《ひも》を身にまとって。彼がわたしに伝えたところによれば、主教は司祭にわたしたちの結婚式を執り行なうことを許可したが、予め洗礼証書を見せるように命じたとのことであった。わたしは証書を士官に渡して、自分はもうひとりの青年のところに赴いた。これもモスクワ大学の卒業生である。彼は新しい規則に従って、知事官房での県庁二年勤務をやっていた。そして無聊《ぶりょう》に苦しんでいた。

「婚礼付添人になってくれますか。」

「誰の。」

「ぼくの。」

「え、あなたの。」

「ええ、ぼくのです。」

「よろこんで！　いつですか。」

「今すぐ。」

彼はわたしが冗談を言っているのかと思った。しかしわたしが手短かに事情を話すと、彼は嬉しさに身を躍らせた。秘密の結婚の付添人になり、色々と世話を焼く。もしかすると取り調べを受けるかもしれない。しかもすべてこれは何の気晴らしもない、小さな町の中でのことである……。彼は馬車と四頭の馬とをわたしのために調達することをすぐに約束してくれた。そして、汚れてない白いチョッキがあるかどうかを見るため、箪笥の方へ飛んで行った。

彼のところから帰る途中で、わたしは我が槍騎兵士官に出会った。彼は自分の膝に司祭を乗せて連れて来るところだった。色とりどりに着飾った士官が、太った僧侶と一緒に、小さな一頭立ての馬車に乗って行く姿を思い描いてほしい。僧侶は梳き分けた長いあごひげをはやして、絹の法服を着ている。その法服が槍騎兵のあらゆる不必要な装身具に絡みついている。この情景だけでも、ウラジーミルのゾロトエ門の通りにおいてばかりではなく、パリの並木通りや〔ロンドンの〕リージェント・ストリートにおいてさえ、人の目を引いたことだろう。だが槍騎兵はそんなことは考えてもいなかった。わたしの方も後になってから気付いたくらいのものだ。司祭は祈禱をしながら一軒一軒回っていた――それは聖ニコライの日であった。我が騎兵はどこかで無理矢理に彼を捕えて、拉致してきたのである。わたしたちは大主教の家に赴いた。

ここで事の次第を理解するためには、主教がこの問題に関わり合った顚末を物語ることが必要である。結婚式を行なうことに同意していた司祭が、わたしの出発の前の日になって急に、主教の許可がなくては結婚式を行なうことはできないと言い出し、彼はある噂を耳にして、それを恐れているのだと告げた。わたしと槍騎兵とがどんなに言って聞かせても、司祭はいっかな聞き入れようとしなかった。槍騎兵は連隊付の僧侶に話してみようと言った。この司祭はひげを剃り、髪をかりこんで、裾の長いフロックコートを着て、ズボンの裾を長靴の内側に入れていた。そして、兵士風のパイプで慎ましくたばこを吸っていた。彼はわたしたちの申し出の幾つかの詳細に感動したようではあったが、しかし、結婚式を執り行なうことは拒んだ。彼は「文官」の結婚式を行なうことは固く固く禁じられている旨を、ポーランド語とベラルーシ語の入りまじった訛《なまり》のある言葉で説明した。

「だがわたしたちはもっときびしく禁じられているんです」と士官は彼に言った。「許可なくして証人になったり、婚礼付添人になったりすることはね。そのわたしだって行くんですよ。」

「それはべちのことでしじゃ、イエシさまのおん前ではべちのことでしじゃ。」

「神は勇気ある者を助く」とわたしは槍騎兵に言った。「ぼくはこれから主教のところへ行きます。ところでちょっと聞きたいんですが、あなたは何故許可を求めないんですか。」

「必要がないんですよ。連隊長は妻君に話すでしょう、妻君は喋り散らして歩くでしょうからね。それに恐らく連隊長は許可しないでしょう。」

ウラジーミルの大主教パルフェーニーは頭の切れる厳格な、そして太っ腹な老人であった。管理の才に富み、一徹な人間であった彼は、知事にも将軍にもなることができただろう。しかもわたしの思うに、彼は大主教であるよりは、将軍である方がより適していただろう。しかし、そういうことにはならなかった。そして彼は、あたかもカフカースの師団でも指揮するように、おのが主教管区《エパルヒア》を指揮していたのである。わたしは彼が生ける死人〔修道僧のこと〕の特質よりも、行政官の特質を遥かに多くもっていることを認めた。けれども、彼は意地の悪い人間というよりも、むしろ一途な人間であった。すべての事務的な人間の常として、彼も色々な問題を速やかにはっきりと理解できた。そして、人が彼に要領を得ない説明を聞かせたり、彼の言うことを理解しなかったりすると、ひどく腹を立てた。このような人間と話し合うことは、大人しいが頭が弱くて決断力のない人間と話し合うよりも、概して、遥かにたやすい。県庁のある町の習慣に従って、わたしもウラジーミルに着いてから一度、聖体礼儀の後で、主教を訪問したことがある。彼は愛想よくわたしを迎え、祝福を与え、そして塩漬けの鮭をご馳走してくれた。それから、自分は目が弱くなって晩にはものを読むことができないのだと言って、いつかひと晩ゆっくり話しに来るようにと、わたしを招いた。その後わたしは二、三度彼のところへ行った。彼は文学の話をした。ロシアのすべての新しい本を知っていた。雑誌も読んでいた。こうして、わたしは彼とこの上もなく親密になった。それにもかかわらず、わたしはこの主教宅のドアを叩く時には、いつも幾らか恐怖の念を覚えたものである。

暑い日であった。パルフェーニー尊師は庭でわたしを迎えた。彼は蔭の多い、古い菩提樹の下に腰をおろしていた。僧帽を脱いで、その白髪は解きほぐれていた。彼の前には、姿のいい、頭の禿げ上がった長司祭が、帽子もかぶらず、太陽の照りつける下に立って、何かの書類を声に出して読んでいた。彼の顔は真っ赤になって、額には大粒の汗がにじみ出ていた。彼は、日の光に照らされてまぶしい紙の白さに、目を細めていた。だが、彼は敢えて一歩も前に出ようとはしなかったし、主教も彼に行ってもよいとは言わなかった。

「おかけなさい」と彼はわたしを祝福して言った。「すぐに終わります。これはわしらの管区の用事でな。続けなさい！」と彼は長司祭に向かって付け加えた。長司祭は青いハンカチで汗を拭い、脇を向いて一つ咳払いをしてから、再び読み始めた。

「何か珍しい話でもありますかな。」

パルフェーニーは長司祭にペンを渡しながらわたしに尋ねた。長司祭はこのうまい機会を捉えて、彼の手に接吻した。

わたしは司祭から断られたことを彼に話した。

「証書をお持ちかな。」

わたしは知事の許可証を見せた。

「これだけですかな。」

「これだけです。」

パルフェーニーは微笑した。

「花嫁さんの方のは。」

「洗礼証書があります。結婚の当日に持ってくるはずです。」

「結婚はいつ。」

「あさってです。」

「どうです、家は見つかりましたかな。」

「まだです。」

「よろしいかな」とパルフェーニーはわたしに言って、指を下唇にあて、開いた口を指で頬の方に引っ張った。これは彼が好んでする奇癖の一つであった。

「あなたは賢い人じゃし、本も沢山読んでおる。だが、古い雀はおいそれとはだまされんもんじゃ。あなたには、何かしっくりせんところがある。わしを訪ねてきなさったからには、一つ懺悔する気持ちで、良心に従って、あなたの問題をわしに話してくれた方がよろしいじゃろう。したら、わしも何をしたらいいか、何をしたらいけんか、つつまずに話しましょう。どのみち、あなたのためにならんような忠告はしませんのじゃ。」

わたしは自分のしていることが少しも疚《やま》しいところのない、公正なことだと思っていたので、彼にすべてを語った。むろん、不必要に詳細な点に立ち入ることは避けた。老人は注意深く聞いていた。そして、しばしばわたしの目の中を覗き込んだ。その時わかったことだが、彼は公爵夫人の古い知り合いであった。従って、わたしの話の真実さをある程度自ら確認することができたのである。

「分かります、分かります」とわたしが話し終わった時に彼は言った。「よろしいかな、わしから公爵夫人に手紙を書きましょう。」

「平和な手段ではどうにもならないことは明らかなんです。気紛れ、冷酷、それがとてもひど過ぎるんです。わたしはあなたのお望み通りにすべてをお話ししました。そこで付け加えて申し上げたいことがあります。もしも、あなたがわたしを助けてくださらないならば、わたしは自分がいま静かに、しかし正直に公明にやっていることを、今度は人から隠れて、こそこそと、そして金で買収したりしながら、やらなければならなくなるでしょう。これだけはあなたに断言できます。牢獄も、新しい流刑も、わたしを引き止めることはできないということです。」

「やれやれ」とパルフェーニーは立ち上がって、背伸びをしながら言った。「なんて無鉄砲な男じゃろう！　ペルミだけでは足らんので、山からすってんころりんと落っこちてみたいんじゃろう。一体、誰が駄目だと言ったかね。結婚しなさい。掟に背くようなことは、何もないはずじゃ。ただ内輪で、穏やかに運んだ方がいいのじゃ。あなたの司祭をわしのところへ寄こしなさい。なんとか説きふせてやる。ただこれだけは忘れぬように。花嫁の方の書類がなくては、それはでけんということをな。それでもまだ「牢獄も流刑も」かね！　きょう日の若《び》い人には困ったもんじゃ！　ではごきげんよう。あなたのおかげで、わしは公爵夫人と仲違いをせんけりゃならん。」

こうして槍騎兵の他に、ウラジーミルおよびスーズダリの大主教たる、パルフェーニー尊師がわれわれの陰謀に加わることになったのである。

わたしが予め知事の許可を申請した時、わたしは自分の結婚を少しも秘密にはしなかった。これは人から要らぬ取り沙汰をされないための、最も確実な手段である。それに、わたしがウラジーミルから出る権利を持っていない以上、わたしの婚約者がウラジーミルに来ることはきわめて当然のことではなかろうか。こういう事情のもとで、わたしたちができるだけ質素に結婚式を挙げようと望んだこともまた当然である。

わたしたちが五月の九日に司祭と共に大主教のところへ赴いた時、見習い修道僧は大主教が朝から郊外の自分の家に行っていて、夜まで帰ってこないだろうと告げた。すでに晩の七時過ぎだった——十時を過ぎて結婚式を行なうわけにはゆかない。次の日は土曜だった。どうしたらよいか。司祭は怖気づいた。わたしたちは主教の聴悔司祭である修道司祭の部屋に入った。修道司祭はラム酒を入れたお茶を飲んでいた、そして、きわめて寛大な気分になっていた。わたしは彼に要件を話した。彼はわたしのためにお茶をつぎ、わたしがそれにラム酒を加えることをしきりに勧めた。それから彼はとてつもなく大きな銀ぶち眼鏡を取りだして、証書に目を通した。裏返して、何も書いてない方を見てから、それを畳んだ。そして、司祭に渡しながら言った。「このうえなく完全な証書です。」司祭は相変わらずためらっていた。わたしは、今日中に結婚しないと、恐ろしい手違いを生じかねないと、父なる修道司祭に話した。

「延ばすことはありません」と修道司祭は言った。「わしが主教さまにお話ししておきます。式を行ないなさい、イオアン師よ、行ないなさい。父と子と聖霊の名において、アーメン！」

僧侶は何も言うことがなかった。彼は挙式許可書を書くために出て行った。わたしは〈ナタリー〉を迎えに馬車を駆った。

……わたしたちが、他人を交えずに、二人きりでゾロトエ門から出てきた時に、今まで雲に覆われていた太陽が、最後の明るい赤い光で、目映《まばゆ》いばかりにわたしたちを照らした。それがきわめて華麗で、そして楽しげだったので、わたしたちは期せずして、「わたしたちを見送ってくれているのだ！」と同じ言葉を叫んだのであった。わたしはこれらの言葉を口にした時の彼女の微笑と、握りしめたその手の感触とを、今なお忘れられない。

町から三露里ほど離れた御者街の小さな教会にひと気はなかった。聖歌隊の姿も見えず、火の灯った枝付き燭台もなかった。槍騎兵の兵卒が五人ほど通りがかりに中へ入って来て、そして、出て行った。年老いた輔祭が小さな、弱々しい声で歌っていた。マトヴェイは喜びの涙を浮かべてわたしたちを見ていた。若い付添人たちが、重い冠を手に持って、わたしたちの背後に立っていた。それらの冠はウラジーミルのすべての御者たちの結婚の時にも用いられたのだろう。輔祭は震える手で縁結びの、銀の笏《しゃく》を渡した……。教会の中は暗くなっていて、聖像の前に、幾本かの大きいろうそくが燃えているばかりであった。これらすべては、他ならぬその簡素さの故に、きわめて美しかった。少なくともわたしたちにはそう思われた。大主教は通りがかりに、教会の戸が開いているのを見て、馬車を止め、人をやって何が行なわれているのかを尋ねさせた。司祭は幾らか青ざめて自ら彼のところへ出て行ったが、一分後には嬉しそうな様子をして戻ってきて、わたしたちに言った。

「尊師さまにおかれましては大主教としての祝福をあなたがたにお贈りくださいました。そして、あなたがたのためにお祈りしていると伝えるように、お命じになりました。」

わたしたちが家に帰る頃には、秘密の結婚についての噂が町中に広まっていて、奥方たちは露台に出ていた。家々の窓は開け放されていた。わたしは馬車のガラスを開けた。そして、黄昏が「新婦」を見せる妨げになっていることを、いささか残念に思った。

家でわたしは、付添人たちやマトヴェイと共に、二本のワインを空けた。付添人たちは二十分程いて帰り、わたしたちだけが残った。またしてもわたしたちにとって、かつてペロフの店にいた時のように、これはきわめて自然な、単純な、分かりきったことのように思われた。だからむろん、わたしたちは少しも驚かなかった。けれども後になって、幾月もの間、この同じことに何度驚いても驚き足りなかったのである。

わたしたちの住いには三つの部屋があった。わたしたちは客間の小さなテーブルの前に座った。そして、過ぎ去った幾日かの疲れを忘れて、夜のひと時を語りあった……。

婚礼の宴《うたげ》に縁もゆかりもない人たちが群れ集うことは、わたしにはいつも粗暴で無作法な、ほとんど恥知らずなことに思われた。恋のヴェールをかくも急いで引きはがし、関わりのない冷たい人たちを、家庭の秘密の中にこのように引き入れることが何の役に立つのだろう。花嫁《い》として人びとの前に晒された可哀想な娘の上に、すべてこれらの使い古された挨拶や擦り切れた低俗さ、愚かしいほのめかしがどれほどの辱めを与えることだろう……。デリケートな感情はいささかも尊重されないで、婚礼の豪華さ、夜の衣裳の魅力が客たちを驚かせるためばかりではなく、すべての暇人にまで示される。だがそれが済んでも、始まろうとする新しい生活の最初の日々は、その一刻一刻が大切であり、どこか遠くの孤独の中に過ごされなければならないにもかかわらず、あたかもそれらを嘲るように、いつ果てるとも知れない会食や退屈な舞踏会や人いきれの中に過ごされるのである。

次の日の朝、わたしたちは広間に二株のバラと、とても大きな花束とを見つけた。これはわたしたちのロマンスに熱烈な共感を寄せてくれた、心優しいユリヤ・フョードロヴナ(6)が送って寄こしたものであった。わたしは知事の家の下男を抱いて幾度も接吻した。それからわたしたちは、直接に彼女のところへ出かけて行った。「新婦」の嫁入道具は二揃えの服――一つは旅行服、もう一つは婚礼服――だけだったので、彼女は婚礼服を着て出かけた。

ユリヤ・フョードロヴナのところから、わたしたちは大主教の家に寄った。老人は自らわたしたちを庭に案内し、自ら花を切りとって、花束を作ってくれた。そして、わたしが自分を亡ぼすという予告によって彼を脅かした次第を〈ナタリー〉に物語り、最後に家政を勉強するように忠告した。

「きゅうりの塩漬けの作り方を知っていますかな」と彼は〈ナタリー〉に尋ねた。

「存じております」と、彼女は笑いながら答えた。

「おお、どうもあまり信用でけんようじゃが。これは大事なことですじゃ。」

晩にわたしは父に宛てて手紙を書いた。わたしはすでに済んだことに対して腹を立てないように、「神がわれわれを結び付けたのだから」、わたしを許し、祝福を添えてくれるようにと、彼に頼んだ。わたしの父は普段一週間に一度ずつ数行の手紙をわたしに書いてきていたが、今度も、彼は返事を一日も早めることもなく、また遅らせることもなかった。手紙の書き出しさえもいつもの調子であった。

「五月十日付のお前の手紙を、わたしはおとといの五時半に受け取った。その手紙で、神がお前をナターシャと結び付けたことを知って、やや遺憾に思っているが、わたしは神の意思にいささかも不平をとなえるものではない。そして、神がわたしに下したまう試煉に大人しく従っている。しかし、金はわたしのものであり、お前はわたしの意志に応えることを必要とは考えていないようであるから、わたしはお前に言っておく。年に一千ルーブルという今までの定額に、一コペイカも付け加えることはできない。」

わたしたちは宗教的な権力と俗世的な権力との、この分割を心の底から笑ったものだ！

しかし、送金の追加はわたしたちにとって深刻な問題だった！　わたしの借りた金はもうほとんどなくなりかけていた。わたしたちは一文無しだった。正真正銘の無一文だった。服も下着も食器もなかった。わたしたちは自分たちの小さな家から一歩も出ることができなかった。外出着がなかったからだ。マトヴェイは経費を減らそうとして、料理番になる必死の試みをした。しかし、ビフテキとカツレツの他には、彼は何一つ作れなかった。そこで、たいていは出来合いの食料品で間に合わせた。すなわちハム、塩漬けの魚、牛乳、卵、チーズ、ひどく固くてあまり新しくもない、薄荷《はっか》入り蜜菓子の類。正餐はわたしたちにとって笑いの尽きざる泉であった。時には最初に牛乳が出た。これはスープの代わりである。時にはそれがデザートの代わりに一番後に出ることもあった。これらのスパルタ式な食事の後で、わたしたちは公爵夫人や父の家の食卓での、延々と続く祈禱の儀式を微笑しつつ思い浮かべるのであった。あそこでは半ダースもの給仕が鉢や皿を持って部屋の隅から隅へと駆け巡り、実際はきわめて質素な食事を、その荘重な演出によって補っていたのである。

こうしてわたしたちは貧乏しながらも、一年ほどの間を何とか暮らしていった。「化学者」が一万紙幣ルーブルを送ってきてくれた。その内六千は借金の払いに当てた。残りはわたしたちにとって大きな助けとなった。遂にわたしの父もわたしたちを、要塞のように、兵糧攻めにすることに飽きた。彼は送金の定額を増すことはしなかったが、時々見舞いの金を送ってくるようになった。もっともわたしとしては、彼の例の〈わたしは区別する〉のあと、金のことについて一言も書き送ったことはなかったのだが。

わたしは別の家を探し始めた。ルィベチの対岸に、庭のある大きな貴族屋敷が空き家になって、貸しに出ていた。これはカルタで身代をなくしたさる公爵の未亡人が所有していたもので、家賃は格段に安かった。遠くて不便であったせいもあるが、主な理由は公爵夫人が、その家の僅かな一部を、何の仕切りもしないで、自分の息子である十三歳ほどの悪戯っ子とその召使たちとのために使いたい、という条件を付けていたからである。誰もこのような雑居権に同意する者はいなかった。だが、わたしはすぐに同意した。わたしにはこの家の部屋の高い天井、大きな窓、樹木の多い広々とした庭などが気に入ったのだ。しかし、このような天井の高さや窓の広さは、動産や生活必需品をまるっきり持たない生活とは、きわめて滑稽な対照をなしていた。公爵夫人の倉庫の鍵番は善良なお婆さんで、マトヴェイに対して並々ならぬ好意を持っていた。そして、自分の一存でわたしたちに、ある時はテーブル・クロスを、ある時は茶碗を、またシーツやフォークやナイフの類まで提供してくれた。

わたしたちはゾロトエ門のそばの三部屋の小さな家や、その後の公爵夫人の家で、何と明るい、穏やかな日々を過ごしたことだろう！……二度目の家には、家具のほとんど置いていない大きな広間があった。時々わたしたちは子供っぽい気持ちになって、広間を駆け回ったり、椅子の上を跳び歩いたり、壁についているシャンデリアのすべてにろうそくを灯して、広間を〈真昼のように〉明るくして、詩を朗読したりした。マトヴェイも若いギリシア人の女中もいつもこれに加わって、わたしたちにも負けないほど騒ぎ回った。秩序はわたしたちの家では〈勝利しなかった。〉

こうした子供じみた振舞いもあったが、わたしたちの生活は真面目なものであった。静かな、平和な小都市の中に投げ捨てられて、わたしたちは互いにすっかり心を委ね合っていた。時折、親しい友人の誰かについての知らせや、熱烈な共感の挨拶が送られてくることはあっても、その後にはまたもや二人きりが、それも完全な二人だけの生活が戻ってくる。しかし、この二人だけの生活の中で、わたしたちの胸は幸福によって閉ざされていたのではない。むしろそれは、今までよりももっと広く、あらゆる関心に向かって開かれていたのである。その頃のわたしたちの生活は、充実したものであった。そして、それはあらゆる方面に向けられていた。わたしたちは思索し、読書し、あらゆることに熱中し、そして、再び自分たちの愛情の一点に立ち戻るのであった。わたしたちは自分たちの考えていることや夢見ていることを比べ合い、何から何まで共感し合っていることを知って驚いた。物の見方感じ方や、好き嫌いの感覚など、微妙なほとんどあるかなきかのニュアンスの差に到るまで、すべてが似通い、すべてを共有できたのである。違う点と言えばただひとつ、わたしたちの同盟の中に〈ナタリー〉が、愛する女のあらゆる詩情を備えた若い娘に特有の、物静かで柔和で優雅な要素を持ち込んだのに対して、わたしの方は、生き生きとした活動性、わたし流の〈不断の動き〉を、限りない愛情を、さらには、真面目な理念と笑いと危険思想との混合物を、そして、実現し難い計画をひと握り持ち込んだことであった。

「……わたしの望みは先へ進むことをやめた。わたしは満足であった。――わたしは現在に生きていた。明日という日から何ものをも期待しなかった。それがわたしから何ものをも奪い取りはしないだろうということを、何の気掛りもなく、信じていた。個人の生活がこれ以上のものを与えることはできなかった、これが限度であった。どんな僅かな変化もいずれかの面でそれを減少させたに違いない。

春になって、オガリョーフが数日の予定で自分の流刑地から訪ねてきた。その頃、彼は目覚ましい勢いで成長しつつあった。しかし、その彼もまた、やがて悲しい試煉を経験しなければならなかった。ときおり彼は不幸が近付いていることを予感していたかのようであった。しかし、まだそれから身をかわし、そして、運命の振り上げた手を夢と思い違えることもできた。わたし自身もその頃、これらの黒雲が吹き散らされて行くものと思っていた。無頓着ということはすべての若い、そして、力を失っていない人間に固有のものである。そこには人生への、自分自身への信頼の念が表われている。自分の運命を完全に支配しているのだという意識が、われわれを眠り込ませる……。だが暗い力、卑しい人びとは、一言も言わずに、深い淵のそばへと、われわれを引きずってゆく。

人間が疑いを抱かなかったり、あるいは目を閉じ、忘れてしまえることはいいことだ。不安があっては完全な幸福はない。完全な幸福とは、凪《な》いだ夏の海のように、平穏なものだ。不安は、カルタの札の配られるのを待つ時のように、人を魅惑してやまない物狂おしい熱中をもたらす。しかし、これは調和の取れた無窮の世界の感覚からはほど遠い。それ故、これが夢であろうとなかろうと、わたしは人生へのこの信頼の念を、人生そのものがこれに逆らい、目を覚まさせるまで過大に評価するのである……。中国人たちは阿片への見境いのない耽溺《たんでき》の故に死ぬのである……。」

一八五三年にわたしはこれらの言葉をこの章の結びとした。今度もこれをもってこの章の結びとしたい。

第二十四章　一八三九年六月十三日[1]

一八三八年も終わりに近い、長い冬のある晩のこと、わたしたちはいつものように二人きりで、本を読んだり読まなかったり、お喋りしたり沈黙したり、言葉のない対話を続けたりしていた。外は厳しい寒さで、部屋の中は少しも暖かくなかった。ナターシャは気分が悪いので、ケープをかけて長椅子に横になっていた。わたしは彼女のそばの床に座っていた。読書もはかどらなかった。彼女はぼんやりと、何か別のことを考えていた。何かが彼女の心を捉え、彼女の顔付きも変わっていた。

「アレクサンドル」と彼女は言った。「わたし内緒の話があるの、もっとこっちへいらっしゃい。耳を貸して、それとも、言わない方がいいわ。当ててご覧なさい。」

わたしは察してはいたが、彼女が自分でそれを言うことを求めた。彼女の口からこの知らせを聞きたかったのだ。彼女はわたしに言った。そして、わたしたちは心をときめかせ、目に涙を浮かべて、互いに見交わした……。

……人間の心というものは、幸せや悦びを何と豊かに受け入れることができるのだろう。人びとは詰まらないことに気を遣うことなく、ただ自分の幸せ、自分の悦びに心を委ねる術を知っていさえすればいいのだ。現在を妨げるものはたいてい外面的な不安、無用の心労、苛立ちやすい片意地な心である――すべてこれらは空しい虚飾、日々の生活の愚かな成り立ちが人生の真昼にもたらす塵芥《ちりあくた》のようなものである。われわれは人生の最良の瞬間を、あたかもそこには無限の蓄えがあるかのように、蕩尽している。

人生そのものが、持ち前の押し付けがましい気前よさを発揮して、なみなみと注いで差し出してくれている酒杯を、両の手でしっかりと頂かなくてはならないその時に、われわれはたいてい明日のことを、来年のことを思い煩っている。杯は他人の手に渡ってしまわない内に飲まねばならない。大いに飲まねばならない。自然はいつまでももてなしを勧めてくれるわけではないのだから。

本来、われわれの幸せには、これ以上何も付け加える必要はなかったはずだが、しかるに、子供が生まれるという知らせは、歓喜、不安、期待という、われわれの心には未知の新しい領分を開いて見せてくれたのであった。

幾分か怯え、不安にかき乱された愛情というものはひとしお細やかになり、ひとしお優しい配慮を加えるようになるものだ。愛情は二人のエゴイズムから三人のエゴイズムとなるばかりではない。それは三人目の者のための二人の献身となる。家庭は子供たちと共に始まる。新しい要素が生活の中に入り込んで、何か神秘的なものが生活のドアを叩く――これは存在しながらも、また存在しない、しかしもはや不可欠の、そして熱心に待たれている客である。それが誰であるかは、誰も知らない。しかし、それが誰であっても、とにかくそれは幸福な未知の人である。人生の戸口において、それは何たる愛情をもって迎えられることだろうか！

だがその時、胸苦しい不安も訪れる。それは果たして命をもって生まれてくるだろうか。沢山の不幸な例があるではないか。医者は問いに対してただ微笑するばかりだ。「彼は何も分かっていないのか、それとも語りたがらないのだ。」他の人たちの前にはまだすべてが隠されている。聞くべき人もいない。それに、聞くことは気恥ずかしくもある。

しかし、やがて子供は生命の兆しを示す。外に出ようとして、まだ出来上がりきらない筋肉を動かしている。未来の生命の最初の動きを感ずる時に魂を満たす感情ほど、崇高な、そして宗教的な感情をわたしは知らない。これは父親が生まれ出る者の存在を祝福し、おのが生命の一部をそれに譲るための最初の儀式である。

「わたしの妻は」とある時ひとりのフランスのブルジョアがわたしに言った。「わたしの妻は」と彼は辺りを見回して、女や子供のいないことを確かめてから、囁き声で言い足した。「身重になりました。」

確かに、あらゆる道徳的概念の混乱の故に、懐妊は何かふしだらなことのように思われている。母親というものに対しては、それがどんな女であろうと、無条件の尊敬が要求されるが、誕生の秘密は隠される。それも、尊敬や深い謙譲の念からではなく、体面のためにである。すべてこれは観念の放逸であり、修道院の淫蕩であり、呪われるべき肉の生贄である。すべてこれは――マグデブルクの半球のように、われわれを二つの異なる方向に引っぱる不幸なる二元論である。ジャンヌ・ドロアン〔フランスの評論家〕は、その社会主義にもかかわらず、「婦人年鑑」の中で、将来子供たちは別な生まれ方をするようになるだろうと、ほのめかしている。別な生まれ方とはどういうことか。――天使のような生まれ方か。そう、それならばよく分かる。

われわれの教師、老いたるリアリスト、ゲーテに名誉と栄光あれ。彼は、ロマン主義の清浄なる処女たちと並んで、身籠れる女をも描く勇気を持っていた。そして、未来の母の変形した姿を、未来の女のしなやかな肢体と比較しながら、おのれの力強い詩によって彫り刻むことを恐れなかった。

過去の歓びの思い出と共に、愛の十字架、愛の重荷を余すところなく担う女、美や時間や苦痛を代価として、乳房で命を育む女――これは最も優美な、そして、最も感動的な人間の姿だ。

ローマ哀歌、『紡《つむ》ぎ女』、グレートヒェンとその絶望の祈りの中で、ゲーテは自然が熟《う》れる果実の上に与えるすべての荘厳なものを、また、社会が未来のこの器の上にかぶせるすべての荊を表現したのである。

愛の果実を恥ずべきものとして隠そうとする哀れな母親たち――その彼女らを世間は何と荒々しく、無慈悲に追い立てていることだろう。しかも女性にとって安静と労りとが最も必要とされている時に、命が弱まりながらも、過剰なほどの幸せのもとで目指している充実の掛けがえのない時に、世間は母親たちを毒しているのだ。

……恐怖と共に秘密は少しずつ開かれてゆく。初めの内、不幸な母は自分にただ気のせいだと思いこませようと努める。しかし、やがて疑問の余地はなくなる。体の中の子供のすべての動きは、彼女にとって絶望と涙との種である。彼女は生命の密かな動きを押し止め、引き戻したいとも思う。彼女は哀れみを待つように、赦しを待つように、不幸を待つ。しかし、拒み難い自然はおのが道を歩む。彼女は健康なのだ、彼女は若いのだ！

母親をしておのれの子供の死を望むことを余儀なくさせ、時にはそれ以上のこと――彼女を子供の絞殺者たらしめ、その後で彼女を社会の絞殺者の手によって罰し、あるいは、もしその女が強い心を持っている場合には、汚辱の衣を彼女に着せること――これは何と賢明にして、かつ道徳的な秩序であることか！

母親が愛から恐怖への、恐怖から絶望への、絶望から犯罪、あるいは、狂気（何故なら幼児殺しは生理的異常であるから）への恐ろしい道を辿って行く間に、彼女の心の中にどのようなことが起きていたかを推測してみた者がいるだろうか。彼女が自分の未来のみどり児を熱烈に愛した、忘我の瞬間もあったはずだ。子供の存在が彼ら二人の間の秘密であった間は、なおさらのことだろう。彼女は子供の小さな足や乳くさい微笑みを思い描いて、夢の中で子供に接吻し、彼女にとってかくも尊かった者との似たところを、子供の中に探し求めようとしていた時もあったはずだ……。

「だが彼女たちはこれを感じているだろうか。むろん不幸な犠牲はある……。しかし……他の者は、しかし、一般には？」

ロンドンの街々の霧やぬかるみの中を夜毎に徘徊する、これらのこうもり、社会が真面目な女たちをその崇拝者たちの過度の情欲から守る手段としている、これらの無知と貧困と餓えの犠牲者たちよりも、もっと低いところへ落ち込むことは難しい。そしてもちろん、確かに彼女たちの中に母性的感情の痕跡を求めることくらい困難なこともないだろう。

だが、わたしが体験した小さな出来事を、ここであなたがたに物語ることをお許しいただきたい。三年ほど前、わたしはひとりの若く美しい娘に出会った。彼女は淫蕩の世界の名誉市民に属していた。すなわち民主的に「大道」を歩かず、さる商人の囲われ者として、ブルジョア的に生活していた。これは公開舞踏会でのことであった。わたしと一緒にいた友人が彼女を知っていた。そして、桟敷でワインを開けようということになり、彼女を招いた。彼女が招きに応じてきたことは言うまでもない。これは陽気な屈託のない女で、恐らくプーシキンの『石の客』の中のラウラのように、マドリードの番人が「天気はいい」と叫ぶのを聞いても、どこか遠くのパリでは寒いだろう、などと言って憚ることのない女性であった……。最後の杯を飲み干して、彼女は再びイギリス風の踊りの重苦しい渦の中に身を投じた。それきり、彼女はわたしの視界から消えた。

今年の冬、ある天気の悪い晩に、わたしは降りしきる雨を避けようと、通りを横切ってポール・モールのアーケードの下に入ろうとした。アーチの蔭の街灯の下に、みすぼらしい身なりをした女が寒さに震えて立っていた。恐らく獲物を待っていたのだろう。彼女の顔にわたしは見覚えがあるように思われた。彼女はわたしを見て、顔を背け、隠れようとした。わたしは彼女が誰であるかを思い出した。

「どうしたんですか」とわたしは同情して訊いた。

鮮やかな赤味が彼女のやつれた頬に浮かんだ。これは恥じらいのせいか、胸の病のせいか、わたしは知らない。ただ、これは頬紅ではなかったようだ。彼女は二年半の間に十歳も老けて見えた。

「長いこと病気をしてましてね。そして、ずいぶんふしあわせでしたわ。」彼女は深い悲しみの色を浮かべながら、目で自分の着古された服を示した。

「あなたのお友達はどこにいるんです。」

「クリミアで戦死しました。」

「何かご商売をしていたんでしたね。」

彼女はうろたえた。そして、返事の代わりに言った。

「今でもまだ病気が大変悪いんです。それに仕事がまるっきりありませんし。どうでしょう、わたし、ずいぶん変わりましたでしょう」と、急に彼女は困惑の面持ちでわたしを見ながら言った。

「ずいぶんとね。あの頃、あなたはお嬢さんのようでした。でも、今は賭けをしてもいいですが、あなたにはお子さんがいるのでしょう。」

彼女は真っ赤になって、ある種の恐怖の念をもって言った。

「どうしてお分かりになるんですの。」

「それは分かりますよ。さあ、実際、どういうことがあったのか、お話ししてくださ
い。」

「なんにもありません。ただあなたのおっしゃる通り、わたしには小さな男の子がおります。どんなにいい子だか知っていただけたら、これらの言葉を口にする時、彼女の顔は生き生きとしてきた。「ほんとにいい子なんですのよ！　近所の人たちもみんな感心しているんです。なのにあの人は金持ちの女と結婚して、大陸へ行ってしまいました。子供はその後で生まれたんですの。わたしが今こんなになっているのも子供のためです。初めの内はお金があったので、どんなに大きな店ででも何でも買ってやれましたが、それから段々といけなくなって、何もかも「質入れ」してしまいました。子供を田舎に預けろって言ってくれる人もありました。確かにそうした方がよかったんでしょうが、できないんです。子供の顔を見ると――駄目。一緒に死んだ方がいいと思いますの。勤め口を探してみても、子供がいたんでは、雇ってくれませんしね。それで母親のところへ帰りました。いい人ですから、ちっとも怒らないで、わたしを許してくれて、子供を可愛がって、よくしてくれましたが、急に寝たきりになって、もう五カ月になり

ます。医者や薬屋にも、もう払いきれなくなって、ご存知のように、今年は石炭もパンも、何もかも高くてね。餓え死にする他ないですわ。それでわたしはむろん」と彼女は言い淀んだ。「こんなことより……、テームズにでも飛び込んだ方がましなわけでしょうけどね。でも子供が可哀想で、誰に預けてゆけるでしょう、あんなに可愛らしい子なのに！」

わたしは彼女にちょっとしたものを与え、さらに一シリングを引き出して言った。

「これで子供さんに何か買ってやってください。」

彼女は嬉しそうに金を受け取って、それを手に持っていたが、急にそれをわたしに返して、悲しく微笑しながら、付け加えた。

「そんなにご親切にしてくださるんだったら、ご自分でどこかの店で何かを買ってくださいな。おもちゃでも。うちの可哀想な子は、生まれてからまだ誰からも、何にももらったことがないんですもの。」

わたしは感動して、この見棄てられた女を見た。そして、愛情をこめてその手を握った。

椿の花や真珠を身に付けた、この種のすべての婦人たちの名誉回復を望む者たちは、むしろ、ビロード張りの家具やロココ風の寝室を捨てておいて、不幸な餓えて凍えた堕落

——おのが生贄を無理やり破滅へと引き込みつつ、思い直すことも後悔することも許さないような宿命的な堕落を、もっと近付いて観察すべきだろう。骨董屋はけばけばしい、紛いものの衣類をかきまわしている時よりも、道の傍らのドブの中に、よりしばしば高価な宝石を見いだすことがあるものだ。

このことはわたしに『ファウスト』の聡明なる翻訳者で、昨年ピストル自殺をとげた気の毒なジェラール・ド・ネルヴァル(2)のことを思い出させた。彼は死ぬ間際の頃には、五日も六日も家を空けることがあった。遂に、彼が関門のそばの最下等の飲食店、例えばポール・ニケ(3)のようなところで時を過ごしていること、また彼がそういうところで、泥棒やあらゆる種類のならず者たちと知り合いになって、彼らに酒を振舞ったり、彼らとカルタをしたり、時には彼らの保護の下に眠ったりしていることが明らかになった。彼のかつての友人たちは彼を戒め、それが恥ずべき行ないだということに気付かせようとした。ネルヴァルは好人物らしい言い訳をしながら、ある時彼らに言った。

「まあ聞いてくれたまえ、君たちはひどい偏見を持っている。ぼくは断言するけどね、こういう社会の連中だって、ぼくが今まで付き合って来た他の人たちより、決して悪い人間ではないんだぜ。」

人びとはかねてから彼を狂人ではないかと疑っていた。こんなことがあってからは、この疑いは確信に変わっただろうと、わたしは思う。

　宿命の日が近付きつつあった。恐ろしさは募る一方であった。わたしはへつらうような気持ちで医者を、また「産婆」の神秘的な顔を見た。ナターシャも、わたしも、若い女中も、出産のことについては何の知識もなかった。幸いにして、この時わたしの父の依頼を受けて、ひとりの賢い実際的なてきぱきした老婦人が、モスクワからわたしたちのもとに来た。プラスコーヴィア・アンドレーエヴナ[4]はわたしたちの頼りない状態を見て、支配権を専制的に手中に収めた。わたしは奴隷のように服従した。

　ある夜、わたしは誰かの手がわたしに触るのを感じた。わたしが目をあけると、プラスコーヴィア・アンドレーエヴナが室内帽をかぶり、ジャケットを着て、手にろうそくを持ってわたしの前に立っている。彼女は医者と「産婆」とを呼びにやるように命ずる。わたしは失神せんばかりになった。まるでこの知らせがわたしにとってまったく予期しなかったものであるかのように。できることなら、阿片を飲んで、寝床にもぐり込んで眠っている間に、危険をやり過ごしてしまえたらどんなにいいだろうにと思った……。しかしどうにも仕方がない。わたしは震える手で服を着ると、大急ぎでマトヴェイを起こしに行った。

わたしは遠くから馬車の音が聞こえて来ないかと思って、何度となく寝室から玄関へと飛び出して行った。何もかも静かであった。庭では、暖かい六月の空気の中で、朝の風が微かにそよいでいた。小鳥たちが歌い始め、朝焼け空の鮮やかな赤い光が木の葉を薄く染めていた。わたしはまたしても寝室に駆けこんで、善良なプラスコーヴィア・アンドレーエヴナに愚かしい質問を浴びせかけ、震えながらナターシャの手を握った。何をしたらよいか分からないで、おののき、そして熱に浮かされたようになった……。だが遂に馬車がルィベチ川の橋の上を駆けてくる──ああよかった、ようやく間に合った！

朝の十一時に、わたしは強い電気の衝撃を受けた時のように身震いした。わたしは生まれ出た者の甲高い叫びを耳にした。「男の児です！」──とプラスコーヴィア・アンドレーエヴナが湯舟の方に歩いて行きながらわたしに叫んだ。わたしは赤ん坊を枕の上から抱きあげようと思ったが、できなかった。わたしの手はひどく震えていた。危険なことはないのだろうかという考え（これはしばしばこの時になってやっと始まるものである）が胸を締めつけていたが、そうした考えは今や一度に消え去って、迸るような歓びが心を捉えた、あたかも心の中ですべての鐘が一斉に鳴り始めたかのように、祭り日の中の祭りの日〔復活祭のこと〕であるかのように！　ナターシャはわたしに微笑み、赤ん坊に微笑んだ。涙を流し、そして笑った。ただ途切れがちな、ひきつるような息遣い、力のない眼差し、死人のような蒼白さが数刻前までの苦しみや、過ぎた闘いを思い出させていた。

それからわたしは部屋を出た。わたしにはそれ以上は耐えられなかったのだ。わたしは自分の部屋に入って、長椅子に、まったく力尽きて身を投げ出した。ぼんやりと考え、ぼんやりと感じながら、幸福のもたらすある種の苦痛に身を委ねたまま、半時間ほどもそのままじっと横たわっていた。

この苦しみ抜いた後の歓喜の表情、死の始まりと並んで、産婦の若々しい顔《かんばせ》に漂うこの歓びを、わたしは後にローマのコルシーニ画廊(5)にある、ヴァン・ダイク(6)の聖母の中に見いだした。みどり児はやっと今生まれたばかりで、母親のそばに運ばれてゆく。母親は力を使い果たして血の気を失い、弱々しく辛そうなのに微笑み、みどり児の上に疲れたような、しかし、限りない愛情に満ちた眼差しを注いでいる。

処女なる母というものは、キリスト教という去勢された宗教には、まったくふさわしからぬものであることを認めなければならない。彼女の存在と共に、永遠の埋葬たる最後の審判やその他、教会的弁神論の恐怖の中に、心ならずも生命や愛情や優しさの要素が入り込んで来るのだ。

それ故にこそ、プロテスタンティズムはひとり聖母だけを礼拝の小屋から、神の言葉の製造所から追い出してしまったのである。彼女は確かにキリスト教的礼節の妨げになっている。彼女はその地上的なる本性を捨て去ることができない。彼女は冷たい教会に温か味を与える。そして、どんなことがあっても、やはり女であり母親である。彼女は自然な出産によって不自然な懐胎の償いをする。すべての肉体的なものを呪う僧侶たちの口から、おのれの胎内への祝福を奪い返す。

ブオナロッティ〔ミケランジェロ〕やラファエルは、その絵によってこうしたことをすべて理解したのである。

システィーナ礼拝堂の『最後の審判』の中の、あの世におけるサン・バルテルミーの夜にもたとうべきこの情景の中に、われわれは処刑を司るべく赴く神の子の姿を見る。彼はすでに片手を上げている……。彼はまさに合図をしようとしている。その時、拷問と責め苦が始まるであろう。終末のラッパが響き渡り、全世界にわたる火刑の炎が燃え上がるであろう。しかし、母なる女は身をおののかせ、すべての者のために悩みつつ、恐れのうちに神の子に寄り添い、罪人たちのために彼に願う。彼は彼女を見て心をやわらげ、その厳しい言葉「女よ、われと汝とに、何の関わりあらんや」を忘れるかもしれない、そして、合図をするのをやめるかもしれない。

システィーナのマドンナ——これは出産のあとのミニヨンである。彼女は信じ難い運命に怯え、途方に暮れている……。

〈汝あわれなる子よ、人は汝に何を為したか〉[7]

彼女の内部の世界は打ち壊されている。彼女の息子は——神の子であって、彼女は聖母なのだと、人びとが彼女に言い聞かせた。彼女はある神経的な歓喜をもって、催眠術的な明察をもって見ている。彼女は「彼を連れて行け、彼はわたしの子ではない」と語っているかのようである。しかし同時に、もしもできるなら、彼を連れてどこか遠くへ逃れ、救世主ではなく、自分の子としての彼を思うさま慈しみ、自分の乳で育てたいと思っているかのように、彼を抱きしめている。すべてこれは、彼女が女であり母親であって、決してイシスやレアや、その他の女性の神々の姉妹ではないからに他ならない。

それ故にこそ彼女は感情のないアフロディーテに、その子供のことについては誰も心配したことのない、このオリンポスのニノン・ランクロ[8]にかくもたやすく打ち克つことができたのである。両手で子供を抱えて、優しくこれを見下ろし、女性らしさと母なることの神聖さとの後光に取り囲まれているマリーアの姿は、われわれにとって、彼女の金髪の競争者よりも、遥かに親しみ深いのである。

ピウス九世と教皇選挙会が聖母の不自然な、あるいは、彼らの用語によれば、汚れなき受胎を宣言したことはきわめて条理にかなったことのように、わたしには思われる。あなたがたやわたしと同じようにして生まれたマリーアが、人びとの味方をし、人びとに同情するのは自然のことである。彼女によって肉と霊との生き生きとした和解が、宗教の中に忍び込んだのである。もしも、彼女もまた人間らしからぬ生まれ方をしたのであるならば、彼女とわれわれとの間には何の共通のものもないはずだ。彼女はわれわれを憐れみはしないだろう。肉はもう一度呪われ、教会は救済のためになお一層必要となるだろう。

教皇が千年ほど遅く現われたことは残念なことだ――それがピウス九世の運命であったのだろう。〈遅過ぎました、聖なる父よ、あなたはいつも――あまりに遅過ぎます！〉

ナターリア・ザハーリイナへの手紙

わたしが『過去と思索』の第三部を書いていた時、わたしの手許には、かつてわたしたちが取り交わした古い手紙はなかった。わたしは一八五六年になってそれらを送り届けてもらった。わたしはそれらを読み返して、二、三の箇所に筆を加えなければならなかったが、それ以上の訂正はない。ここで記憶がわたしを裏切るようなことはなかった。わたしは〈ナタリー〉の手紙の幾つかを付け加えたいとも思う。だがそれと同時に、ある危惧の念がわたしを押し止める。わたしはこれ以上に自分たちの生活を露わに見せるべきか、わたしにとってかくも貴いそれらの手紙が、冷やかな微笑に出会うことがないだろうか、という恐れを除くことができなかったのだ。

〈ナタリー〉の書類の中に、わたしは自分の手紙を見つけた。それらの一部は牢獄に入る前に書かれたものであり、一部はクルチーツキーで書かれたものである。その内の幾つかを、わたしはこの巻に付け加える。個人の運命の芽生えの跡を辿ることを好む人びとにとっては、恐らく、それらは無用のものとは思われないだろう。彼らは、われわれが生ける有機体の成長を顕微鏡で見る時の興味と同じ、わくわくするような興味をもって、それらの手紙を読み通してくれることだろう。

（一）*

一八三二年八月十五日[9]

懐かしいナターリア・アレクサーンドロヴナ！

きょうはあなたの誕生日ですね。親しくお目にかかってお祝いを申しあげたいのはやまやまですが、どうしてもその都合がつきません。久しくご無沙汰していて申し訳なく存じます。色々な事情で自分の時間が少しも思うようになりません。お許しくださることと思います。あなたのすべての才能と、運命が清浄な魂の上にもたらす幸福のすべての蓄えとが、妨げなく伸びてゆくことを望みます。

あなたの忠実なるA《アー》・Γ《ゲー》[10]

*これらの手紙はナターリアの保存していたものである。その多くに、ナターリアは鉛筆で幾つかの言葉を書き付けている。獄中のわたしに宛てて書かれた彼女の手紙は、一つも保存されていない。わたしはそれらをすぐに焼き捨ててしまわなければならなかったからである。

（二）

一八三三年七月五日または六日

ナターリア・アレクサーンドロヴナ、あなたは間違っています。あなたはわたしが手紙を一通しか書いていないとお考えになっていますが、決してそんなことはありません——これは二通目の手紙です。心を通わせ合うことのできる親しい人たちに手紙を書くのは、この上なく楽しいことです。しかし、そのような人は非常に少ないものです。一年の間に一束の紙も使い切れないほどに僅かです。

わたしは——「学士《カンジダート》」です。これは本当です。でも、わたしは金メダルはもらえませんでした。わたしには銀メダル——三つの中の一つが与えられました。

A・Γ

追信。今日は卒業式ですが、わたしは出席しませんでした。わたしはメダルをもらう時に二番目にいるのが嫌だったからです。

（三）

（一八三四年の初め頃）

〈ナタリー〉！　ぼくたちはあなた方のおいでを待ちわびています。E《エー》・И《イー》(11)のきのうの脅かしにもかかわらず、エミーリア・ミハーイロヴナ〔アクスベルク〕もきっと来てくれるだろうとM《エム》は期待しています。ではさようなら。

心からあなたのＡ・Γ

（四）

一八三四年十二月十日クルチーツキーの兵舎にて

ぼくはたった今大佐に手紙を書いて、君との面会の許可を求めました。返事はまだありません。君たちではこの問題の処理は難しいでしょう。ぼくは母を当てにしています。君はぼくに関する限り、運がよかった。君はぼくが捕まる前に出会った友人の中の最後の人だった（ぼくたちはすぐに、九時になれば、会えるものと固く信じて別れたのに、二時にはぼくはすでに警察署に拘引されていました）。そして、今度は君は最初にぼくに会うことになるわけです。ぼくは君をよく知っているから、このことが君に満足を与えるということも知っています。ぼくにとっても同じだということを信じてください。君はぼくにとっては実の妹も同じです。

自分のことについては話すこともありません。ここにも住み慣れてしまったし、囚人であることにも慣れてしまいました。ぼくにとって一番辛いのは――オガリョーフと離ればなれになっていることです。何故なら、彼はぼくにとって必要な人間だから。ぼくは一度も彼に会えなかった、つまり、正式には会えませんでした。けれども、ある時ぼくは(委員会の)部屋にいました。尋問は終わりました。ぼくのそばの窓から、灯りのともった玄関が見えました。一頭立ての馬車が着きました。ぼくは本能的に窓のそばに飛んで行って、小窓を開けて、見ると、要塞副官と、それからオガリョーフが乗っています。馬車は動き出しましたが、彼はぼくには気付きませんでした。人知れず、語るべき言葉を聞いてくれる人もいないままに破滅することが、ぼくたちの運命なのでしょうか。何故に自然はぼくたちの行動に向かって、栄光に向かって突き進むような魂を与えたのでしょうか。これは嘲りでしょうか。いいえ違います。この魂の中には信念が燃えている――強い、生き生きとした神意がある！　ぼくは喜びをもって聖者伝を読んでいます――ここには献身の手本がある。ここには真の人間がいた！

返事を受け取りましたが、それは愉快なものではありません。面会は許さないと言うのです。

さようなら。君の兄を忘れないでいてください、愛していてください。

（五）

一八三四年十二月三十一日

君がぼくに課そうとしている責任を、ぼくは決して引き受けようとは思いません、決して！　君は君自身のものを沢山持っているのに、何故そんなにぼくの意志に自分を委ねようとするのですか。ぼくは君が自分で為しうることを為すことを望みます。ぼくのすることは、君の成長を助け、障害を取り除くことです。

君の立場について言えば、それは君が考えているほどに、君の成長にとってひどいものではない。君には多くの者に比べて非常に有利な点がある。君が自分を理解し始めるようになった時、君は自分が世界中でひとりぼっちなのだということに気付いた。他の者たちは父の愛や母の優しさを知っていたが——君にはそれがなかった。誰も君のことをかまおうとしなかった。君は放置されていた。自分を高めるのにこれほど都合のいいことがあるだろうか！　誰も君をかまいつけなかったことに対して、運命に感謝したまえ。彼らは君に無縁な考えを吹き込んだかもしれないのだから。彼らは君の子供らしい心を歪めてしまったかもしれないのだから——だが、今となっては、もう誰にもそんなことはできはしない。

（六八）

一八三五年二月八日クルチーツキーの兵舎にて

君は修道院に入りたがっているということですが、そういう考えに対してぼくが微笑すると思わないでほしい。その気持ちは分かるけれど、これはよくよく考えることが必要です。愛の思想が君の胸をかき乱したことはなかったでしょうか。修道院は——絶望を意味します。今では祈りのための修道院はありません。君を愛し、君から愛されるような人に君が将来巡り会うということを、君は疑っているのでしょうか。ぼくは喜んでその人の手を、そして君の手を握りしめましょう。彼は幸福でしょう。でも、もしそういう人が現われなかったなら——その時こそ修道院に入りたまえ。これは卑俗な結婚をするよりは、百万倍もましなことです。

ぼくは君の手紙の〈昂揚した調子〉を理解しています。君は恋をしているのです！　君が真剣に恋をしていると書いてくるならば、ぼくは沈黙しましょう——それはもはや、兄の権限ではないからです。しかしぼくにとっては、君からそれらの言葉を聞くことが必要です。君は平凡な人間とはどういうものかを知っていますか。なるほど、彼らも幸福を築くことができます——しかしナターシャ、それは君の幸福ではありません。君は自分の値打ちをあまりに低く見ています！　俗衆の中に入るよりは、修道院に入った方がいい。ぼくがこれを言うのは、ぼくが君の兄であり、君故に誇りを持っており、また君を誇りとしているからです。これだけは覚えていてください！

オガリョーフからもう一通手紙を受け取りました。これがその書き抜きです。「〈近頃ぼくは自分のこれまでの人生を記憶の中に辿って見た。ぼくを一度も欺いたことのない一つの幸福、それは君の友情だ。ぼくのすべての情熱の中、ただ一つ傷つかずに残ったもの、それは君への友情だ、何故ならぼくの友情は情熱だから。〉」

……最後にもう一言。もしもその人が君を愛しているとしても、そのことについてなんの不思議があるでしょう。もしも彼が君の思いの影を見ながら、君を愛していないならば、そもそも彼はどんな人間なのでしょう。だが、ぼくは君にお願いします、自分の愛情については、決して決して彼に告げないように。

さようなら、君の兄のアレクサンドル

〔一八三五年二月〕

（七）

〈ナタリー〉よ、この世の中には実にさまざまな奇蹟が起こるものです！　ぼくは君の最近の手紙を受け取る前に、あらゆる問いについて君に返事を書きました。ぼくは君が病気で、元気がないということを聞きました。身体を大切にしてください。恩人たちが君のためについでくれた杯を大胆に飲み干してください。その杯はそれが厭わしいものであるほどには苦くないでしょう。

（これに続いてもう一枚の紙には次のように書かれてある――）

〔一八三五年三月〕

ナターシャよ、ぼくの友、ぼくの妹よ、くよくよするのはどうかやめてくれたまえ。これらの醜いエゴイストを軽蔑したまえ。君は彼らに対して寛大過ぎます。彼らすべてを軽蔑したまえ――彼らは恥知らずです！　〈エミリー〉に宛てた君の手紙を読んだのは、ぼくにとって恐ろしい瞬間でした。おお、ぼくは何という立場に置かれているのだろう――ぼくは君のために何をすることができるだろう。ぼくは誓って言うが、どんな兄もぼくが君を愛するほどにはその妹を愛することはできないでしょう――しかし、ぼくは何をすることができるだろうか。

ぼくは君の手紙を受け取りました。そして君に満足しています。もしもその通りなら、彼のことは忘れたまえ。これは一つの経験でした。もしもそれが本当に恋だったとしたら、それはそのような形で表現されることはなかったはずです。

（八）

〔一八三五年〕四月二日クルチーツキーの兵舎にて

ぼくの心はずたずたに引き裂かれてしまった。牢獄にいた全期間を通じて、今ほど心を押し潰され、締めつけられたような気持ちになったことはありません。流刑がその原因なのではありません。ぼくにとってペルミとモスクワとでどれほどの違いがありましょう。モスクワもペルミも同じことなのです。終わりまで聞いてください。

三月三十一日にぼくたちは判決を聞くために呼び出されました。これはすばらしい祭日でした。そこには二十人の仲間が集まりました。彼らはそこから直接方々へ送られることになっていました。ある者は要塞の地下牢へ、ある者は――遠い町々へ。彼らはすべて九カ月にわたる囚われの生活を過ごしてきました。これらの人たちは大きな広間の中に騒がしく、賑やかに座っていました。ぼくが入って行くと、口ひげとあごひげをのばしたソコローフスキーがぼくの首に抱きつきました。そこにはサーチンもいました。ぼくの後から、かなり遅れて、オガリョーフが来ました。みんなは一斉に彼を迎えました。涙と微笑とをもって、ぼくたちは抱き合いました。すべてのことがぼくの心の中に蘇りました。ぼくは生きていた、ぼくは青年だった、ぼくはすべての者の手を握った——一言をもって言えば、これはぼくの生涯の最も幸福な瞬間の一つでした。そこには一つの暗い思いもありませんでした。遂に判決が読み上げられました。

……すべてはすばらしかった。しかし、きのうという日——この呪われるべき日は、ぼくを血管の末端に到るまでも打ちのめした。ぼくと同じところにオボレーンスキーが拘禁されています。きのう判決の申し渡しのあった時に、ぼくは二人の面会を許可してくれるようにツィンスキーに頼みました。——そして許可を得ました。兵舎に戻って、ぼくはオボレーンスキーのところへ行きました。しかし、係の者はこの許可のことを大佐に話すのを忘れていたのです。次の日、卑劣な士官のC《エス》が大佐に密告しました。こうしてぼくは、ぼくのために実に色々と便宜をはかってくれた三人の、最も親切な士官を巻き添えにしてしまったのです。彼らは三人とも譴責《けんせき》を受け、処罰され、そして、今や三週間交替なしの連続当直をしなければなりません(復活祭週間が近いというのに)。(憲兵の)ワシーリエフは笞刑に処せられました——すべてはぼくから出たことです。ぼくは自分の指を嚙み、涙を流し、激しい怒りを覚えました。ぼくの頭に浮かんだ最初の考えは復讐ということでした。ぼくは密告した士官について、彼を破滅させかねないようなことを言ってやりました(彼は囚人をつれてどこかへ向かうことがよくあったのです)。ぼくは彼が貧乏な男で、七人の子供の父親だということを思い出しましたが、しかし、密告者を憐れんでやるべきでしょうか。彼は果たして他の者を憐れんだでしょうか。

(九)

一八三五年四月十日、九時

出発の幾時間か前に、ぼくはなお書いている。君に宛てて書いている——立ち去る者の最後の言葉は、君のもとに届くだろう。別離の、強いられた別離の心は重苦しい。だが、これがぼくに与えられた運命なのです。運命はぼくを引きずって行く。そして、ぼくはそれに服従する。いつぼくたちは会えるだろうか。どこで。何もかも暗い。明るいのはただ君の友情の思い出だけです。追われて去る者はその麗しい妹を決して忘れないだろう。

いい、あるいは……だが終わりまで書けない。ぼくを呼びに来ている。では、さようなら、長く、永く、しかし、決して永久にではない。そんなことは考えられません。

すべてこれは憲兵のいる前で書いた。

この手紙の上には、涙の跡が見える。「あるいは」という言葉の下に、彼女は二度アンダーラインを引いている。〈ナタリー〉はこの手紙を数カ月の間、肌身離さずに持っていたのだ。

第四部　モスクワ、ペテルブルク、ノヴゴロド

一八四〇―一八四七

スタンケーヴィチ

ベリンスキー

第二十五章　モスクワの新しい仲間

オガリョーフを取り巻く不協和音

一八四〇年の初めにわたしたちはウラジーミルの町と、狭くてみすぼらしいクリャジマ川とに別れを告げた。わたしは疼くような心と危惧の念とを抱いて、わたしたちの婚礼の町を後にした。わたしはあの簡素で深い内面的な生活がもはや二度と来ないことを、そして、行く手には多くの困難が待ち受けているであろうことを、早くも予見していた。

郊外を二人だけでいつまでも散歩することは、もうないだろう。草原に行き暮れたわたしたちは、自然の春とわたしたちの春とを、心ゆくまで満喫したものだが……。

読みさしの本を閉じ、二人で互いに身を寄せ合って、一八三八年三月三日のことや五月九日の冒険を思い起こさせる、橇の軋る音や鈴の音に耳を傾けたあの冬の夜も、二度と帰ってくることはないだろう……。

二度と帰ってくることはないだろう！

……どれほどさまざまな形で、またどれほど久しい前から、人びとは「人生の五月はただ一度だけ花を開く[1]」ということを知り、また、この言葉を繰り返してきたことだろう。しかしそれでも、その繁忙な仕事や途上の砂礫《されき》に溢れた成人の六月というものが、いきなり人の心を捉えることがあるものだ。青春時代は思想や感情や志のある種の代数学の中で、気付かれぬ内に過ぎ去って行く。個別的なものに心を惹かれることも、心を打たれることも少ない――それから恋愛が訪れる。未知のものが見いだされ、すべてが一人の人に集中し、その人を通して過ぎ去る。その人の故に、普遍的なものが貴重になり、優雅なものが美しくなる。直接の関わりを持たないものは、ここでも心に触れることがない。二人は互いにおのれを捧げ合っている――周りがどうなろうと、そこに草が生い茂ろうと！

だが、草に交じっていら草やあざみも生い茂り、遅かれ早かれ、肌を刺したり手足にまつわりついたりするようになる。

わたしたちはウラジーミルの町をそのまま持って行くわけにはゆかないということは知っていたが、それでも、わたしたちの人生の五月はまだ過ぎ去ってはいないとも思っていた。わたしは、自分がモスクワに戻ることによって、もう一度、大学時代に戻るような気さえしていた。周りのすべての事情がわたしをそのような気持ちにさせていたのである。同じ家、同じ家具——そして、わたしがオガリョーフと共に閉じこもり、セナートルや父の鼻先で陰謀を企んだあの部屋、それから父。彼は年を取り背も曲がってしまったのに、わたしが遅く家に帰ったりすると、相変わらず、小言を言おうと待ちかまえている。「あしたは誰の講義があるのかな。演習はいつだっけ。大学の帰りにオガリョーフのところに寄ることにしよう。」これは一八三三年のことだ！

オガリョーフは実際にそこにいた。

彼はわたしよりも数カ月前に、モスクワに帰ることを許されていた。彼の家は再び古い友人と新しい友人の出会いの中心になっていた。そして、かつてのような一致はなかったにもかかわらず、すべてのものが好意をもって彼を取り巻いていた。

前にも話したように、オガリョーフは生まれつき特別の磁力、人を引きつける女性的な能力をもっていた。こういう種類の人びとには、人はこれといった何の理由もなしに、心を引かれて近付いて行くのである。彼らは人びとを暖め、結び付け、その心を静める。彼らは、いわば誰でも席に着くことのできる公開の食卓のようなものだ。人はそこで力を取り戻し、休息し、心の励ましと安らぎを得て、親しい友人となって、帰って行く。

知人たちはオガリョーフから多くの時間を奪った。彼はそのために時々悩んでいた。

しかし、自分の家の扉を閉ざすことなく、誰をも優しい微笑をもって迎え入れた。このことを彼の大きな弱点と考えていた者も少なくない。時は過ぎ去り、失われて行ったが、人びとの愛が——親しい人びとばかりではなく、由縁《ゆかり》のない、弱い人びとの愛も得られた。これとても、読書やその他の仕事と同じように、価値あるものであろう。

　オガリョーフのような人びとが何故怠惰の誹りを受けるのか、わたしにはどうしても納得できなかった。工場やワークハウスの見地は、ここにはあてはまらないだろう。わたしは今でも覚えているが、まだ大学に通っていた頃のある時、わたしはワジームとライン・ワインを飲んだことがある。飲むほどに、ワジームは段々と陰気になってきた。そして、急に目に涙を浮かべて、ドン・カルロス[2]の語った「われ二十三歳なれども、いまだ不滅のための何事も成し遂げられず[3]」という台詞を繰り返した。これはドン・カルロスがユリウス・カエサルにならって語った台詞である。ワジームは嘆きのあまり、みどり色のワイン・グラスを手のひらで力いっぱい叩いて、手を深く傷つけたほどだ。すべてこれはその通りである。しかしカエサルも、ドン・カルロスやポーザ〔シラー『ドン・カルロス』の登場人物〕も、ワジームやわたしも、何故に、不滅のために何かをしなければならないのかということを、明らかにはできなかった。成し遂げなければならない事業というものがある。しかし、それは仕事のためにするのだろうか、それとも、人類の記憶に留めるためにするのだろうか。

すべてこれは何となくはっきりしていないことだ。それに、そもそも仕事とは何なのか。

仕事、〈ビジネス〉……役人たちは行政上の、また刑事上の仕事だけを知っている。商人は商売だけを仕事と考えている。軍人は鶴のような足どりで歩調を取ったり、平和な時にも頭から足の先まで武装したりすることを仕事と呼んでいる。わたしの考えでは、人びとの大きな集団の結び目として、その中心として役立つことは、偉大な仕事である。とりわけ分断され、束縛された社会では。わたしは誰からも怠惰の誹りを受けたことはない。わたしの成し遂げたことの幾つかが、多くの人たちの気に入っていたからである。だが、わたしの成し遂げたすべてのことの中には、わたしとオガリョーフとの会話や論争、われわれが通りや野原を為すこともなくさまよった夜、あるいはわれわれが、ワイン・グラスを前にして、為すこともなく過ごした夜がどれほど多く反映されているかということを、人びとは知っているだろうか。

……けれど間もなく、この環境の中にも、春はすでに終わったということを思わせる空気が吹きこんできた。出会いの歓びが静まり、宴が過ぎ去った時、また主なことが語り尽くされ、先へ進む他はなくなった時、われわれは自分たちが数々の思い出の中に探していた、あの屈託のない明るい生活は、もはやわれわれの集まりの中には、とりわけオガリョーフの家にはないのだということを知った。親しい仲間が騒ぎ、議論が沸き立ち、時にはワインが流れるほどに注がれはした。けれども楽しくなかった。昔ほどに楽しくはなかった。誰もが隠された思いを、口に出しては言えない言葉を持っていた。ある種のぎこちなさが感じられた。オガリョーフは悲しげな様子をし、ケッチェルは陰気に眉を吊り上げていた。われわれの協和音の中に、耳慣れない調子が甚だしい不協和音となって響いていた。オガリョーフのいかなる温かさ、いかなる友情をもってしても、それを消すことはできなかった。

わたしがその一年前に危惧していたことが遂に現実のものとなった。それも、わたしが考えていたよりも、もっと悪い形で。

オガリョーフの父は一八三八年に亡くなった。父親が亡くなる少し前に彼は結婚した(4)。彼の結婚の知らせはわたしを驚かせた。すべてが何となくそそくさとしていて意外だったからだ。わたしの耳に入る彼の妻についてのさまざまな噂は、彼女にとって必ずしも有利なものではなかった。彼は昂揚した感動に満ちた手紙を何通も書いて寄こした。そして、幸せであった。わたしは噂よりも彼の手紙の方を信じていた。それでもやはり気掛りだった。

一八三九年の初めに、彼らは数日の予定でウラジーミルに来た。その地でわれわれは、検事のオランスキーがわれわれに判決を読み聞かせた時以来、初めて会ったのだった。オガリョーフの奥方の品定めなどをしている暇はなかった。わたしはただ初対面の時に、彼女の声がわたしの心に不愉快な印象を与えたことだけを覚えている。しかし、この束の間の印象も、喜びの明るい光の中で消えた。然り、それは充実と個人的幸福との日々であった。これらの日々の中で人は、自ら気付かぬ内に、個人的幸福の極限に、最後の境に触れるのである。そこには暗い思い出の影は一つもなく、いかなる不吉な予感もない。そこにあるものは青春、友情、恋愛、ありあまる力とエネルギーと健康、そして、前途に開けた果てしない道である。その頃はまだ消え去ってはいなかった神秘的な気分が、さながら寺院の鐘の音のように、聖歌隊のように、ともされた灯明台のように、われわれの再会に華やかな荘厳さを添えていたのだった。

わたしの部屋のテーブルの上に、十字架のキリストを象《かたど》った小さな鋳物の像があった。「跪こう！」とオガリョーフは言った。「そして、われわれ四人が一緒になれたことを感謝しよう！」

われわれはキリストの像を囲んで跪き、涙を拭いながら、抱き合った。

しかし、四人の内の一人は涙を拭う必要もなかったように思われる。オガリョーフの妻はある驚きをもってその情景を見ていた。その時、わたしはそれを〈遠慮〉だと思っていた。しかし、彼女が後で自らわたしに語ったところによれば、その場面は彼女にはわざとらしい、子供じみたものに思われたのである。それは脇から見れば、あるいはそのように思われたかもしれない。しかし、何故彼女は脇から見ていたのだろうか、この歓びの迸る中で、何故彼女はかくも冷静だったのだろう。この若々しさの中で、何故一人だけ大人ぶっていられたのだろう。

オガリョーフは自分の領地に戻った。彼女は、夫のモスクワ帰還の許可を得るために、ペテルブルクに赴いた。

それから一カ月の後、彼女は再びウラジーミルを通った——今度は一人で。ペテルブルクの生活と二、三の貴族の客間とが、彼女を夢中にさせてしまった。彼女は外面的な輝きを望んだ。華やかさの中に楽しみを見いだした。「うまくやってゆけるだろうか」——とわたしは心配した。二人の趣味にこのような齟齬《そご》があっては、さまざまな不幸が起きるものだ。しかし華やかさも、ペテルブルクも、サロンも、すべてが彼女には物珍しかったのだ。あるいはこれはひとときの熱中であったのかもしれない——彼女は愚かではないし、オガリョーフを愛してもいた——わたしは望みを捨てなかった。

モスクワの友人たちは、彼女がそれほどたやすく変わることはないだろうと思って心配していた。芸術家や文学者の集まりは、彼女の虚栄心をかなり満足させはしたが、彼女の主な目的はそれとは違った方向に向けられていた。彼女は貴族的サロンの脇に、芸術家や学者のための部屋を設けることにならい、同意したかもしれない。彼女はオガリョーフを空虚な世界に無理やり引き入れていった。その中でオガリョーフは、退屈のために息の詰まるような思いをしていたのである。友人たちの内、最も身近にいた人たちがこのことに気付くようになった。ケッチェルはすでに久しい前から眉をひそめていたが、遂に怒りをこめて〈拒否権〉を行使した。苛立ちやすく、自尊心の強い、そして自分を抑制することに慣れていない彼女は、同じように苛立ちやすい人びとの自尊心を傷つけた。彼女の刺々しい、冷やかな感じの態度や、初めて会った時にわたしの心に奇妙な印象を与えた、あの声で話される嘲りの言葉は、手厳しい反撃を呼び起こしていた。ケッチェルは、本質においては正しかったのだが、形式においてはいつも正しいというわけではなかった。彼女は二カ月もの間ケッチェルと口論し、また、恐らく物質的状態の故にあまりにも怒りっぽくなっていた幾人かの者と諍いを起こし、その挙句、とうとうわたしとも事を構えることになってしまった。

わたしを彼女は恐れていた。彼女はわたしによって自分の力を試そうと欲した。そして、友情と愛のいずれが優位を占めるかを、はっきりと知りたいと思っていた。あたたかも、この二つのもののどちらかが優位を占める必要があったかのように。そこには、気紛れな論争の中に自分の意見を押し通そうという望みよりは、むしろ多くの混乱があった。そこには、彼女の考え方にわたしこそが最も強く、反対しているのだという意識があった。そこには、羨望にも似た妬みと女らしい権勢欲とがあった。ケッチェルとは、彼女は涙を流して言い争った。そして、憎み合っている子供たちのように毎日欠かさず、悪口を言い合っていた。しかし、激昂することはなかった。わたしを見る時の彼女は青ざめ、憎悪に身を震わせていた。彼女はわたしが、オガリョーフの友情を排他的に独占しようとする不遜な野心の故に、彼女の幸福を壊しているのだと言って、また、わたしが厭うべき傲慢な心を持っていると言って、わたしを責めた。わたしはそのような非難が的はずれだと思っていた。そしてこちらも厳しい、容赦のない態度を取った。五年後に彼女が自らわたしに告白したところによれば、彼女はわたしを毒殺しようと思ったこともあるということだった。彼女の憎しみはそれほどまでになっていたのである。彼女はわたしに対する〈ナタリー〉の愛の故に、また〈ナタリー〉に対するわれわれすべての者の友情の故に、〈ナタリー〉と絶交した。

オガリョーフは苦しんでいた。誰もが彼を容赦しなかった。彼女も、わたしも、他の者たちも。われわれは彼の胸を（彼自らある手紙の中で書いた表現によれば）「闘いの場」

として選んだ。そして誰がそこで勝ちを占めても、オガリョーフにとっては、同じように苦しいことなのだということを、考えてもみなかった。彼は仲直りしてくれるようにわれわれに懇願した。彼はぎすぎすした関係を和らげようと努めた。そして、われわれは和解した。しかし、傷つけられた自尊心は荒々しく叫び続けていた。侮辱された心は疼いて、ほんのささいな口のきき方一つで、闘いとなって燃え上がろうとしていた。オガリョーフは恐怖の念をもって見ていた――彼にとって尊いすべてのものが壊されて行くことを、彼にとって神聖なものが、愛する女性にとっては神聖ではないものだということを、また、彼女が無縁な女だということを――しかし、彼には彼女を愛さないでいることはできなかった。われわれは彼の味方だった――しかし、そのわれわれでさえも、運命が彼に飲み干すことを強いていた苦い杯から、そのひと雫といえども減らしてくれようとしていないことを、彼は悲しみをもって見ていた。彼には自分を彼女と結び付けていた〈自然的な力〉の絆も、われわれと結び付けていた共感の固い絆も、どちらをも荒々しく断ち切ってしまうことができなかったのだ。いずれの場合にも、彼は血を吐く思いをしなければならなかっただろう。このことを感じていたので、彼は彼女をも、われわれをも、つなぎとめようと努めた――震える手に彼女の、またわれわれの手を握りしめながら。だが、われわれは無慈悲に離れ去って、刑吏のように彼を切り苛んでいたのだった！

人間とは残酷なものだ。そして長い数々の試煉のみが、人の心を和らげる。子供はその無知の故に残酷である。青年はおのれの純粋さへの誇りの故に、僧侶はおのれの神聖さへの誇りの故に、また空論家はおのれの学問への誇りの故に、残酷である――すべてわれわれは無慈悲である。そして、自分たちが正しい時に最も無慈悲である。普通、残酷な心が溶けて和らぐのは、深い傷を受けた後、翼を焼かれた後、おのれの失墜を意識した後、寒気を覚えるほどに脅かされた後のことだ。その時になってやっと人は、誰に指摘されるのでもなく、ひとりでに、自分がいかに弱くて取るに足りない存在であるかを、思い知るのである。心は柔和になる。そして、恥と恐怖の冷や汗を拭いながら、証人の現われるのを恐れつつ、自己を弁護し、他人を弁護する方便を探すようになる。判事や刑吏の役割が厭わしいものに思われるようになるのは、この時からだ。

その頃のわたしは、このような考えから程遠いところにいたのだった！

反目は、時に途切れることはあっても、依然として続いていた。怒りに燃えた女はわれわれの不寛容さに追い立てられ、ますます取り乱し、立ち往生し、身悶えし、そして倒れた――しかし彼女は自分を変えようとはしなかった。勝利する力のないことを感じつつ、彼女は忌々しさと口惜しさのために、愛なき妬みのために、燃え尽きようとしていた。ジョルジュ・サンドの小説やわれわれの会話の中から、切れ切れに拾い集めた彼女の雑多な思想は、どのような問題においてもはっきりとした理解に達することはなく、彼女を一つの愚かしさから別の愚かしさへ、自分では独創的なものと思いこんでいる常軌を逸した行為へと導いて行くのだった。この種の女たちはこうして行き着いた一種の婦人解放思想を楯にして、是非善悪の判断が全部自分たちに任されていると思い込み、気に入らないとなると何もかも拒否し、そのくせ、そうでないものはみな、頑に守り続けるのである。

決裂は避け難かった。しかし、オガリョーフはなお長い間彼女を憐れみ、彼女を救おうとし、望みを捨てなかった。そして、ほんのいっときといえども彼女の中に優しい感情が目覚め、あるいは詩的な閃きが認められたりした時には、過去の経緯《いきさつ》は永久に忘れて、調和と平安と愛情に満ちた、新しい生活を始めようとした。しかし、彼女は自制することができなかった。そして心の均衡を失い、いよいよ深み深みへと落ち込んで行くのであった。彼らを結び付けていた糸は一本また一本と痛ましくも断たれて、遂に最後の糸が静かに切れ、そして、彼らは永久に別れたのだった。

こうしたすべてのことの中に、必ずしも完全には理解し難い一つの問いが生ずる。オガリョーフが周りのすべての者に対して持っていた、そして、傍の人たちをも知的な世界へ、共通の関心へと引きつけていたあの温かく強い影響は、どうしてこの女性の心に何らの有益な跡を止めることなく、素通りしてしまったのだろうか。しかも彼は熱烈に彼女を愛し、彼女を救うために、他のすべてのことにもまして、多くの力を注ぎ心を砕いていたのだ。そして、彼女の方も、初めの内は確かに彼を愛していたのだ。これは疑う余地のないことであった。

わたしは、このことを色々と考えてみた。初めの内は、もちろん、わたしは一方の側だけを責めていた。その後、この不思議な、奇妙な事実にもそれなりの理由があるのであり、そこにはもともと矛盾はないのだということを理解するようになった。自分に好意を持っているグループに影響を与えるということは、一人の女に影響を与えることよりも、遥かにたやすいことなのだ。説教台から説教し、演壇から聴衆の心をひきつけ、教壇から教えることは、一人の子供を教育するよりは、遥かにたやすいことなのだ。講堂や教会やクラブにおいては、志や関心の同一性が先に立つ。それらの志や関心のために、人びとはそこに集まってくるのだ——だからこれをそのまま続けさえすればよい。オガリョーフのグループはかつての大学時代の友人、若い学生、芸術家、文学者たちから成り立っていた。彼らを結び付けていたものは、共通の宗教、共通の言葉、そして何にもまして——共通の憎悪であった。この宗教を真に自分の生活の問題としていないような者たちは、少しずつ遠ざかって行った。彼らに代わって別の者たちが現われた。しかし、思想とグループの結束はこのような選別による同一性と共通の連帯的確信との自由な営みによって、強固なものとなっていた。

　女性とのつきあいは純粋に個人的な問題であり、それは別の、神秘的な、生理学的な親和力に基づくものであり、本能的な情念の力によるものである。われわれは先ず親しい間柄となり、その後で互いを知るに到るのである。生き方が一つの思想によって整理されていないような場合、二人がレベルを合わせることは簡単だ。彼らにあっては、すべてが偶然である。彼は半分だけ譲歩し、彼女も半分だけ譲歩する。もし双方が譲歩しないとしても——大したことではない。これに反して、自分の理念に忠実な人間は、最も身近な存在である相手の女にとって、その理念が無縁なものであることを発見した時には、大きな恐怖を覚えるのである。彼はその女を急いで目覚めさせようとする。しかし多くの場合、彼女を怯えさせるか、あるいは混乱させるばかりである。彼女はさまざまな伝承から解放されない内に、それらから引き離され、何物によっても満たされていない、一種の谷間の向こうに投げ出され、そして、自分が解放されたと信じ込む——傲慢に、自負の念をもって、粗暴に古いものを斥け、手当たり次第に新しいものを受け入れる。頭の中にも、心の中にも無秩序と混乱がある。手綱は投げ出され、エゴイズムが解き放たれる……。そして、われわれはそれでひと仕事を終えたと考えている。そして講堂の中でやるように、彼女に教えを説いている！

教育の才能、我慢強い愛情の力、完全な献身、永続的な献身の才能というものに出会うことは、何にもまして、稀である。熱烈な母性愛といえども、また強固な論証力を持った弁論といえども、それに代わることはできない。

人びとが子供たちを、時には大人たちをも苦しめているのは、彼らを教育することがかくも難しく、鞭打つことがかくもたやすいからではないだろうか。われわれは処罰することによって、自分たちの無能力の埋め合わせをしているのではないだろうか。

オガリョーフはその頃すでにこのことを理解していた。それなのに、（わたしをも含めた）すべての者は、彼があまりに軟弱だといって責めていたのである。

新しいグループ

……オガリョーフの周りに集まっていた青年たちのグループは、われわれのかつてのグループではなかった。古い友人たちの内でそこにいたのは、わたしとオガリョーフを別にすれば、二人だけであった(5)。雰囲気も関心の対象も読む本も何もかも変わっていた。スタンケーヴィチ(6)の友人たちが中心になっていて、バクーニンとベリンスキーとがその先頭に立っていた。二人はそれぞれヘーゲル哲学の本を手にして、血肉と化した熱烈な確信につきものの、あの青年らしい不寛容の精神に満たされていた。

ドイツ哲学はパーヴロフによってモスクワ大学に植え付けられた。哲学の講座は一八二六年から閉鎖されていたが、パーヴロフが物理学と農業経済の代わりに哲学入門を講義していたのである。彼の講義によって物理学を十分に学ぶことは難しいことであった。農業経済を学ぶに到っては不可能であった。しかし、彼の講義はきわめて有益だった。パーヴロフは理数学部の戸口に立って、学生たちを呼びとめて、次のように問うのであった。「君は自然を知りたいと思っているのですね。だが自然とは何でしょう。知るとはどういうことでしょう。」

これは誠に大切なことであった。大学に入ってくる我が国の青年たちは、哲学的な素養をまったく欠いている。神学校出だけが哲学についての概念を持っているが、それは完全に裏返されたものである。

右の問いに対する答えとして、パーヴロフはシェリングとオーケンの哲学を、どんな自然哲学者も見せたことのないような明快さをもって説明していた。もし、彼が必ずしもすべてにわたって明快でなかったとしても、それは彼の罪ではなく、シェリングの教義自体が混濁しているせいである。パーヴロフを非難しうるとすれば、それは彼が哲学のこのマハーバーラタ〔インドの民族叙事詩〕に止まっていて、ヘーゲル論理学の厳しい試煉を通過しなかったことだろう。しかし、彼は自分の学問においてさえ、入門と概論より先には進まなかった。あるいは、少なくとも他の者をそれより先にまで導くことはしなかった。始まりにおけるこの停止、おのが事業のこの未完成、これらの屋根なき家々、家々なき土台、みすぼらしい住居に導く豪華な玄関口——これはまったくロシアの国民精神にふさわしいものである。我が国の歴史はまだ門を叩いているだけだからこそ、われわれは玄関口で満足しているのではないだろうか。

パーヴロフの果たさなかったことを果たしたのが、彼の弟子のひとり、スタンケーヴィチである。

スタンケーヴィチも、何事も完成させることのなかった遊民のひとりではあったが、モスクワの青年たちのグループの中でヘーゲル哲学を信奉した最初の者だった。彼はドイツ哲学を深く、そして美学的に学んだ。彼は生まれつき人並み優れた才能に恵まれていたので、多くの友人たちを自分の好きな研究に引き入れた。このグループはきわめて注目すべきものであった。そこから学者や文学者や教授たちの密集部隊が生まれ出たのだ。その中にはベリンスキー、バクーニン、グラノーフスキーがいた。

われわれが流刑になる前には、われわれのグループとスタンケーヴィチのグループとの間には、さして深い共感はなかった。彼らには、われわれのほとんどもっぱら政治的な傾向が気に入らなかった。われわれには、彼らのほとんどもっぱら思弁的な傾向が気に入らなかった。彼らはわれわれをフロンド党、フランス人と見なしていた。われわれは彼らをセンチメンタリスト、ドイツ人と見なしていた。最初にわれわれと彼らとによって認められ、双方に友好の手を差し延べ、双方に対する暖かい愛情と和解的な性格とによって、相互の無理解の最後の痕跡を拭い去ったのはグラノーフスキーであった。しかし、わたしがモスクワに帰って来た時、彼はまだベルリンにいた。[7] 気の毒なスタンケーヴィチはイタリアのコモ湖の畔で、二十七歳の生命を終えようとしていた。

性格の穏やかな病弱の詩人であり夢想家でもあったスタンケーヴィチが、純粋に実践的な日常の諸問題よりも、瞑想的で抽象的な思考の方を好んだのは当然である。その芸術家肌の理想主義は彼にふさわしいものであった。それは死が間近に迫ったこの若者の蒼ざめた額に戴せられた、「勝利の栄冠」であった。他の者たちは、現実の生活との関わりを持たない思弁の中に長く止まるには、あまりに健康であり、詩人的なものをあまりに少ししか持っていなかった。もっぱら思弁的な傾向というものは、ロシア的性格にまったく反するものである。そして間もなくわれわれは、ロシア的精神がいかにヘーゲルの教義を作り変えたか、また、哲学の修道僧としての剃髪《ていはつ》にもかかわらず、われわれの生き生きとした天性が、いかに自己を主張するかを見るだろう。しかし一八四〇年の初めには、オガリョーフを取り巻いていた青年たちの間には、精神のためにテキストに反逆し、現実のために抽象に反逆するという考えは、まだ生まれていなかった。

新しい知人たちはわたしのことを、あたかも亡命者や古い戦士、出獄する人びと、捕虜生活か流刑地から戻る人びとを迎える時のように迎え入れた。すなわち、尊敬の念をこめた寛大さをもって。自分たちの仲間には入れてやるが、同時に何ものをも譲歩しないという気構えをもって。そして彼らは自分たちこそが今日の人間であり、われわれはすでに昨日の人間であるということをそれとなく気付かせ、ヘーゲルの『現象学』や『論理学』を無条件に、しかも彼らのするように解釈することを要求していた。

彼らはこれらの書物について絶えず議論していた。『論理学』の全三部、『美学』の一部と二部『エンチクロペディー』のすべての節が、幾夜にもわたる必死の論争の対象となった。互いに愛し合っていた人びとが、先験的意識の規定において意見の一致を見ることができないために、幾週間もの間、仲違いしていた。また、「絶対的個性とその即自」についての意見を、自分に対する侮辱と解することもあった。ベルリンやその他の、ドイツの県や郡の町々で出版される、まったく取るに足りないすべての小冊子が、ただそこにヘーゲルについて言及されているというだけで取り寄せられ、数日の内に、穴があき、しみだらけになり、綴じ目が切れるほどに読み返されるのであった。かつてのパリのフランクール[8]は、ロシアで自分が偉大な数学者と見なされ、ロシアのすべての若い世代が彼と同じ文字を使って、さまざまな次数の方程式を解いていることを聞いて、感動のあまり涙を流したものだが、これと同じように、今では忘れ去られたヴェルダー[9]、マルハイネッケ、ミヘレート、オットー、ファトケ、シャラー、ローゼンクランツ、それから、ハイネによってかくも見事に「ヘーゲル哲学の門番[10]」と名付けられた他ならぬアーノルド・ルーゲ[11]自身、すべてこれらの解説者たちは、彼らがモスクワのマロセイカ街とモホヴァーヤ街[12]との間で、どれほどの闘いや争いを引き起こしたか、彼らの本がいかに読まれ、また買い求められていたかを知ったなら、やはり涙を流したことだろう。

パーヴロフの主な偉さは、その説明の並はずれた明瞭さであった。その明瞭さはドイツ的思考の持つ深さを少しも失わなかった。これに反して、若い哲学者たちはある種の符牒を取り入れた。彼らは用語をロシア語に翻訳しないで、そのまま置き替えた。しかもなるべく手間を省くために、ラテン語の単語はすべてそのまま残して、これに正教的なる語尾と七つのロシア風の格変化を与えたのである。

わたしはこのことを語る権利を持っている。何故なら、わたしもその頃の風潮に巻き込まれて、自分でもそれとまったく同じような文章を書いていたからだ。しかも、有名な天文学者のペレヴォーシチコフがこれを「鳥の言葉」(13)と呼んでいるのを意外に思っていたほどである。その頃は誰も、次のような文章を拒みはしなかったであろう。

「彫塑《ちょうそ》の領域における抽象的理念の具象化は自己探求精神の一定の段階であり、この段階において、自己探求精神は自己規定しつつ自然的内在性から美における形象的意識の調和的領域へと強化される。」

ここにあるものは確かにロシア語の単語ではあるが、エルモーロフの伝える、将軍たちの有名な会食の席におけるスピーチのように、それらの言葉はラテン語の単語よりももっと外国風に聞こえる。これは誠に注目すべきことである。

ドイツの学問はアカデミー、すなわち観念論の修道院の中で生きてきたために――そしてこのことはそれの主な欠点であるが――、おのれの人為的で堅苦しいスコラ的な言葉に慣れてしまった。これは学問の僧侶たちの言葉であり、信奉者たちの言葉である。それを聞かされた者の内、誰ひとりとしてそれを理解する者はいなかった。暗号の手紙と同じように、それには解読の鍵が必要であった。この鍵は今では秘密ではない。ひとたびそれを理解してしまうと、人びとは学問というものが、きわめて実際的なこと、きわめて簡単なことを難しい言い方で語っていたのだということを知って、びっくりしたものだ。最初に、もっと人間らしい言葉で語り始めたのはフォイエルバッハであった。

ドイツの教会学者的方言の機械的な模倣は、ロシア語の主な性格がすべての表現における極度の平易さにあるだけに、なおさら許し難いものであった――ロシア語では、抽象的な思想も、叙情的な内面の感情も、「駆け巡るねずみにも似た、いのちのざわめき」[14]も、怒りの叫びも、いっときの火遊びも、心のおののくような情熱も、すべてこの極度の平易さをもって表現されているのだ。

損なわれた言葉と並んで、別のもっと深刻な誤ちが犯された。我が若き哲学者たちは語法を歪めたばかりではなく、理解をも歪めてしまったのだ。人生や現実に対する態度は学校的、書物的なものとなった。これは単純な事物に対する学者的な理解の仕方である。このような理解の仕方に対しては、ゲーテが学生とメフィストフェレスとの会話の中で天才的な嘲笑を加えている[15]。実際には直接的で単純な感情がすべて抽象的な領域に上昇し、そこから、生きた血の一滴もない、青ざめた代数学的な影となって立ち戻るのであった。すべてこうしたことの中には一種の幼稚さがあった。何故なら、これはみな完全に誠実なものであったからだ。ソコーリニキに散歩に出かけた人間は、宇宙と自分との一体化の汎神論的な感情に身を委ねるために出かけたのである。彼が途中で、どこかのほろ酔い機嫌の兵卒か、あるいは、百姓女に出会い、彼らに声を掛けられたとする。

哲学者は彼らとただ話していたのではない。民衆の本質をその直接的で、かつ偶然的な現象の中に規定しようとしていたのである。目に浮かんできた涙そのものも、その本来の分類に従って、「ゲミュート」、すなわち「心の中の悲劇的なもの」として厳密に位置づけられた……。

芸術においても同じである。ゲーテ、とりわけ『ファウスト』の第二部(それが第一部より劣っているためか、それとも第一部よりも理解し難いためか、明らかではないが)を知っていることは、衣服を着ているのと同じように、欠くべからざることとされていた。最も好んで議論の対象となったのは音楽哲学であった。もとよりロッシーニについては誰も語らなかった。モーツァルトは子供っぽく、かつ色褪せたものと見なされていたが、寛大に扱われた。その代わりベートーヴェンについては、その和音の一つひとつにわたって、哲学的に吟味された。シューベルトも大変尊敬された。しかし思うに、これは、彼の見事な旋律のためというよりは、むしろ彼がその旋律に『神の全能』や『アトラス』のような哲学的な主題を選んだからだろう。イタリア音楽と並んで、フランス文学も、そして一般にすべてのフランス的なもの、ついでに、すべての政治的なものも不遇を託《かこ》っていた。

われわれがどのような戦場で出会い、かつ闘いを交えなければならなかったかは、これらのことからたやすく理解されるだろう。論争が、例えば、ゲーテは客観的ではあるが、彼の客観性は主観的であるとか、シラーは主観的な詩人ではあるが、彼の主観性は客観的であるとか、あるいはその逆も同様だとかいう問題を巡って行なわれていた間は、すべてが平穏であった。間もなくもっと厳しい問題が次々と出てきた。

ヘーゲルはベルリンで教授の職に就いた時、ある程度は老年の故に、だがその二倍は地位と名誉とに対する満足の故に、おのれの哲学をことさら地上から引き上げて、あたかも気球の上から建物や村々を見下ろす時のように、すべての現代的関心や情熱を見分けることがかなり困難になるような位置に身を持していた。彼は扱うことが難しく、かつ肯定的な答えを出さなければならないような、これらの呪うべき実際的な問題に巻き込まれることを好まなかったのだ。この無理な、不誠実な二元論が、もともと二元論の排除から出発している学問において、いかに不都合なものであるかはたやすく理解しうるところである。本当のヘーゲルは、ナポレオンがイエナに入城した時に自分の著作『現象学』を外套の下に隠した、イエナ大学の目立たない教授であり、ヘルダリーンの友であった。その頃の彼の哲学はインド的静寂主義にも、現存の市民的諸形式の是認にも、また、プロイセン的キリスト教にも無縁であった。その頃の彼は宗教哲学の講義をしていなかった。そして、ローゼンクランツによる伝記で公表された『刑吏と死刑について』の論文のような、天才的な著作を書いていた。

ヘーゲルは、経験論的結論やそれらの実際的適用の問題に触れないでいられるように、抽象の領域に止まっていた。こうした結論を適用しないで済ませるために、彼はきわめて抜け目なく、美学という、静かで無難な海を選んだ。彼は滅多に外の空気に当たらなかった。外に出ることがあるとしても、ほんの一瞬のことであり、しかも病人のように身をくるんでいた。しかしそういう時でも、彼は現代の人間の関心を最も強く引きつけているような問題は、すべてこれを弁証法的な難解さの中に止めておいた。彼を取り巻いていていた極度に才能の乏しい人たち（ハンス〔エドワルド、ドイツの哲学者〕だけが例外であった）は、書くことを行為そのものと見なしていた。彼らには弁証法という空虚な戯れが気に入っていたのだ。恐らく老ヘーゲルは、あまりに満足し切ったおのれの弟子たちの思考の貧しさを見て、時には苦々しく気恥ずかしい思いをしたことだろう。弁証法的方法というものは、それが本質そのものの展開、いわば思想への本質の展開でない場合には、ありとあらゆるものをカテゴリーの列の間を追い立てる、純粋に外面的な手段となり、ギリシアのソフィストやアベラール〔ピエール、フランス中世の神学者〕以後の中世のスコラ哲学者たちにおけるのとまったく同じような、論理的体操の練習となる。

「すべての現実的なものは理性的である」という哲学的命題は、ドイツの保守主義者たちによって、哲学をドイツの現実と和解させるための拠り所とされ、何にもまして有害な影響を与えたものであるが、この命題は本来、論理と事実とにはいずれもそれ相応の十分な存在理由がある、ということを言っているに過ぎないのである。ヘーゲルのこの曲解された命題は、キリスト教のジロンド党員パウロの語った「神より出でざる権力なし」[16]という言葉がかつて持ったのと同じような意味を、哲学の中で持つことになった。しかし、もしもすべての権力が神より出たものであるなら、そして、現存の社会秩序が理性によって正当化されるものであるなら、この秩序に対する闘いも、それが存在する限りにおいて、正当化されるであろう。形式的に受け入れられたこれら二つの格言は、つまるところ、純粋の同義反復である。しかしそうであっても、そうでなくても、それは直接に権力を保持する者を認める、傍観的態度へと導いたのである。そして、このことこそベルリンの仏教徒たちの欲していたものであった。このような見解が、ロシア的精神とどれほど相容れぬものであっても、我がモスクワのヘーゲリアンたちは誠実な迷妄の内に、それを受け入れてしまったのであった。

ベリンスキーとの論争と和解

ベリンスキーは、闘士としての最も行動的で熱烈な、そして論争的な激しい性格の持ち主であったが、その頃、闘いの代わりに、瞑想のインド的静寂と理論的研究を説いていた。彼はこの見解を信じ、いかなる結果をも恐れなかったし、いかなる道徳的規範の前にも、また独自性のない軟弱な人びとがかくも恐れている他人の意見というものの前にも、たじろぐことがなかった。彼には臆病さというものがなかった。何故なら、彼は強靭でかつ誠実であったからだ。そして、彼の良心は潔白であったからだ。

「君の見地からすれば」わたしは彼をわたしの革命的な最後通牒によって脅かそうと思って言った。「われわれの上にのしかかっている、この奇怪な専制政治も理性的であり、存在しなければならないということになりますが、このことを君は立証できるのですか。」

「疑いの余地はありません」とベリンスキーは答えて、わたしにプーシキンの「ボロジノーの記念日」（ナポレオン戦争における最大の戦闘のあったの日のこと）を読み聞かせた。これはわたしには我慢のできないことであった。かくしてわれわれ二人の間には必死の闘いが始まった。われわれの対立は他の者にも波及して、グループは二つの陣営に分裂した。

バクーニンは、われわれを和解させるために説明し、説得しようと努めた。しかし、本当の和平はなかった。ベリンスキーは苛立ち、不満な気持ちを抱いてペテルブルクに去った。そしてそこから「ボロジノーの記念日」と題する論文の中で、われわれを目がけて、最後の激しい一斉射撃を加えてきた。

そこでわたしは彼とのすべての交わりを絶った。バクーニンはわたしと激しく論争していたが、時々考え込むようになった。彼の革命的気性が彼を別の方向に駆り立てていたのだ。ベリンスキーは彼を弱気と譲歩の故に責めた。そして、本来の友人や崇拝者たちさえも驚く程の、誇張された極端な立場に立とうとしていた。合唱隊はベリンスキーを支持し、昂った様子で両肩をすぼめ、われわれを遅れた人間と思いなして、高い所から見下ろしていた。

この内乱の最中に、わたしは〈泉のもとから水を飲む〉必要のあることに気付いた。そして、真剣にヘーゲルの研究に取りかかった。わたしはヘーゲルの『現象学』とプルードンの『社会経済の矛盾』〔『経済的諸矛盾の体系』の誤りか〕とを読み通した経験を持たない者、この熔鉱炉、この鍛錬を通過していない者は、完全ではないし、現代的でもないとさえ考える。

わたしがヘーゲルの用語に慣れ、彼の方法を会得した時、わたしは彼がその追随者たちの見解よりも、遥かにわれわれの見解に近いということを理解するようになった。彼はその初期の著作においてそうであったし、彼の天才が拘束を拒んで、「ブランデンブルクの門」を忘れて、前方に突き進んだ時には、常にそうであった。ヘーゲルの哲学は――革命の代数学である。それは異常な力で人間を解放する。そしてキリスト教の世界、おのれの役割を終えた伝説の世界をことごとく破壊し去る。しかし、それはおそらく、ことさらに悪く定式化されているのである。

数学におけると同じように――ただし数学の場合にはずっとよくあてはまるのだが――人は空間、運動、力の規定に立ち戻ることをしないで、それらの特質と法則の弁証法的発展を続けるものだが、これと同じように哲学の形式的理解においても、ひとたび原則に慣れてしまうと、結論だけを保持し続ける。習慣となっている方法によって思考力を鈍らせるに到っていない若い人も、他ならぬこれらの伝説、思想と取り違えられているこれらの定説にしがみつく。長いこと哲学に携わり、従って、公平な見方のできなくなってしまった人びとにとっては、他の者たちが「完全に明白なる」事物を何故理解できないのか、不思議に思われるのである。

例えば、「霊魂は不滅であり、個性のみが死滅する」というような、すこぶる単純な思想、ベルリンのミヘレートによってその著書の中でかくも巧みに展開された思想を、どうして理解できないのだろう。あるいはもっと単純な真理、すなわち、絶対精神は世界を通じておのれを意識すると共に、おのれ自身の自己認識を持つところの個性である、ということを、どうして理解できないのだろう、というわけだ。

すべてこれらのことは、わたしの友人たちにはきわめて平易なことに思われていたのだろう。彼らはわたしの「フランス的」反論に微笑するのみであった。そこでわたしはしばらくの間、彼らに圧倒されてしまって、彼らの哲学的〈隠語《ジャルゴン》〉を明確に理解するまで努力に努力を重ねたのである。

幸いにしてスコラ哲学は、神秘主義と同じように、わたしにはあまりふさわしいものではなかった。わたしはスコラ哲学の弓を力いっぱい引き絞ったので、弦は切れ、わたしの目の曇りは消えた。奇妙なことだが、ある婦人との論争がわたしをこのような結果に導いたのである。

一年後にわたしはノヴゴロドでひとりの将軍と知り合いになった。わたしが彼と知り合いになったのは、彼がまるっきり将軍というものに似ていなかったからだ。

彼の家の中は重苦しく、涙の跡を留めていた――明らかにそこを死が通り過ぎたのだ。白髪が早くも彼の頭を覆っていた。その顔のしわにもまして、善良そうな悲しげな微笑が彼の苦しみを表わしていた。彼は年の頃五十ほどであった。生命に溢れた若枝を折りとった運命の跡は、彼の妻の青ざめて痩せた顔の上に、もっとはっきりと認められた。彼らの家の中はあまりにも静かであった。将軍は機械いじりに没頭していた。妻の方は毎朝、どこかの貧しい娘たちにフランス語を教えていた。娘たちが帰って行くと、彼女は読書に取りかかった。沢山の花だけが、香わしく明るい別の生活の名残りを留めていた。それに戸棚の中には、おもちゃが並んでいた。しかし、それで遊ぶ者は誰もいなかった。

彼らには三人の子供がいた。二年前に九歳の男の子が死んだ。それは並外れて才能の豊かな子であった。数カ月経って、もう一人の子が猩紅熱《しょうこうねつ》で死んだ。母親は残された最後の子供を転地によって救うために、急いで村に出かけた。けれども数日後に戻ってきた。馬車の中の彼女の傍らには、柩が横たわっていた。

彼らの生活は意味を失い、すべてが終わってしまった。それはただ必要もなく目的もなく続いていたに過ぎない。彼らの存在はお互いに憐れみ合うことによって支えられていた。彼らに許されたただ一つの慰めは、どうにかこうにか十字架を背負って行くためには、互いに相手を必要としているという、深い確信であった。わたしはこれ以上の調和に満ちた結婚生活をあまり見たことがない。しかし、これはもはや結婚ではなかった——彼らを結び付けていたものは愛ではなく、不幸の中のある種の深い友情であった。彼らの運命は三人の子供の小さな冷たい手と、現在の、また、前途の望みなき空白とによって固く結ばれ、支えられていたのだった。

子供を喪って孤独となった母親は、おのれのすべてを神秘主義に委ねた。彼女は神秘的な和解の世界に悲しみからの救いを見いだした。彼女は人間の心に与える宗教の慰めによって欺かれていた。彼女にとって、神秘主義は冗談でも夢想でもなく、子供たちの再来であった。そして、彼女はおのれの宗教を守ることによって、子供たちを守ろうとしていたのだ。しかし、きわめて活動的な知力の持ち主でもあったので、彼女はしばしば人と議論をした。そして、自分の力を知っていた。わたしはそれ以前にも、またその後にも、生涯の間に、さまざまな種類の多くの神秘主義者に出会った。初めにかのヴィトベルク、それからナポレオンを神の軍事的化身と見なして、ヴァンドームの記念柱のそばを通る時にはいつも脱帽していた、トヴァンスキ〔ポーランドの神秘主義者〕の追随者たち。さらに今では忘れ去られた「マーパ[17]」。彼はモンモランシーとパリとの間の街道で起きた神との出会いについて、自らわたしに話して聞かせたものである。彼らの多くは神経過敏な人たちで、人の神経をかき乱し、空想や心に強い影響を与える哲学的な理解を、すべて気ままな象徴的表現と混同する。そして、論理の広場に出ることを好まない。

しかし、ラリーサ・ドミートリエヴナ〔将軍夫人〕はこの広場にしっかりと、恐れることなく立っていた。弁証法のかかる見事な駆使の仕方を、彼女がどこでどのようにして身につけたのか――わたしは知らない。一般に女性の成長というのは一つの神秘である。初めはすべてが空虚で、衣裳と踊り、罪のない悪口、小説、ウィンク、そして涙――それからにわかに、巨人のような意志、成熟した思想、大きな知力が現われてくる。情熱に心を奪われていた娘は消え去って――目の前には、民衆の心を揺さぶる美しい護民官テロワーニュ・ド・メリクール(18)が、また反乱兵士の群れと共にサーベルを手に馬を進める、十八歳のダーシコワ公爵夫人(19)が立ち現われる。

ラリーサ・ドミートリエヴナにあっては、すべてが完成していた。そこには疑惑も動揺も理論の弱さもなかった。イエズス会士あるいはカルヴィニストの中にさえ、彼女のように整然とおのれの教義を貫き通した者は恐らくいないだろう。

おのれの子供たちを失った後、彼女は死を憎む代わりに、生命を憎んだ。これこそ死の完全な讃美の教義たるキリスト教にとって、必要なものである。何故なら、地上的生活の軽視、肉体の軽視はこれより他の意味を持たないからである。ここからすべての生命あるもの、現実的なものに対する迫害――快楽、健康、喜び、生の豊かな感情などに対する迫害が生まれる。そしてラリーサ・ドミートリエヴナは、遂にゲーテやプーシキンを嫌うようになった。

わたしの哲学に対する彼女の攻撃は、独創的であった。弁証法の組み立てるすべての足場や、細かいからくりは、臆病者が自分の良心の恐れをかき消すための太鼓の響きか、騒音のようなものであると、彼女は皮肉な調子で断言するのであった。

「あなたがたはいかなる哲学によっても、人格神にも、霊魂の不滅にも決して達することはできません」と彼女は語った。「それでいて無神論者となって、死後の世界を否定する勇気はあなたがたの誰ひとりとして、持ち合わせてはいないんです。あなたがたはあまりに人間らしい人たちですから、こうした結果を恐れないではいられません。心の中に嫌悪の気持ちが起きて、それらの結果をつきはなしてしまうんです。そこで眼を逸らすために、また宗教が簡単に素朴に与えてくれるものに達しようとして、あなたがたはご自分の論理的な奇蹟を考えだそうとしているんですわ。」

わたしは反対し、論争した。しかし心の中では、自分が完全な証明を持っていないのだということ、また彼女の方がわたしよりも、もっとしっかりと自分の土台の上に立っているのだということを感じていた。

わたしの惨めな立場を完全なものとするためには、ひとりの医事監督官の出現が必要であった。これは善良な人物であった。しかし彼は、わたしがかつて出会った最も滑稽なドイツ人のひとりであった。彼はオーケンとカールス〔シェリング派の哲学者〕の狂信的な崇拝者で、引用によってものを考え、すべてに対して準備された答えを持っていた。

そして、どんなことも疑ったことがない。しかも、自分が、わたしとの間に、完全な意見の一致を見ているものと思っていた。

　その医師はいつも我を忘れてしまった。そして、他の手段では成功しなかったので、なおさらいきり立つのであった。彼はラリーサ・ドミートリエヴナの考えを女の気紛れと見なし、アカデミーの研究についてのシェリングの講義を引用し、人間には永遠の精神的な原理が内在し、自然の内部にはある個人的な〈精神《ガイスト》〉が潜んでいるということを証明するために、ブールダッハ[20]の生理学からの断章を朗読した。

　ラリーサ・ドミートリエヴナは、汎神論のこのような「裏口」をずっと前に通過していたので、彼をいつも論破した。そして微笑しながら、わたしに目配せするのであった。彼女はもちろん彼よりも正しかった。そしてわたしは、我がドクトルが勝ち誇ったように笑うのを見て、真面目に頭を悩ませ、苛立たしさを覚えるのであった。これらの論争が強くわたしの心を捉えたので、わたしは新しい熱意をもってヘーゲルの研究に取りかかった。確信の乏しさ故の苦しみは、長くは続かなかった。真理は目の前にほの見え、そしてますますはっきりとしてきた。わたしは論敵である婦人の考えに傾いた。しかし、彼女の欲していたような形においてではなかった。

「あなたは完全に正しい」とわたしは彼女に言った。「わたしはあなたと論争したことを恥ずかしく思います。もちろん個人的な精神も霊魂の不滅もありません。だからこそそれが存在するということを証明するのが非常に難しかったわけです。ご覧なさい。こういう先走った仮定を設けなくても、すべてが単純で、自然なんですよ。」

わたしの言葉に彼女は戸惑った。しかしすぐに立ち直って、次のように言った。

「あなたをお気の毒に思います。でも、それもよくなってゆくかもしれません。あなたはそうした考え方を、いつまでも、持ち続けることはできないでしょう。それはあまりに空虚で、重苦しいものです。でもそこへゆくと、わたしたちのドクトル」と彼女は微笑みながら付け加えた。「あれは救い難い人です。恐ろしいと思わないんですものね。霧の中にいて、一歩先も見えないのに。」

しかし、彼女の顔はいつもより青ざめていた。

それから二、三カ月後にオガリョーフがノヴゴロドに立ち寄った。彼はわたしにフォイエルバッハの『キリスト教の本質』を持ってきてくれた。最初の数ページを読んで、わたしは喜びのあまり跳び上がる思いであった。仮装舞踏会の衣裳を捨てよ、曖昧な言葉や、謎めいた表現はもう沢山だ。われわれは自由な人間で、クサントス〔前五世紀のギリシアの歴史家〕の奴隷ではない。真理に神話の衣を着せる必要はないのだ！

その頃、こうした哲学的熱中の最中に、わたしは『学問におけるディレッタンティズム』についての諸論文を書き始めた。その中でわたしはついでにドクトルに仕返しをしておいた。

さてベリンスキーに戻ることにしよう。

彼が一八四〇年にペテルブルクに去ってから数カ月の後に、わたしたちもそこへ移り住んだ(21)。わたしは彼のところへは行かなかった。ベリンスキーとわたしの仲違いに、オガリョーフは深く心を痛めていた。彼は、ベリンスキーの馬鹿げた考えが一時の病であることを理解していた。わたしもそれを理解していた。しかし、オガリョーフはわたしよりも善良だった。彼は何度も手紙を書いて、わたしとベリンスキーとを会わせようとした(22)。われわれの会見は冷たく、不愉快で固苦しいものであった。しかしベリンスキーもわたしも、すぐれた外交官ではなかった。無意味な会話の間に、わたしは「ボロジノーの記念日」についての論文のことを話した。ベリンスキーは急に席から立ち上がり、顔を赤くして、無邪気な調子でわたしに言った。

「ああ、やっとそのことを言ってくれましたね。ぼくは馬鹿げた性質だもんだから、どうやって切り出したらいいか、分からなかったんです。……君の勝ちです。ペテルブルクの三、四カ月の生活が、どんな論証よりもはっきりと、ぼくに教えてくれましたよ。あの馬鹿げた論文のことは忘れることにしましょう。こういうことを話せば、それで十分だと思いますが、最近ぼくはある知人[23]のところで食事をしていたんです。そこにひとりの工兵士官が来ていて、主人が彼にわたしを紹介しようかときいていました。「あれはボロジノーの記念日について論文を書いた人ですか」と士官が小声で尋ねました。「そうです。」「いや結構です」と彼はすげなく答えました。ぼくは話を全部聞いていたので、我慢できなくなってしまって、その士官の手を固く握りしめて、言いました。「あなたは立派な人です。わたしはあなたを尊敬します……。」これで沢山でしょう。」

この瞬間から、そしてベリンスキーの死に到るまで、わたしは彼と手を携えて進んだ。

ベリンスキーは、予期されたように、言葉のあらゆる辛辣さ、尽きざるエネルギーをもって、おのれのかつての見解を攻撃した。彼の友人たちの多くの者の立場は必ずしも羨むべきものではなかった。〈王よりももっと王統派的〉となった彼らは、名誉ある和解を拒むものではなかったものの、いささか自棄《やけ》気味に、自分たちの理論を主張すべく躍気になっていた。

行動的で才気煥発な連中はみなベリンスキーの側に移った。頑な形式主義者とペダントたちだけが、彼から離れて行った。その一部の者は、生命なきスコラ的な学問のドイツ的な自殺にまで到達し、そのため、あらゆる生き生きとした関心を失い、おのれ自身の消息をも失った。また正教的スラヴ主義者になった者もいる。ヘーゲルとステファン・ヤヴォルスキー〔ピョートル一世時代の神学者〕との合体がどれほど奇妙なものに見えようとも、それは、一般に考えられているよりも、もっとありうることである。ビザンツ神学は、形式的に理解されたヘーゲルの弁証法とまったく同じ外面的な詭弁であり、論理的定式の遊戯である。《モスクワ人》誌に掲載された若干の論文は、哲学と宗教とのソドム的結合が才能ある者の手によって行なわれた場合には、どんなことになるかということの厳粛な証明である。

ベリンスキーはヘーゲルの一面的理解を捨てはしたが、ヘーゲル哲学そのものまで捨てたのではない。まったくその反対であって、まさにここから哲学的理念と革命的理念との、彼の活気溢れる的確で独創的な結合が始まるのである。わたしはベリンスキーをニコライ時代の最も注目すべき人物のひとりと考えている。ポレヴォーイの中で一八二五年をやっと生き延びた自由主義の後に、また、チャアダーエフの暗い論文(24)の後に現われたのは、苦しみの中に生み出されたベリンスキーの怒りに満ちた否定であり、あらゆる問題への熱烈な発言である。多くの批評論文の中で彼は、間接的にも直接的にも、あらゆる問題に触れている。そして、常に権威に対する自己の憎悪に忠実であり、しばしば詩的な霊感にまで高まるのであった。批評の対象となっている書物は、多くの場合、思想展開の出発点となっているに過ぎない。彼は途中でその書物を投げ捨て、何か別の問題に没頭する。『オネーギン』の中に「親戚とはこういうものだ」[25]という詩句があると、これは彼にとって家庭生活を批判し、すべての親族関係を細部にわたって検討するための十分な動機となる。『タランタス』についての、ツルゲーネフの『パラーシャ』についての、デルジャーヴィンについての、またモチャーロフ〔悲劇俳優〕とハムレットについての彼の論文を覚えていない者がいるだろうか。

原則への忠実さ、臆することなき一貫性、検閲の浅瀬を縫って行く巧みな遊泳術、そして文学趣味の貴族たちや高等官の作家たちへの、また敵を負かすためには手段を選ばず、反批判が駄目なら密告をも辞さない文壇の大立者たちへの大胆な攻撃。ベリンスキーは彼らを容赦なく笞打ち、才能の乏しい格式ばった田園詩の作者たち、教養や慈善や感傷を愛好する者たちのこせついた自尊心を引き裂いた。彼は彼らの大切な心の奥底の思想や、白髪のもとに花咲く詩的な空想や、アンナ勲章の綬で覆い隠された彼らの幼稚さを嘲笑した。彼らはそのことでどれ程彼を憎んだことだろう！

スラヴ派も、それ自身としては、ベリンスキーに対する闘いの時から正式に存在し始めたのである。ベリンスキーは彼らを苛立たせ、しまいには毛皮帽子や百姓外套を身につけさせるに到った[26]。ベリンスキーの方が先に《祖国雑記》誌に書き、キレーエフスキー[27]が《ヨーロッパ人》と題する見事な雑誌を発行し始めたという事実を思い出しさえすれば十分である。これら二つの名前は、初めにあったのはニュアンスの違いだけであって、意見や党派の違いはなかったのだということを、なによりもよく立証している。[28]

ベリンスキーの論文をモスクワやペテルブルクの青年たちは、毎月二十五日から、待ちきれぬ思いで待っていた。学生たちは五回もコーヒー店に行って、《祖国雑記》がきたかどうかを聞くのであった。分厚い雑誌が手から手へと奪い合うようにして回し読みされた。「ベリンスキーの論文は載っているかい。」――「載っているよ。」そして青年たちは熱狂的な共感をもって、笑いや議論を交えて、読み耽った……。そして彼らの間の信条や評価の分裂は消えてしまう。

ペトロ・パウロ要塞監獄の司令官スコーベレフがネフスキー大通りでベリンスキーに会った時、次のような冗談を言ったというのも故なきことではないであろう。

「いつわたしどものところに見えますか。わたしは暖かい独房をすっかり準備してあります。あなたのためにとってあるのですよ。」

わたしは別の書物[29]の中で、ベリンスキーの思想的発展と彼の文学的活動について語った。ここでは、彼自身のことについて少し書いておこう。

ベリンスキーは大変なはにかみ屋であった。知らない人びとの間や、非常に大勢の人びとの前では、途方に暮れてしまうのが常であった。彼は自分でこのことを知っていたので、それを隠そうとして、きわめて滑稽なことを仕出かすのであった。K《カー》[30]が彼を説きふせて、ある婦人を訪ねることを承知させた。彼女の家に近付くにつれて、ベリンスキーはますます陰気になり、別の日にするわけにはゆかないのかと聞いたり、頭痛を訴えたりした。Kは彼の性質をよく知っていたので、どんな言い訳も聞きいれなかった。婦人の家についた時、ベリンスキーは橇からおりると、逃げ出そうとした。しかし、Kは彼の外套を摑んで放さなかった。そして、婦人の前に連れて行った。

彼は時々、オドーエフスキー公爵[31]のところで開かれる文学者や外交官の集まる夜会に出席した。そこには互いにある種の恐怖心と嫌悪の念とを抱き合っている他には、何ら共通のものを持っていない人びとが集まっていた。そこには外国の大使館員たち、考古学者のサハロフ、画家たちとマイエンドルフ、教養のありそうな四等文官たち、北京から帰ったイアキンフ・ビチューリン[32]、半ば憲兵のような人たち、半ば文学者のような人たち、それから完全な憲兵たちと完全に文学者でない人たちが出ていた。A・K[33]はそこで沈黙を守り通していたので、将軍たちは彼を権威者と思い込んでいたほどである。その家の女主人は心に悲しみを秘めて、夫の卑しい趣味を眺めながら、これに譲歩していた。それは丁度ルイ・フィリップが、その支配の初めの頃に、選挙人たちの歓心を買うために、チュイルリー宮殿の舞踏会に、〈平土間〉に属するズボン吊り職人や薬種商人や靴屋、その他の尊敬すべき市民たちの群れを招待したのと同じようなものだ。

ベリンスキーはこうした社交界では、ロシア語を一言も理解しないザクセンの公使だの、口に出されない言葉までも理解する第三課の役人だのの間にあって、まったく途方に暮れていた。彼はその後で、二、三日病気になるのが常であった。そして、彼を無理やりそこへ出席させた友人を呪うのであった。

ある新年の前夜の土曜日に、主賓たちが帰ったあと、オドーエフスキーが、〈内輪の者だけで〉ポンスを作ることを思いついた。ベリンスキーはできればすぐに立ち去りたいところであった。しかし、家具のバリケードが邪魔をした。彼は部屋の隅に身を隠した。すると彼の前に、ワインの瓶やコップを載せた大きなテーブルが置かれて、彼の向かいに、金の「モール」のある白い制服のズボンをはいたジュコーフスキーが着席した。ベリンスキーは長いこと我慢していたが、自分の運命がいささかも改善されないのを見て、少しずつテーブルをずらしはじめた。テーブルは初めの内は彼の思うように動いたが、それからひと揺れすると、音を立てて、ひっくり返った。瓶の中のボルドーが、ジュコーフスキーの上に深刻に流れだした。ジュコーフスキーは飛び上がった。赤いワインが彼のズボンの上を流れている。騒ぎが起きて、下僕がナプキンを持って、ズボンの残りの部分にまで、ワインを赤くこすりつけるために、駆けつけてきた。もう一人の下僕がコップのかけらを拾い集めた……。この騒ぎの間にベリンスキーは姿を消した。そして、生きた心地もなく、歩いて家に帰りついた。

愛すべきベリンスキーよ！　このような出来事に、どれほど長い間、彼は腹を立て、心をかき乱されていたことだろう。笑いもせず、首を振って、部屋の中を歩きまわりながら、いかに恐怖の念をもって、彼はそれらのことを思い出していたことだろう。

しかしこのはにかみ屋の、この痩せこけた体の中には、強靭な剣闘士の天性が宿っていた。然り、これは強い戦士であった。彼は説教したり教えたりする術を知らなかった。彼には論争が必要であった。反論や興奮なくしては、彼はうまく語ることができなかった。しかし、彼が辱められたと感じた時、ことが彼の大切な信念に関わる時、そして、彼の頬の筋肉がひきつり、声が途切れ始める時、こういう時の彼は見ものであった。彼は豹《ひょう》のように相手に襲いかかって、これを引き裂く。相手を滑稽で惨めなものとし、そのついでに、異常な力と異常な詩情とをもって、自分の思想を繰り広げるのであった。論争は非常にしばしば、病人の喉から流れ出る喀血《かっけつ》をもって終わった。青ざめ、喘ぎ、相手の顔に目を凝らしながら、彼は震える片手でハンカチを口にあてがった。そして、おのれの肉体的な弱さを深く悲しみ、傷つきながら、口を噤むのであった。わたしはこういう瞬間の彼をいかに愛し、また、気の毒に思ったことだろう！

文壇の請負人たちによって経済的に圧迫され、検閲によって精神的に圧迫され、ペテルブルクで彼にあまり好意を持たない人びとに取り囲まれ、バルト海のきわめて不健康な気候によって悪化した病気に蝕まれながら、彼はますます苛立ちやすくなっていた。彼は仲間以外の者を避け、人嫌いと思われるほどに内向的になり、時には幾週間も陰気な無為の内に過ごすこともあった。と、そこへ、編集者が次々と手紙を寄こして、原稿を催促する。債務奴隷となった文学者は歯ぎしりをしながらペンを執る。そして読者の心をかくも強く打つところの、怒りに震えるあの毒気に満ちた諸論文、あの数々の起訴状が書かれるのである。

しばしば彼は力尽きて、休息するためにわたしの家に来ることがあった。彼は床の上に横になって、わたしの二歳の子供と一緒に何時間でも遊んでいた。わたしたち夫婦と彼との三人でいる間は、この上もなく穏やかであった。しかし、橇の鈴の音が聞こえてくると、彼はひきつるように顔をしかめる。そして不安そうに周りを見回して、帽子を探し始める。しかしその後で、スラヴ人独特の気の弱さから、その場に止まる。それから、彼に向かって語られたわけでもない一つの言葉、一つの意見が、まことに独創的な場面や論争を引き起こすのであった。

ある時彼は、受難週間[34]に、さる文学者の家で食事をしたことがある。精進料理が出された。

「前から」と彼は訊いた。「あなたはこんなに信心深いんですか。」

「わたしたちが精進料理を食べているのは」と文学者は答えた。「ただ召使たちのためです。」

「召使たちのためですって」とベリンスキーは言って、青くなった。「召使たちのためですって」と彼は繰り返して、席を立った。「お宅の召使たちはどこにいます。わたしは彼らが欺かれているんだということを教えてやります。どんなにおおっぴらな悪徳だって、弱い、教養のない人間に対するこの軽蔑、無知を支えているこの偽善よりはましだし、もっと人間的です。それでいて、あなたがたは自分たちを自由な人間だと思っているんです。あなたがたはツァーリや教皇やアメリカの農場主たちと同類です！　さよなら、わたしは教訓のための精進料理は食べません。わたしのところには召使はいませんから！」

　ロシア人の中でも、救い難いほどドイツ人的なひとりの男がいた。これはわれわれの大学のマギストル〔学士〕で、ベルリンから帰ったばかりであった。青縁眼鏡をかけた気取り屋で、礼儀にうるさい四角四面の男であった。彼は哲学と言語学を勉強することによって、自分の才能を弱め、打ち壊して、永久に進歩を停止してしまった。空論家で、幾らかペダントでもあった彼は、教訓じみた話をするのが好きだった。ある時、召使たちのために精進を守っていた、あの小説家の家で催された文学者の集まる夜会の席で、何かお上品で当たり障りのないお説教を始めた。ベリンスキーは部屋の隅のソファに横になっていたが、わたしがそばを通ると、服の裾を摑んでわたしを引きとめて言ったものだ。

「君、あのならず者の駄ぼらを聞いたかい。ぼくはさっきから舌がうずうずしているんだが、何だか胸が痛いし、人が大勢いる。お願いだ、あいつをからかってこっぴどい目にあわせてくれ、何かうまいこと笑いのめして、ぐうの音もでないようにしてくれ。君の方がうまくやれる。ひとつやってみてくれ。」

わたしは笑った。そして、ねずみにブルドッグをけしかけるように、わたしをけしかけているのだと言った。わたしはこの紳士をほとんど知らないし、彼の話をよく聞いてもいなかったのだ。

その晩の会も終わりに近くなった頃、青緑眼鏡のマギストル氏は、コリツォーフ(35)が民衆の服装を捨て去ったということで、この詩人を罵った後、急にチャアダーエフの有名な「書簡」について話し始めた。そして、それだけでも人の嘲笑を呼ぶに十分な、学者ぶった調子で語られたその卑俗な話を、次のような言葉で結んだ。

「とにかく、わたしは彼の行為を軽蔑すべき、醜悪なものと考えます。わたしはああいう人間を尊敬しません。」

部屋の中には、チャアダーエフと親しい人間が一人いた。それはわたしである。チャアダーエフについて、わたしはまだ多くを語るだろう。わたしは彼を常に愛し、尊敬していた。そして、彼によって愛されていたので、このような粗野な意見を黙認することは、わたしには許し難いことに思われた。わたしはこのマギストル氏に、あなたはチャアダーエフがその論文を何かの思惑から、あるいは良からぬ意図を持って書いたものと考えているのかと、さりげない調子で聞いた。

「全然そうではありません」と彼は答えた。

そこで楽しくない会話が始まった。わたしは彼に、自分の意見を大胆に表現し、そのために苦しみを受けた人に対して、「醜悪」とか「軽蔑すべき」とかいう形容詞を使うことは醜悪なことであり、軽蔑すべきことだということを証明しようとした。相手は国民の一体性について、祖国の結束について、この結束を破壊する犯罪について、また触れるべからざる聖物の存在について、わたしに説明した。

急にベリンスキーがわたしの話を遮った。彼は長椅子から起き上がり、布のように青白い顔をして、わたしに近付いてきた。そしてわたしの肩を叩いて、こう言った。

「見たまえ、とうとう本音を吐いた。異端審問官、検閲官め！　思想を縄でしょっぴこうというんだ。」それから彼は喋り始めた。

彼は真面目な言葉に辛辣な皮肉を交えながら、厳しい霊感をもって語った。

「実に不思議な感受性だ！　棒で殴られているのに、われわれは腹も立てない。シベリアに流されても、腹を立てない。そこでチャアダーエフがこういう国民的名誉に批判を加えた。喋るべきではない、喋るなんて出過ぎたことだ、下男風情は口を出してはならない、というわけだ。もっと文化的な国々では、コストロマーやカルーガ(36)などよりも感受性が発達しているはずなのに、どうして言葉によって侮辱を感じることがないんですかね。」

「文化的な国々には」とマギストルは模倣し難い自己満足をもって言った。「牢獄というものがあって、国民全体が大切にしているものを侮辱するような狂人たちを閉じ込めています……。そして、これは大変結構なことです。」

ベリンスキーは背筋を伸ばしてすっくと立った。この瞬間の彼は恐ろしく、そして偉大であった。病める胸の上に腕を組んで、マギストルを真っ直ぐに睨みつけながら、彼は低い声で言った。

「だがもっと文化的な国には、ギロチンというものがあって、それを結構なことだなんて考えている人間どもの首をちょんぎっています。」

こう言うと、彼は力尽きたように、肘かけ椅子に身を投げて、黙り込んだ。「ギロチン」という言葉を聞いて家の主人は青くなった。客たちも不安になり、しばらく会話が途切れた。マギストルは縮みあがった。だが、こういう時にこそ人間の自尊心には歯止めがかからなくなるものだ。イワン・ツルゲーネフが、人間というものは、自分でも恐ろしくなるほど議論に熱中した時は、一語を口にする前に、舌を十回ほど口の中で動かすといいと語っている。

マギストルはこういう家庭療法を知らなかったので、下らぬ話を続けた。だが、ベリンスキーに向かってというよりは、むしろ他の人たちに向かって話していた。

「あなたの不寛容さにもかかわらず」と彼はしまいに言った。「わたしはあなたが同意してくださることが一つだけあると確信します。それは……。」

「いや」とベリンスキーは答えた。「あなたが何を言おうと、わたしは決して同意しません！」

みんなは笑い出し、それから食堂に向かった。マギストルは帽子を取ると、立ち去った。

……窮乏と苦悩が間もなくベリンスキーの病める肉体をすっかり蝕んでしまった。彼の顔、とりわけ口の周りの筋肉、悲しげな動かぬ視線が、彼の精神の張りつめた働きと肉体の急速な解体とを語っていた。

わたしは一八四七年の秋にパリで最後に彼と会った。彼の健康はまったく損なわれていて、彼は大きな声で語ることを恐れていた。僅かに時折、数分の間、かつてのエネルギーが蘇り、燃え尽きようとする火によって明るく輝くのであった。このような時に、彼はゴーゴリへの手紙を書いたのである(37)。

二月革命の知らせが届いた時、彼はまだ生きていた。彼は革命の空焼けを、明け行く朝と思いつつ死んだのだった(38)。

スタンケーヴィチのグループ

一八五四年に書いた時には、この章はここで終わっていた。その時から多くのものが変わった。今のわたしは、あの時代に遥かに近付いている。この地の人びととのますます広がってゆく隔たりによって、オガリョーフの『ロンドン』来着(39)によって、また二つの書物(40)――アンネンコフ(41)によるスタンケーヴィチの伝記とベリンスキーの著作集の最初の部分――の出版によって、わたしはあの時代の思い出に近付いたのである。病院の窓が急に開かれて、野の爽やかな風、春の若々しい空気が流れ込んできたようなものだ。

スタンケーヴィチの往復書簡の出版は、世の注意を引くことなく過ぎた。それは悪い時期に出版された。一八五七年の末に、ロシアはニコライ帝の葬儀[42]からまだ立ち直るに到らず、何かを待ち受け、期待するだけだった。社会のこのような気分は、過去の思い出にとっては都合の悪いものである……。しかし、この書物が亡びることはないだろう。それはみすぼらしい墓の上の、おのれの時代の稀有な記念物の一つであり続けることだろう。そして、文字を読みうる限りの者はそこに、あの時代に何が音もなく葬られたかを、読み取ることができるだろう。

一八二五年から一八五五年に到る疫病の如き時代は、やがてまったく閉じられるだろう。だが、警察によってかき消された人間的な痕跡が蘇ることはないだろう。そして未来の世代は、平らに打ち固められた空き地の前にいぶかしげに立ち止まり、思想の歩みの消え去った跡を探し求めるだろう。だが思想は本質においては途絶えることがなかった。ちょっと見たところ、流れは止まっていた。ニコライ帝は動脈を縛った。しかし血は脇道を通って流れていた。血を通わせていたこれらの毛細血管こそ、ベリンスキーの著作やスタンケーヴィチの往復書簡の中にその跡を留めていたのである。

三十年前には、未来のロシアは、幼年期を過ぎたばかりの数人の少年たちの間にのみ存在していた。彼らはまったく僅かな、人目に付かぬものだったので、彼らの居場所は専制政治の長靴の裏と地面との間だけで十分だった。だが、彼らの中で十二月十四日の遺産、全人類の学と純粋に国民的ルーシとの遺産が守られた。この新しい生命は冷えきらぬ噴火口の縁に生える草のように生きていたのである。

怪物の口の中に、他の子供とは違った子供たちが現われる。彼らは成長し発達し、まったく違った生活を営み始める。弱々しく、数も少なく、何者によっても支持されないどころか、逆にすべての者によって迫害されている彼らは、ほんの僅かな痕跡を残すことなく、簡単に亡びることもありうる。しかし、彼らは残っている。そして、もし途中で死ぬことがあるとしても、すべてのものが彼らと共に亡びるのではない。これは原形質であり、歴史の胚芽である。そして、一般にすべての胚芽と同じように、それはほとんど目に付くことはないが、しかし、辛うじてながら存在し続けていたのである。

彼らの中から、少しずつグループが作られ、互いに近いものが核の周りに集まる。その後、グループは互いに他を排除し合う。この分裂は彼らに発展のための広さと多様性とを与える。終わりまで、すなわち極限にまで発達すると、枝は再び統一される。それはどういう名前で呼ばれてもよい――スタンケーヴィチのグループ、スラヴ派、あるいはわれわれの小さなグループでもよい。

すべてこれらのグループの主な特徴は、官製のロシアからの、また、周りの環境からの深い疎外感であり、それと同時に、その環境から抜け出ようとする志である。だが時に、ある者はその環境そのものを根絶しようという性急な望みを抱くようになる。

こういう反論があるかもしれない。すなわち、上からも下からも認められることのないこれらのグループは、例外的な、偶然の、そしてつながりのない現象であり、これらの青年の大部分の者の教育はロシアにとって無縁な、異国風のものであったし、彼らの表現しているものは、何か自分たち自身のものであるよりは、むしろフランス的な、あるいはドイツ的な理念の、ロシア的なものへの移し換えに過ぎないと。このような反論は――われわれには、まことに根拠の弱いものに思われる。

十八世紀の末と今世紀の初めの頃には、貴族階級の中に、国民生活とのすべての結び付きを断ち切った、ロシアの外国人の薄い層が存在していたかもしれない。しかし、彼らは生き生きとした関心も、確信に基づいたグループも、自己の文学をも持たなかった。彼らは跡形もなく消え去った。民衆とのピョートル的断絶の犠牲者である彼らは、気紛れな変わり者であり続けた。これらは必要でないばかりか、同情にも値しない人びとであった。一八一二年の戦争と共に、彼らの時代は終わった。古い世代は余生を送っていたが、新しい世代はこの方向には進まなかった。チャアダーエフのような人たちを彼らの中に入れることは、この上なく大きな間違いだろう。

抗議、否定、そしてもしお望みなら、祖国への憎悪は、冷たい無関心とはまったく違った意味を持っている。バイロンはイギリスの生活に笞を打ち、疫病から逃れるようにイギリスから逃れたが、常に典型的なイギリス人であり続けた。ハイネは、ドイツの厭うべき政治状態を憎悪するあまりフランス風になろうと努めたが、常に真のドイツ人であった。ユダヤ教に対する最高の抗議であるキリスト教は、ユダヤ的性格に満ちている。北アメリカ合衆国のイギリスからの分離は、戦争と憎悪を呼び起こすことはできたが、北アメリカ人を非イギリス人にすることはできなかった。

概して、生理学的な思い出や遺伝的な性格を捨て去ることは、きわめて難しいことである。そうするためには、格別に冷淡な、干からびた心を持つか、抽象的な仕事に携わることが必要である。数学の非個性的性格、自然の超人間的客観性は、精神のこれらの側面を呼び起こすことも、目覚めさせることもない。しかし、われわれが生活上の、芸術上の、また道徳上の問題、すなわち、人間が観察者や審判者であるばかりではなく、同時に参加者でもあるような領域の問題に触れるや否や、われわれはそこに生理学的な限界を発見する。人が揺り籠の歌や、ふるさとの野山や習慣や、周りのすべての制度を捨て去ることなしに、今までの血液と今までの頭脳を持ったまま、この限界を超えることはきわめて困難である。

詩人や芸術家は、自分たちの真実の作品の中では、常に国民的である。彼がその創作の中で何をしようと、どんな目的や思想を持っていようと、彼は自分の意志と関わりなく、国民的性格の何らかの要素を表現し、それらを国民の歴史そのものが表現するところよりももっと深く、もっとはっきりと表現する。国民的なものをすべて捨て去ろうとする場合でさえ、芸術家はその国民的帰属性の識別を可能ならしめるような、根本的な特徴を失うことはない。ゲーテはそのギリシア的な『〔タリウス島の〕イフィゲーニエ』においても、東方的な『ディヴァン〔西東詩集〕』においても、やはりドイツ人である。詩人は事実上、ローマ人の表現を用いるなら、「預言者」である。ただ、彼らは存在しないものや偶然的なものについて語るのではなく、知られざるもの、大衆の定かならぬ意識の中にあって、そこにまどろんでいるものについて語るのである。

太古からアングロ・サクソン諸民族の心の中に存在したすべてのものが、ひとりの人間によって、さながら輪で束ねるように、捉えられた。そして世代から世代へと受け継がれて、はっきりと意識されずに発酵していた繊維、暗示、企ての一つひとつが形式と言葉を与えられた。

エリザベス時代のイギリス、とりわけその国民の大部分の者が、シェークスピアをはっきりと理解していたなどとは、恐らく誰も考えないだろう。国民の大部分の者は今でも彼のことをはっきりとは理解していない。そもそも、彼らは自分自身をもはっきりとは理解していないのだ。しかし、劇場に通うイギリス人が本能的に、共感によってシェークスピアを理解していること、このことをわたしは疑わない。舞台に耳を傾けている瞬間に、彼は何かが自分にとって一際親しく、明らかになることを感じる。フランス人のように理解の早い国民なら、やはりシェークスピアを理解することができるかもしれない。例えば、ハムレットの性格は、とりわけ懐疑と逡巡の時代、その懐疑と逡巡との傍らで行なわれた、ある暗い行為の意識の時代、些末で卑俗なもののために偉大なものが裏切られる時代においては、この性格が理解されないなどと考えることも困難なほどに、全人類的なものとなっている。しかし、いかなる努力と試みにもかかわらず、ハムレットはやはりフランス人には無縁なものである。

ロシア的なものをすべて一貫して軽蔑した十八世紀の貴族たちが、実際には、召使たちが百姓であり続けたよりも、信じ難いほどに、遥かにロシア人であり続けたとすれば、若い人たちの場合にも、彼らがフランスやドイツの書物で科学を研究しただけでロシア的な性格が失われるなどということは、一層ありえないことであった。ヘーゲルを手にしていたモスクワのスラヴ派の一部の者は、ウルトラ・スラヴ主義の高みに登ることになったのである。

われわれがいま話している幾つかのグループの出現そのものが、その頃のロシアの生活の深い内面的な要求に対する、当然の答えであった。

一八二五年の急転の後の沈滞については、われわれはすでに幾度も語った。社会の道徳的水準は低下し、進歩は中断し、先駆的な者、活動的な者はすべて社会の中から消し去られ、残った者といえば怯えた、弱々しい、途方に暮れた者たちばかりで、彼らは卑小で、取るに足りない者たちであった。アレクサンドル帝時代の世代の屑のような連中が第一線を占めた。彼らは少しずつ卑屈な実務家に変わり、酒盛りや怠惰な生活の持つ粗野な詩情も、自立的な尊厳の痕跡もすべて失った。彼らはただひたすら忠勤に励み、昇進した。しかし、威厳を備えるには到らなかった。こうして、彼らの時代は過ぎ去った。

この大きな世界〔スヴェート、「上流社会」という意味もある〕の下に、民衆の大きな世界〔ミール、「農村共同体」を含意している〕が無関心に沈黙していた。民衆にとっては、何一つ変わらなかった。生活は苦しかった。しかし、前よりも苦しくなったわけではない。新しい打撃がその打ちのめされた背中に降りかかることはなかった。民衆の時代はまだ到来していなかった。社会のこの屋根とこの土台との間に、最初の子供たちが頭をもたげた。彼らが頭をもたげたのは、それがいかに危険なことであるかを考えてもみなかったからかもしれない。しかしとにかく、途方に暮れていたロシアは、これらの子供たちによって、自分を取り戻し始めたのである。

彼らの注意を引いたのは教義の言葉と四囲の生活の現実との、この上もなく完全な乖離である。教師や書物や大学は一つのことを教えた――そして、この一つのことは頭にも心にも理解された。ところが、父と母、親戚の者たち、周り中のすべてのものは別のことを教えた。頭も心もこれと調和することができない。しかし、政府や金銭上の利害はこれと調和している。教育と日常生活との間のこの乖離が、貴族のロシアにおけるほど、甚だしい程度に達していた国はどこにもない。頭の僅か七分の一の部分に、前びさしのついた丸い学生帽を乗せ、世界を揺さぶるような突飛な言動をする毛むくじゃらのドイツ人学生は、普通に考えられているよりは、遥かにドイツの町人に近い存在である。また、競争と名誉心のために痩せ細ったフランスのギムナジアの生徒は、〈すでに自分の立場を利用することを心得ている未来の分別くさい大人〉である。

我が国では教育を受ける人間の数は、常にきわめて僅かであった。しかし教育を受けた者は、包括的とは言えないまでも、かなり広い人間的な教育を受けていた。そのような教育は、それが受け入れられた時には、常に生徒たちを人間的にしたのである。しかしそのような人間らしい人間は、階級的ピラミッドのためにも、地主的生活の繁栄のためにも、必要のないものであった。そこで再び人間らしくなくなるか（大部分の者はそうなった）、あるいは立ち止まって、「是非とも勤務につかなければならないものなのか。地主であることは本当にいいことなのか」と自問するか、そのいずれかが必要であった。その後で、比較的意志の弱い、忍耐心のない人たちにとっては、退役少尉の生活、村の安逸、緩やかな部屋着、奇行、カルタ、酒の生活が始まる。他の人たちには、試煉と内面の活動との時期が始まる。完全な精神的不調和の中に生活することは、彼らにはできなかった。また、消極的な自己否定に満足することもできなかった。かき立てられた思想は出口を求めていた。若い世代を同じように苦しめていた諸問題のさまざまな解決が、さまざまなグループへの分裂をもたらした。

　こうして例えば、われわれのグループが生まれたのだし、同じ大学の中にすでにスングーロフのグループができていたのだ。このグループの傾向は、われわれのグループの場合と同じように、学問的というよりは、むしろ政治的なものであった。同じ頃に作られたスタンケーヴィチのグループは、この二つのグループに対して、付かず離れずの位置にあった。それは別の道を歩んでいた。それの関心は純粋に理論的であった。

　一八三〇年代には、われわれの確信はあまりに若く、あまりに熱烈で性急だったので、おのずから排他的なものとならざるをえなかった。われわれはスタンケーヴィチのグループを、冷やかに尊敬することはできた。しかし、それに接近することはできなかった。彼らは哲学的体系の図面を引いて自己分析に耽り、華やかな汎神論の中に安住していた。そこではキリスト教は排除されていなかった。われわれの方は、デカブリストの手本に倣って、ロシアに新しい同盟を作ることを夢想して、学問そのものは手段と考えていた。政府がわれわれの中の革命的傾向を強めるために努力した。

一八三四年にスングーロフのグループの全員が流刑に処せられ――そして、消息を断った(43)。

一八三五年にはわれわれが追放された。五年の後にわれわれは、試煉に鍛えられて、流刑地から戻って来た。青年時代の数々の夢は、成人の不退転の決意となった。これはスタンケーヴィチのグループの最も輝かしい時期であった。わたしはその時、スタンケーヴィチ自身には会えなかった。彼はドイツにいた。しかし他ならぬこの時期に、ベリンスキーの論文がすべての者の注意を引き始めていたのである。

流刑から戻って、われわれはスタンケーヴィチのグループと自分たちの力を比べてみた。闘いは双方にとって釣り合いの取れないものだった。土台、武器、用語――すべてが違っていた。実りなき論争の後に、われわれは真剣に学問に携わるべき時が来たことを知った。そして、自らヘーゲルとドイツ哲学とに取り組んだ。われわれがかなりの程度にそれを会得した時、われわれとスタンケーヴィチのグループとの間には、論争の種などはないのだということが明らかになった。

スタンケーヴィチのグループの解体は避け難いものであった。それはおのれの仕事を成し終えた。しかもきわめて見事に成し終えた。文学全体に対する、学問的教育活動に対する、それの影響には絶大なるものがあった。ベリンスキーとグラノーフスキーの名[44]を挙げるだけで十分だろう。その中でコリツォーフが成長した。ボトキンやカトコーフやその他の者もそれに属していた。しかしそれは、閉鎖的なグループであり続ける限り、ドイツ的教条主義に陥ることは必然であった。ロシア人の中でも、生気溢れる人びとは、そのような教条主義には適していないのである。

スタンケーヴィチのグループやわれわれのグループの他に、もう一つの別のグループがあった。それはわれわれが流刑地にいる間に生まれたもので、われわれの場合と同じように、スタンケーヴィチのグループと入り交じっていた。それは後にスラヴ派と呼ばれる人たちである。スラヴ人たち〔スラヴ派の意〕は、われわれの心を捉えていたものと同じ重要な諸問題に、反対の側からアプローチしていた。そして生気に満ちた仕事、本当の闘いの中へと、スタンケーヴィチのグループよりも、遥かに深く突き進んでいた。

スタンケーヴィチの会は当然、これらの人びととわれわれとの間に分解しなければならなかった。アクサーコフ兄弟(45)やサマーリン(46)はスラヴ派、すなわちホミャコーフやキレーエフスキー兄弟に加わり、ベリンスキー、バクーニンはわれわれと結び付いた。スタンケーヴィチの一番近い友であり、その全存在において彼と最も親しかったグラノーフスキーは、ドイツから帰るとすぐに、われわれの仲間になった。

スタンケーヴィチが生きていたとしても、彼のグループはやはり存続しなかっただろう。彼自身ホミャコーフの側か、われわれの側に移っただろう。

一八四二年には人間関係による分類はとっくに完了していた。そして、われわれの陣営は戦闘態勢を整えて、スラヴ派と対峙することになった。この闘いについては、別のところで〔第三十章〕語ろう。

終わりに、スタンケーヴィチのグループを構成していた要素について、数言を付け加えよう。このことは、ロシア・ドイツ的地層の固い殻を下から音もなく洗い流している奇妙な地下水流に、一種の光を当てることになるだろう。

スタンケーヴィチはヴォローネジの富裕な地主の息子であった。初めは地主生活の完全な自由の上に教育されたが、後にオストロゴーシスクの学校に送られた(これもきわめて風変わりなことであった)。優れた天性の人間にとっては、豊かな、むしろ貴族的な教育でもきわめて有益である。満ち足りた状態というものは、あらゆる発達、あらゆる成長に、束縛のない自由と広さとを与え、若い心を時ならぬ心労や未来への不安から免れさせてくれる。そして、心を惹かれる対象に専念する完全なる自由を与えてくれる。

　スタンケーヴィチの知的発達は調和の取れた、幅広いものであった。彼の芸術的で音楽的な、それと同時に深い内省的で瞑想的な天性は、大学生活の当初から現われていた。諸々の矛盾を深く誠実に理解し、これらを和解させ、（ドイツ人的言い方をすれば）除去するスタンケーヴィチの能力というものは、彼の芸術的な天性に基づくものである。調和、均衡、快楽への要求は、ドイツ人たちをして、手段に対して寛大な態度を取らせる。井戸が見えないようにするために、彼らはそれにズックの布をかぶせる。布は圧力に耐えないであろう。しかし、口を開いた深淵が目を妨げることはない。このような方法によって、ドイツ人は汎神論的静寂主義に達し、その上に眠った。しかし、スタンケーヴィチのような才能あるロシア人ならば、長く「穏やか」ではありえなかったことだろう。

　このことは、大学卒業後すぐにスタンケーヴィチの心を思わずも不安にした最初の問題からして明らかである。

　期限つきの勉強は終わって、彼は自由の身になった。誰も彼を導く者はいない。しかし、彼には何をしたらいいのか分からなかった。続けてすることは何もなく、周りには誰ひとりとして、また何一つとして、この才気溢れる人間を呼び招く者はいなかった。

その頃のロシアでは、学校を卒業して我に返り、辺りを見回すゆとりをもった青年は、あたかも荒野で目を覚ました旅人のような状況にあった。気の向くままにどこへでも歩いて行くことはできる。足跡はある。だが、そこには死んだ人たちの骨が散らばっている。野の獣がいる。どちらを向いても、見渡す限りの荒れ野原で、そこには漠然とした危険が潜んでいて、わけもなく身を亡ぼすことはあっても、闘うことはできない。誠実に、そして愛情をもって続けることのできるただ一つの仕事――それは学問であった。

　そこでスタンケーヴィチは学問の仕事に力を注いだ。彼は自分の使命が歴史学者になることだと考えた。そしてヘロドトスの研究を始める。だが、この研究から何ものも出てこないだろうということは、予想しうることであった。

　彼はペテルブルクに行きたいと思ったこともあるだろう。そこにはある種の活動が湧き立っていて、劇場とヨーロッパへの近さとが、彼をそこへ呼び招いたのである。彼はまた視学官にでもなってオストロゴーシスクに行ってみようかと思ったこともあるだろう。彼は「この控え目な職業」において有益な人間になろうと決心しかけるのである。しかしこれは、ヘロドトスになるよりも、もっと成功の見込みが少ないだろう。彼は実際にはモスクワに、ドイツに、懐かしい大学時代のグループに、自分の好きな諸問題に心を惹かれていった。親しい人びとがいなくては、彼は生きて行けなかった。（これは自分の周りに興味の持てる問題がなかったということの、新しい証拠である。）スタンケーヴィチにおいては、共感への欲求があまりに強かったので、彼は時々この共感や才能を考え出し、そのような素質をまったく持っていない人びとの中にも、それらを見いだして、誉め讃えていたほどである。*

＊クリューシニコフ〔イワン・ペトローヴィチ、一八一一―九五、詩人〕はこのことを、次のような言葉で、はっきりと言い表わしている。「スタンケーヴィチは――五コペイカ銅貨の大きさを羨ましく思っている一ルーブル銀貨のようなものだ。」アンネンコフ『スタンケーヴィチ伝』一三三ページ。

しかし――この点に彼の個人的な力強さがあったのだが――彼には概してこのような虚構にそれ程頼る必要はなかった。彼は行く先々で、驚嘆すべき人びとに出会っていたし、こういう人びとに出会う術を心得ていた。そして、彼と魂を分かち合った者は誰でも、生涯にわたって彼の熱烈な親友であり続けた。自己の影響によって、彼は誰をも益し、あるいは、その重荷を軽くしてやった。

ヴォローネジにおいてスタンケーヴィチは、その町のただ一つの図書館に時々本を借りに行くことがあった。その図書館で、彼は身分の低い、ひとりの貧しい、控え目な、悲しげな青年を見かけた。それは家畜の納入のことでスタンケーヴィチの父の下に出入りしていた家畜商人の息子であった。スタンケーヴィチはこの青年を愛した。家畜商人の息子は中々の読書家で、本の話をするのが好きだった。スタンケーヴィチは彼と親しくなった。若者は自分でも詩を書いたことがあるということを、恥ずかしそうに、おずおずと告白し、顔を赤らめながら、それらを彼に見てもらいたいと言った。スタンケーヴィチは、自分の力を意識もせず確信も持たないこの大きな才能にびっくりした。この時から彼はこの青年を手放さなかった。そして、遂に全ロシアがコリツォーフの詩を大きな喜びをもって繰り返し読むことになる。もしも、彼がその人生の途上でスタンケーヴィチに出会うことがなかったならば、身内の者に冷たく扱われていた家畜商人のこの哀れな小倅は、心を暖めてくれるどんな同情にも出会うことなく、誰にも認められることもなく、家畜の群れを追って行ったヴォルガの彼方の侘しい草原の中で、おのれの歌を抱いて力尽きていたことだろう。そして、ロシアが彼の妙なる、真の国民的な詩歌の数々を聞くことはなかったことだろう。

バクーニンは砲兵幼年学校の課程を終えて、士官として近衛に入った。伝えられるところによれば、父親は息子に腹を立てて、彼を地方師団に転勤させるように、わざわざ申請を出したと言われる。所属の砲兵中隊と共に、ベラルーシのどこやらの名も知れぬ村に駐屯していたバクーニンは、世をすねて人嫌いになり、勤務にも出ないで、皮ごろもにくるまったまま、幾日も寝台にねそべっていた。中隊長は彼を哀れに思ったが、どうすることもできず、勤務に出るか、退職するか、どちらかに決めなければならないと忠告した。バクーニンは自分に退職の権利があるとは思ってもみなかったので、さっそく免官の申請を出した。退職の許可を得ると、バクーニンはモスクワにやって来た。その時(一八三六年頃)から、バクーニンにとって真面目な生活が始まった。それまで彼は何の勉強もしなかったし、ドイツ語もほとんど知らなかった。何一つ読まなかった。大きな弁論の才と不屈の弛《たゆ》むことなき思考力とをもって、彼は計画も指針もなく、さまざまな空想的な体系や独学の試みの中をさまよい歩いていた。スタンケーヴィチが彼の才能を理解し、彼を哲学に向かわせた。バクーニンはカントとフィヒテの著作によってドイツ語を習得し、それからヘーゲルに取りかかった。彼はヘーゲルの方法と論理を完全に会得した。その後、彼の説教を聞かされなかった者がいただろうか。彼はわれわれやベリンスキーに、ご婦人たちやプルードンに、ヘーゲルの教えを説いて聞かせたものだ。

しかし、ベリンスキーは源泉そのものから同じ様に学んでいた。芸術についての、詩についての、また現実と詩の関係についてのスタンケーヴィチの見解は、ベリンスキーの諸論文の中で、ロシアの思索するすべての人びとを驚嘆させ、すべてのペダントや空論家たちをして恐怖をもってベリンスキーに背を向けさせたあの力強い批評、世界や生活に対するあの新しい見解へと成長した。スタンケーヴィチは時にベリンスキーを押し止めなければならなかった。常に極限を志向するベリンスキーの才能、熱情的で容赦のない、そして不寛容の故に苛立ちやすい彼の才能は、スタンケーヴィチの美学的に調和の取れた天性を傷付けていたのである。

それと同時にスタンケーヴィチは、物静かで、優しい、夢見がちな、そしてその頃暗い気分になっていたグラノーフスキーを励まし、その支えともなり、兄ともなっていた。グラノーフスキーに宛てたスタンケーヴィチの手紙は、いずれも優雅で美しいものである。そしてグラノーフスキーの方も、どれほど彼を愛していたことだろう！

「わたしはまだ最初の打撃から自分を取り戻していません。――スタンケーヴィチの死後間もなく、グラノーフスキーは書いている――本当の悲しみはまだわたしを襲ってきていません。それはこれから先のことではないかと恐れます。今でもまだ、この喪失を信じることができず、ただ時折、心の締めつけられる思いがするばかりです。彼はわたしの生活にとって必要な何ものかを持ったまま、いなくなりました。わたしはこの世の誰にもまして、彼の恩恵を受けています。われわれに対する彼の影響は限りなく、また実り多いものでした。」(47)

……そしていかに多くの人間がこれと同じように語ることができただろう！　そして

恐らく、実際に語ったことだろう……！

スタンケーヴィチのグループの中では、彼とボトキン[48]だけが富裕な、そして完全に生活を保障された人間で、その他の者はきわめて様々な意味でのプロレタリアートであった。バクーニンは親から何の援助も与えられていなかった。チェンバルの小役人の息子[49]で、「才能の乏しさの故に」モスクワ大学を退学になったベリンスキーは、論文を書いて、その僅かな原稿料で生活していた。クラーソフ[50]は大学を卒業すると、どこかの県の地主の家の家庭教師になったが、家父長的な農場主の下での生活に恐れをなして、歩いてモスクワに逃げ帰ってきた。それも冬のことで、彼は袋を背負って、どこかの農民たちの荷橇の列と共に戻ってきたのだ。恐らく彼らの両親はいずれも、息子の将来を祝福しながら、こう語ったことであろう。（そしてこのことでその親たちを咎めることはできない。）「さあ、行って、よく勉強しなさい。学校を終えたら、自分で道を切り開いてゆきなさい。どこからも遺産をあてにするわけにはゆかないのだよ。わたしらもおまえに何一つあげられない。自分で運命を開いてゆくんだね。そしてわたしらのことも忘れないでおくれ。」

一方、スタンケーヴィチは恐らく次のようなことを言い聞かされていたことだろう。おまえは、すべての点から見て、社会の中で名誉ある地位を占めることができるのだし、その財産や生まれから言っても、立派な役割を演ずる使命を持っているのだと。ボトキンに対してもまた、家の中では、その年とった父親から管理人たちに到るまで、すべての者が口を揃えて、また自ら手本を示すことによって、金を貯める必要、儲ける必要について教え込んでいたことだろう。

これらの青年の身の上にどういうことが起きたのだろう。いかなる息吹が彼らを作り変えてしまったのだろう。彼らは自分の社会的な立場や個人的な利益や安全について、少しも思い煩うことをしなかった。そして彼らの全生活、すべての努力はあらゆる個人的な利益を離れた一般的なものに向けられていた。ある者はおのれの富を忘れ、他の者はおのれの貧しさを忘れていた。そして怯むことなく、さまざまな理論的な問題の解決に向かって突き進んで行った。真理への関心、学問への関心、芸術への関心、つまり、〈人間に関わること〉がすべてを飲み尽くしていった。

ここで注目すべきことは、世俗的なものからの離反が、決して大学時代や青春の二、三年に限られてはいなかったということである。スタンケーヴィチのグループの最良の人びとはすでに死んだが、他の者たちは今まで通りのものであり続けている。ベリンスキーは仕事と心労に疲れ果てて、赤貧の戦士として倒れた。グラノーフスキーは学問と人間性を説きつつ、講壇に向かう途中で倒れた。ボトキンは実際に商人にならなかった……。彼らの内の誰ひとりとして、官職において栄達した者はいない。

スタンケーヴィチのグループに近い二つのグループ――スラヴ派のグループとわれわれのグループについても、同じことが言える。髪にはすでに白いものを交えながらも、心は永遠に若い思想の隠者たち、学問の苦行僧たち、信念の狂信者たちのこのようなグループを、現代ヨーロッパのどこに見いだすことができようか。

どこに？　示してほしい。わたしはあえて手袋を投げよう。ただしばらくの間一つの国、イタリアは除外したい。そして、わたしは決闘の距離の歩数を許ろう。だが、わたしは相手が統計から歴史の中に移ることを許さない。

ブルーノ、ガリレイその他の人たちのような、理性と科学の殉教者たちの時代において、理論的な関心や真理と宗教の熱情がどのようなものであったかを、われわれは知っている。また十八世紀の後半の百科全書派のフランスがいかなるものであったかをも、われわれは知っている。だがその後はどうか。その後は〈旅人よ、止まれ！〉

現代のヨーロッパには青春もなく、青年もいない。わたしのこの意見に対して、王制復古の最後の数年と七月王政期のフランスの、最も輝かしい代表者なるヴィクトル・ユーゴーがすでに反論を加えている*。彼は一八二〇年代の若いフランスについて語ったのである。わたしにも自分があまりに一般的な表現をしたことを認める用意はある。しかし、それ以上わたしは彼に対しても一歩も譲るつもりはない。彼ら自身の告白がある。アルフレッド・ド・ミュセの『世紀の子供の回想』や短詩を例にとろう、またジョルジュ・サンドの手記や、現代の戯曲や小説、裁判事件などによって窺い知られるフランスを思い出してみよう。

＊ヴィクトル・ユーゴーはアンリ・ドラーヴォの翻訳で『過去と思索』を読んで、王制復古時代のフランス青年を弁護する手紙をわたしに寄こした（一八六〇年パリでドラーヴォの訳で『ロシアの世界と革命、アレクサンドル・ヘルツェンの回想、一八一二―三五』が出た。ゲルツェンに宛てたユーゴーの手紙は一八六〇年七月十五日に書かれた）。

しかし、すべてこれはそもそも何を証明するものであろうか。多くのことを、しかし第一に次のことを証明している。すなわちロシアが百五十年のあいだ履かされてきたドイツ製の中国靴は多くのまめを作ったが、骨を損なうまでには到らなかったということ、そして、もしも手足を伸ばすことができた場合には、常にあのような新鮮な、若々しい力が現われるということを。確かに、だからと言って未来が保証されているわけではない。しかし、未来をきわめて可能なものにはしている。

訳　注

第十三章

(1) ダンテの『神曲』「地獄篇」第三歌。
(2) カエサルを乗せた舟が嵐にあった時、舵手が舟の方向を変えようとしたのに対して、カエサルが彼を励ますために言ったと伝えられる言葉。
(3) イワン・アファナーシエヴィチ・オボレーンスキーのこと。
(4) ミハイル・ニコラーエヴィチ・ザゴースキン、一七八九―一八五二、作家、一八四二年以後モスクワの国立劇場の管理者。
(5) ルィレーエフの叙事詩(一八二三―二五)。
(6) プーシキンの叙事詩「バフチサライの泉」の中の詩句。
(7) ツィプリアン・アントノーヴィチ・クレイツ、一七七七―一八五〇、将軍。一八三〇―三一年のポーランド反乱の鎮圧を指揮した。
(8) フョードル・ワシーリエヴィチ・リジゲル、一七八三―一八五六、伯爵、侍従武官長、一八三〇―三一年のポーランド反乱、一八四九年のハンガリー革命の鎮圧を指揮した。

（9）ミハイル・ニコラーエヴィチ・ムラヴィヨーフ、一七九六―一八六六、初めデカブリストの運動に加わっていたが、一八二五年以降政府の側に移り、一八三〇―三一年と一八六三年のポーランドの反乱を苛酷に鎮圧した。

（10）ペテルブルク冬宮（今のエルミタージュ）の一画にしつらえられたナポレオン戦争（祖国戦争）で軍功のあった将軍たちの肖像画廊。

（11）ヴャトカ県に主に居住するフィン系の少数民族、現在ではウドムルト人と呼ばれる。

第十四章

（1）ピョートル・ヤーコヴレヴィチ・アレニーツィン、ゲルツェンが流刑されていた時代のヴャトカ県知事官房長。

（2）エゴール・フランツェーヴィチ・カンクリーン、一七七四―一八四五、主計総監、大蔵大臣（一八二三―四四）。

（3）ゲルツェンの記憶違い、チュファーエフがカンクリーンの秘書官をしていたという事実はない。

（4）ジャン・バティスト、一七五六―九四、フランスの国民公会議員、ナント事件の責任者として死刑となる、ヴァンデ戦争を鎮圧したジャコバン派コミッサール。

（5）ワシーリー・ステパーノヴィチ・チェボタリョーフ、?―一八八九?、ペルミの工場医師。

（6）ポンスらによって発見された彗星、これの軌道を計算したドイツの天文学者エンケの名によって呼ばれた。

（7）アファナーシー・ダニーロヴィチ・ソロムカ、一七八六―一八七二、アレクサンドル一世の側近で、皇帝の旅行に常に随行した。

（8）レフ・ドミートリエヴィチ・イズマーイロフ、一七六四？―一八三四、大将、リャザン県の大地主、農奴に対する残忍な行為をもって知られる。

（9）グルジーンスキー公爵は逃亡農奴を自領の農民と偽り、ニジェゴロドの領地にかくまったことがある。

（10）アレクサンドル・ワシーリエヴィチ・スヴォーロフ、一七三〇―一八〇〇、軍司令官、実際に雄鶏の鳴き声の真似をする癖があった。

（11）マトヴェイ・アレクサーンドロヴィチ・ドミートリエフ＝マモーノフ、一七九〇―一八六三、一八一二年の祖国戦争の参加者、デカブリストで福祉同盟の一員、一八一七年に精神に異常を来し、領地に隠退した。

（12）フョードル・イワーノヴィチ・トルストイ、一七八二―一八四六、退役近衛士官、放蕩無頼の生活をもって知られた。カムチャツカおよびアリューシャン列島の旅行から帰って後、「アメリカ人」というあだ名を付けられた。

（13）グリボエードフの喜劇『知恵の悲しみ』第四幕第四景のレペチーロフのセリフから。

（14）ニコライ・フィリーポヴィチ・パーヴロフ、一八〇五―六四、作家、評論家。

（15）アレクセイ・フョードロヴィチ・オルローフ、一七八六―一八六一、政治家、軍人、一八二五年のデカブリストの反乱の鎮圧に参加し、一八四四年から憲兵隊司令官、第三課長官。

(16) アレクセイ・グリゴーリエヴィチ・シチェルバートフ、一七七六―一八四八、将軍、モスクワ総督(一八四四―四八)。

(17) 一八三五年一月二十五日付の元老院の法令と内務省の指令とにより、各県に統計委員会が設置され、国有財産の調査が行なわれた。ヴャトカでも一八三五年五月からこの委員会が活動を開始した。

(18) ドン・キホーテの理想の恋人。

(19) 一八四〇―四八年にフランスで作られた選挙法草案は、学位を持った人間に選挙権を与えることを予定していた。

(20) アレクセイ・ペトローヴィチ・ユシネーフスキー、一七八六―一八四四、デカブリスト、主計総監。一八三九年までシベリア徒刑。後シベリアに定住。

(21) マリーア・カジミーロヴナ・ユシネーフスカヤ(旧姓クルーリコフスカヤ)、一七九〇―?、夫の死後も一八五五年までシベリアに留まった。

(22) ニコライ・イワーノヴィチ・トルストイ、一七九二―一八五四、元老院議員、検察官としてシベリアを旅行した。

(23) ブルクハルト・クリストフ・ミュニヒ、フリストーフォル・アントノーヴィチ、一六八三―一七六七、元帥、一七二一年からロシア陸軍に勤務、一七四二年ペルミに流刑になり、一七六二年にペテルブルクに戻った。

（24）スタニスワフ・アウグスト・ポニャトフスキ、一七三二―九八、ポーランド王（在位一七六四―九五）。

（25）紀元前六―前／後二世紀に黒海・アゾフ海沿岸からヴォルガ河下流域の草原に住んでいたイラン系の遊牧民。

（26）シモン・コナルスキ、一八〇八―三九、ポーランドの革命家、一八三〇―三一年のポーランド反乱の参加者。

（27）シモン・コナルスキはツァーリズムに対する闘いにおいてロシア人との共同戦線の組織に努めた。彼がヴィリノ監獄に投ぜられていた時（一八三八）、クジミーン・カラワーエフを中心とするロシア人士官の秘密組織の手で彼の解放が企てられたが失敗した。

（28）ドミートリー・ニコラーエヴィチ・ブルードフ、一七八五―一八六四、内務大臣（一八三二）、司法大臣（一八三七―三九）。

第十五章

（1）ミハイル・ミハーイロヴィチ・スペラーンスキー、一七七二―一八三九、アレクサンドル一世時代の政治家、一八一九年からシベリア総督、一八二一年ペテルブルクに戻る。

（2）イワン・アレクサーンドロヴィチ・ヴェリヤミーノフ、一七七一―一八三七、陸軍大将、ナポレオン戦争の参加者、西シベリア総督（一八二七―三三）。

（3）イワン・グリゴーリエヴィチ・セニャーヴィン、一八〇一―五一、ノヴゴロド県知事（一八三八―四〇)、モスクワ県知事(一八四〇―四五)、元老院議員。

(4) 十六―七世紀のモスクワ公国に導入された地方行政の役職名。就任にあたり十字架に接吻(ツェロヴァーチ)して公正を誓ったことから、この呼び名がある。市長や郡裁判所長などの下で徴税や探索の任にあたった。また、村会(ミール)で選ばれ、郷や村の長(ゼムスキー・スタロスタ)の下で民生の世話人的な役割を担うこともあった。

(5) イワン・ボリーソヴィチ・ペステリ、一七六五―一八四三、東シベリア総督(一八〇六―一九)、デカブリストのペステリの父。

(6) 一八一八年にはドイツの町アーヘンで、一八二二年にはイタリアの町ヴェロナで「神聖同盟」についての会議が開かれ、アレクサンドルはこれに参加した。

(7) ニコライ・セミョーノヴィチ・モルドヴィーノフ、一七五四―一八四五、伯爵、政治家、経済学者。

(8) ニコライ・イワーノヴィチ・トレスキン、一七六三―一八四二、イルクーツク県知事(一八〇五―二〇)。

(9) ピョートル・ミハーイロヴィチ・カプツェーヴィチ、一七七二―一八四〇、将軍、祖国戦争の参加者、西シベリア総督(一八二二―二八)。

(10) セミョーン・ボグダーノヴィチ・ブロネーフスキー、一七八六―一八五八、陸軍中将、東シベリア総督(一八三四―三七)、後に元老院議員。

(11) カトリックやプロテスタントのミサに当たる。

(12) ニコライ・ニコラーエヴィチ・ムラヴィヨーフ(アムールスキー)、一八〇九―八一、伯爵、東シベリア総督(一八四七―六一)。
(13) アレクサンドル・ニキーチッチ・セスラーヴィン、一七八〇―一八五八、士官、一八一二年の祖国戦争のパルチザン隊長として著名。
(14) アレクサンドル・サモーイロヴィチ・フィグネル、一七八七―一八一三、祖国戦争のパルチザン隊長。
(15) アンドレイ・イワーノヴィチ・ルィフレーフスキー、一七八三―一八三〇、ヴャトカ県知事(一八二五―三〇)。
(16) 六月二十九日(露暦)の聖ペトル祭、ペトロとパウロを祝う日。
(17) 「聖母昇天祭」、正教会風に言えば「至聖生神女就寝祭」。八月十五日。
(18) 前六世紀、ローマの伝説的英雄、ローマ防衛の不屈の意志を敵に示すために自分の腕を焼いたと伝えられる。
(19) エリザヴェータ・ペトローヴナ、一七〇九―六一、女帝。
(20) ゲルツェンの記憶違い、正確には一八二九―三〇年頃に起こったこと。チェレミス人とはヴォルガ河沿岸の少数民族(マリ人)。
(21) ゲルツェンの記憶違い、実際にはアレクサンドル・ボクローフスキー。クルバノーフスキーは当時すでに長司祭で、しかもヤランスク郡に派遣されたのであった。
(22) 兄メトディオス、八一五?―八八五。弟キュリロス、八二七?―八六九。ビザンツのキリスト教宣教師、スラヴの最初のアルファベットを作った。
(23) 一八三六年五月のこと、ヴャトカ県に検察官が入ったのは一八三七年五月二十八日のこと。
(24) これに伴い同局は「省」に格上げになった。
(25) アレクサンドル・アレクセーエヴィチ・コルニーロフ、一八〇一—五六、チュファーエフの後のヴャトカ県知事(一八三七—三八)。
(26) ヴャトカ県の「じゃがいも暴動」は一八三四年と四二年に起こっているが、ここで語られている暴動は、その範囲がヴャトカ県だけでなくカザン県やペルミ県にも及んでいることから見て、四二年のものと推測される。
(27) フリーゲルマン。本来は横列編制の部隊の両翼に位置して整列や行進の基準となる下士官をさすが、この場合はニコライ一世の時代に固有の軍職で、兵卒の模範となるべく、特に銃の操作に熟達することが求められていた。
(28) パーヴェル・ドミートリエヴィチ・キセリョーフ、一七八八—一八七二、伯爵、国有財産管理大臣(一八三七—五六)、パリ駐在大使(一八五六—六二)。
(29) ジャック・チュルゴー、一七二七—八一、フランスの政治家、経済学者、ルイ十六世の財政総監。
(30) 例えば『旧約聖書』「列王記・上」第十五章、「同・下」第二十四章。
(31) ネブカドネザル二世、バビロニアの国王(在位は前六〇五—前五六二)、エルサレムを陥れて破壊し、ユダ王国の住民を大量に捕囚とした。「列王記・下」第二十四章を参照。

(32)修道院に付設された貧民救済施設。
(33)租税を賦役によってでなく、年貢(現物または金納)で支払っていた農民からなる村。
(34)プーシキンの叙事詩。
(35)ジブラルタル海峡の両側にある岩。「二つの極」の意。

第十六章

(1)一八一二年十二月二十五日にこの布告は出された。
(2)コンスタンチン・アンドレーエヴィチ・トーン、一七九四—一八八一、建築家、政府の保護の下にロシア的建築様式の確立に努めたが、結局ビザンチウムおよび古代ギリシアの建築の模倣の域を出なかったと言われている。
(3)シリヴェストル、十五世紀末—一五七〇年前後、イワン雷帝の懺悔聴聞僧。
(4)ドミートリー・ワシーリエヴィチ・ゴリーツィン。
(5)セルゲイ・セルゲーエヴィチ・クーシニコフ、一七六五—一八三九、元老院議員、ヴィトベルク設計の聖堂建立委員会委員、後にヴィトベルクの事件の審理委員、ペテルブルク県知事(一八〇三)。
(6)ミハイル・レオーンチエヴィチ・マグニーツキー、一七七八—一八五五、神秘主義者、カザン教育管区長官およびカザン大学の総長(一八二〇—二六)。
(7)ドミートリー・パーヴロヴィチ・ルーニッチ、一七七八—一八六〇、神秘主義者、ペテルブルク教育管区長官(一八二一―二六)。
(8) フォーチー、一七九二―一八三八、ノヴゴロドのユーリー修道院の院長。
(9) アンナ・アレクセーエヴナ(旧姓チェスメンスカヤ)、第五章訳注(13)を参照。
(10) エカテリーナ二世の勅令により一七六四年二月、教会領は国家に没収された。同女帝の治世の末期には、これらの所領は寵臣に下賜された。
(11) 一八二二年にラブジーンが流されたのはシムビルスク県のセンギレイ。
(12) ステパン・ステパーノヴィチ・ストレカーロフ、一七八一―一八五六、アレクサンドル一世の侍従武官長、元老院議員。
(13) アレクセイ・フョードロヴィチ・リヴォフ、一七九八―一八七〇、作曲家、若い頃にベンケンドルフの副官として第三課に勤務した。
(14) エマヌエル・スウェーデンボルク、一六八八―一七七二、スウェーデンの神智学者、神秘主義者。
(15) ナターリア・ザハーリイナ(後に妻となる人)からの手紙。
(16) プラスコーヴィア・ペトローヴナ・メドヴェージェワとの恋(第三部第二十四章参照)を暗示している。
(17) ピエール・ルルー、一七九七―一八七一、フランスの空想的社会主義者。
(18) フランツ・クサヴァー・ゲーベル、一七八七―一八四三、作曲家、ピアニスト、指揮者、ゲルツェンの兄の音楽教師。

（19）一八三三年六月七日付オガリョーフの手紙からの不正確な引用。
（20）『ローマの舞台より』と『ウィリアム・ペン』。
（21）ウィリアム・ペン、一六四四―一七一八、イギリスの政治活動家、クエーカー教徒、ペンシルヴァニア植民地の創設者。
（22）ヴャトカの旧名の元になっている「フルィノフ」には、この地方の方言で「いかさま師」「盗人」などの意味がある。「ヴャトカ」という町の名前はこの町を貫流する川の名前に由来する。一七八一年に改称された。

第十七章

（1）第二部第十四章を参照。
（2）皇太子（後のアレクサンドル二世）は一八三七年五月十八日にヴャトカに着いた。
（3）トフタムィシ、？―一四〇六、タタールのハン。
（4）コンスタンチン・イワーノヴィチ・アルセーニエフ、一七八九―一八六五、地理学者、歴史学者、ペテルブルク科学アカデミー会員。一八二八―三五年の間皇太子アレクサンドルの傅育係を務めた。
（5）コンスタンチン・パーヴロヴィチ、一七七九―一八三一、大公、ニコライ一世の兄にあたる、当時ポーランド総督であった。
（6）ニコライ・エメリヤーノヴィチ・ラザレフ、一八三七年にヴャトカ県ヤランスクの郡警察署長、一八四六年に内務大臣ペローフスキーの嘱託官吏。
(7)レフ・アレクセーエヴィチ・ペローフスキー、一九七二—一八五六、内務大臣(一八四一—五二)。

第十八章

(1)ウラジーミル・アレクサーンドロヴィチ・ソログープ(一八一四—八二)の中編小説の第五章。
(2)ドーナツの形のパン。
(3)イワン・エマヌイーロヴィチ・クルータ、一七八〇—一八五三、ウラジーミルの県知事(一八三八—四二)の後、元老院議員。
(4)ゲルツェンは《ウラジーミル県広報》の付録の編集人であった。
(5)正確には三八年、ロシアの四十二の県がそれぞれの《県広報》を持っていた。
(6)文学団体「アルザマス」(一八一五—一八)の会員。アルザマスは鵞鳥の産地であった。
(7)正確には「スピリドーノフカ」(現アレクセイ・トルストイ)街。
(8)ユーゴーの小説『ノートルダム・ド・パリ』の主人公。

第十九章

(1)「神現祭」とも言う。イエスがヨルダン川でヨハネ(正教会風に言えば「イオアン」)から洗礼を受けた日を祝う。露暦では一月六日。

（2）それぞれイワン、レフの愛称。
（3）家系図を参照。
（4）ホワーンスキー家に嫁いだナターリア、一八二一年に亡くなった。
（5）ヴェンツェル・アントン・フォン・カウニッツ、一七一一―九四、オーストリアの政治家、外交官。
（6）ヨーゼフ二世、一七四一―九〇、神聖ローマ帝国の皇帝（一七六五―九〇）、ハンガリー王（一七八〇―九〇）、一七八〇年にロシアを訪問した。
（7）アレクサンドル一世の寵臣。
（8）女帝アンナの寵臣。
（9）M-me Mathey（アンナ・イワーノヴナ）、ホワーンスカヤ公爵夫人の家の家庭教師としてナターリア・ザハーリイナにフランス語を教えた。

第二十章

（1）ナターリア・アレクサーンドロヴナ・ザハーリイナ。
（2）一八三八年三月十五日付でゲルツェンはナターリアに宛てて、「君の少女時代、ぼくたちの最初の出会いについて書きたまえ」と書いているが、ここに引用された文章は右の手紙に対するナターリアの返事の手紙から取られたものと見られる。手紙そのものは現在残っていない。
（3）コズローフ（イワン・イワーノヴィチ、一七七九―一八四〇、詩人、翻訳家）の叙事詩。

(4)この手紙も前注(2)と同様。
(5)この手紙も不明。
(6)一八三七年十二月一日付ナターリアの手紙から。
(7)グリボエードフ『知恵の悲しみ』の登場人物。
(8)一八三五年四月九日の面会。
(9)リュドミーラ・ワシーリエヴナ・パッセク、ワジームの姉。
(10)一五二一—九〇、一五八五年からローマ教皇。
(11)プーシキン『エウゲーニー・オネーギン』第七章四十一連から。

第二十一章

(1)ペルミからナターリアに宛てた一八三五年四月二十九日付の手紙。
(2)「イルビート」はペルミ県の町で、ここには十七世紀の半ば以降、ヨーロッパの商品とシベリアや中国の商品の集散地として国内第二位の取引量を誇る大きな定期市があった。なお、第一位はヴォルガ河畔の都市ニジェゴロド。
(3)ペルミ県を流れる川の名前。オカ河に流れ込む。流域は丈夫な馬の産地として知られる。
(4)フランソワ・ウジェーヌ・ヴィドック、一七七五—一八五七、フランスの冒険家、その名は「無節操のぺてん師」を意味する普通名詞となる。
(5)プラスコーヴィア・メドヴェージェワ(?—一八六〇)。

（6）ドミートリー・ユーリエヴィチ・シェミャーカ、一四二〇―五三、ズヴェニゴロドおよびガーリチ・コストロマーの分領公。「貪欲」「不公正な裁判官」の意味の普通名詞として用いられる。ここではチュファーエフのことを指す。
（7）一八三五年十月十四日付ナターリア宛ての手紙から。
（8）一八三五年十二月三日付ナターリアの手紙からの不正確な引用。
（9）一八三六年一月二日付ナターリアの手紙から。
（10）一八三六年九月三日付ナターリアの手紙から。
（11）一八三七年五月六日付ナターリアの手紙から。
（12）ヴィトベルクが一八三六年の九―十月に描いたゲルツェンの肖像、ゲルツェンはこれをナターリアの誕生日に贈った。（第二部の扉を参照）
（13）一八三七年の三月頃にナターリアがゲルツェンに贈ったもの。
（14）一八三七年三月二十八、二十九日付ナターリアの手紙から。
（15）ボルマンはドイツ系の名前。
（16）オーシプ・ミハーイロヴィチ・コワレフスキー、一八〇〇―七八、ロシアにおける蒙古学の創設者のひとり、カザン大学の教授、総長。
（17）アダム・ミツキェーヴィチ、一七九八―一八五五、ポーランドの国民詩人。
（18）「フィラレート」は一八二〇年代にヴィリノ大学の学生たちによって作られた秘密結社。一八二二―二三年に団員たちは逮捕された。

(19) イワン・アントノーヴィチ・ヴェルニコフスキー、ポーランドの東洋学者、カザン大学講師、一八三六年ヴャトカに流刑になる。

(20) 『エレーナ』(一八三六—三八)。

第二十二章

(1) セルゲイ・リヴォーヴィチ・リヴォフ=リヴィツキー、一八一九—九八、レフ・ヤーコヴレフ(「セナートル」)の息子、官吏、後に写真技師として知られる。

(2) 一八三七年六月十八日付ナターリアの手紙から。

(3) 一八三七年一月二十三日付ナターリアの手紙から。

(4) 一八三七年二月十六日付ナターリアの手紙から。

(5) 一八三七年十月二十六日付ナターリアの手紙から。

(6) 一八三七年十月二十五日付ナターリアの手紙から。

(7) アレクセイ・アレクサーンドロヴィチ・ヤーコヴレフ(「化学者」)。

(8) レールモントフの短詩「遺言」からの不正確な引用。

(9) アメリカの作家フェニモア・クーパーの同名小説の主人公、「直情径行の人物」の意。

第二十三章

(1) 三月三日は別離後のゲルツェンとナターリアとの最初の出会い、五月九日は二人の結婚の日。

(2) ニコライ・イワーノヴィチ・アストラーコフ、一八〇九―四二、数学教師、ゲルツェンの青年時代の友人。
(3) エカテリーナ・ガヴリーロヴナ・レワショーワ(旧姓レシェートワ)、モスクワのサロンを主宰し、多くの文学者と交友があった。
(4) ピョートル・ヤーコヴレヴィチ・チャアダーエフ、一七九四―一八五六、哲学者。「哲学書簡」の筆者。
(5) タチアーナ・アレクセーエヴナ・アストラーコワ、一八一四―九二、作家、ゲルツェン家の財産管理人、ニコライ・アストラーコフの妻、後にゲルツェンとロシア本国との連絡にあたった。
(6) ユリヤ・フョードロヴナ・クルータ、?―一八七四、知事夫人。

第二十四章

(1) ゲルツェンの長男アレクサンドル(アレクサーンドロヴィチ、一八三九―一九〇六)の生まれた日。
(2) 本名ラブリュニー、一八〇八―五五、フランスのロマン派の詩人。首を括って自殺した。
(3) パリの有名な居酒屋の経営者。
(4) プラスコーヴィア・アンドレーエヴナ・エルン、?―一八四九、ゲルツェンの友人マリーア・エルンの母。
(5) フィレンツェの貴族の一門、十四世紀以来イタリア史上に重要な役割を演じた。ローマにあるコルシーニ宮殿は多くの古書、絵画の所蔵をもって知られ、一八四八年に国有化された。
(6) アンソニー・ヴァン・ダイク、一五九九―一六四一、バロック期のフランドル出身の画家。
(7) ゲーテの詩「ミニヨン」から。
(8) アンヌ・ランクロ、一六二〇―一七〇五、十七世紀のフランス上流社会に勢力を持っていた婦人、そのサロンは有名であった。
(9) この日付は不正確、正しくは一八三三年十月二十二日。
(10) この手紙は必ずしも正確な引用ではない。
(11) エゴール・イワーノヴィチ・ゲルツェン、ゲルツェンの異母兄。

第二十五章

(1) シラーの短詩「諦念」より。
(2) シラーの戯曲『ドン・カルロス』の主人公。
(3) 『ドン・カルロス』第二幕第二場、プルタルコス『英雄伝』(「カエサル」十)。
(4) オガリョーフは一八三六年にマリーア・リヴォーヴナ・ロスラーヴレワ(?―一八五三)と結婚した。
(5) ケッチェルとサーチン。
(6) ニコライ・ウラジーミロヴィチ・スタンケーヴィチ、一八一三―四〇、夭折した未完の哲学者、サークルの指導者。

（7）ゲルツェンがモスクワに戻った一八三九年八月には、グラノーフスキー（チモフェイ・ニコラーエヴィチ、一八一三―五五、歴史家）はすでに帰国していた。
（8）ルイ・バンジャマン・フランクール、一七七三―一八四九、フランスの数学者、その幾種類もの教科書はロシア語に翻訳された。
（9）ヴェルダー以下いずれも当時のドイツの二流、三流のヘーゲル主義者たち。
（10）ハイネ『ドイツにおける宗教と哲学の歴史』より。
（11）アーノルド・ルーゲ、一八〇二―八〇、ドイツの評論家、ヘーゲル左派に属する急進派。
（12）マロセイカ街にはボトキン（ワシーリー・ペトローヴィチ、一八一一―六九、批評家、評論家）の家があり、青年たちの会合場所となっていた。モホヴァーヤ街にはモスクワ大学があった。
（13）ゲルツェンとペレヴォーシチコフとの対話については、第一部第七章三一〇―三一一ページにある原注を参照。
（14）プーシキンの短詩「眠られぬ夜に書いた詩」からの引用。
（15）『ファウスト』第一部第四場。
（16）『新約聖書』「ローマ人への手紙」第十三章第一節。
（17）フランスの彫刻家ガノー、一八四〇年代に神秘主義的宗派を開いた。
（18）本名アンヌ・ジョセフ・テロワーニュ、一七六二―一八一七、フランス革命の時、バスティーユの襲撃に参加、「自由のアマゾンヌ」の異名を取ったが、ジャコバン派の独裁に反対し、狂死した。

(19) エカテリーナ・ロマーノヴナ・ダーシコワ(旧姓ヴォロンツォーワ)、一七四三—一八一〇、一七六二年の宮廷変革に参画、ペテルブルク科学アカデミー初代の総裁。
(20) カール・フリードリヒ・ブールダッハ、一七七六—一八四七、ドイツの生理学者、ドルパト大学、ケーニヒスベルク大学の教授を歴任。
(21) ベリンスキーがペテルブルクに去ったのは一八三九年十月、ゲルツェンは四〇年五月ペテルブルクに移り住んだ。
(22) ペテルブルクでの両者の会見は、ゲルツェンが小用でこの地に来た一八三九年十二月のこと。
(23) アンドレイ・アレクサーンドロヴィチ・クラエーフスキー、一八一〇—八九、自由主義的評論家、《祖国雑記》誌の発行者兼編集者。
(24) 一八三六年に《テレスコープ》誌に発表された「哲学書簡」。
(25) 『エウゲーニー・オネーギン』第四章二十連。ベリンスキーの「プーシキン論」第八論文。
(26) このエピソードについては第三十章を参照。
(27) イワン・ワシーリエヴィチ・キレーエフスキー、一八〇六—五六、スラヴ派を代表する哲学者。
(28) ゲルツェンの思い違い。雑誌《ヨーロッパ人》は一八三二年に発刊。二号を出しかけたところで発行を禁止させられた。ベリンスキー時代の《祖国雑記》は一八三九年から四六年まで存在した。
(29) 長縄光男訳『ロシアの革命思想——その歴史的展開』(岩波文庫)第四章。
(30) ケッチェルを指すものと思われる。

(31) ウラジーミル・フョードロヴィチ・オドーエフスキー、一八〇四―六九、作家、音楽批評家。
(32) イアキンフ・ビチューリン、一七七七―一八五三、俗名ニキータ・ヤーコヴレヴィチ、この当時は掌院(主教職の階級の一つ)で北京宣教会の主管、後に中国研究の権威となった。
(33) アンドレイ・クラエーフスキーのこと。ジャーナリストで、一時期《祖国雑記》でベリンスキーと共に仕事をしていたこともあったが、後には異なる立場に立った。
(34) 復活祭直前の四十日にわたる大斎期の最後の一週間、四月の初旬～中旬がこれにあたる。
(35) アレクセイ・ワシーリエヴィチ・コリツォーフ、一八〇九―四二、詩人。
(36) コストロマーは北ロシアの、カルーガは中部ロシアの小都市の名前。
(37) ベリンスキーは一八四七年に「ゴーゴリへの手紙」を書き、農奴制のロシアの醜悪な現実を暴露する自作『死せる魂』などの価値を否定する、作者ゴーゴリの変節を厳しく批判した。
(38) ベリンスキーが死んだのは一八四八年六月七日(露暦五月二十六日)である。
(39) オガリョーフは一八五六年四月九日にロンドンに着いた。
(40) 『ニコライ・ウラジーミロヴィチ・スタンケーヴィチ、その書簡およびアンネンコフによるその伝記』(モスクワ、一八五七)。『ベリンスキー著作集』十二巻(モスクワ、一八五九―六二)。これはソルダーチェンコフおよびシチェープキンによって出版されたもので、一八五九年には最初の三巻が出た。
(41) パーヴェル・ワシーリエヴィチ・アンネンコフ、一八一三―八七、評論家、自由主義的西欧派、ゲルツェンらと親交があり、またマルクスとも交友があった。

(42) ツァーリ・ニコライは一八五五年二月十八日(露暦)に死んだ。
(43) スングーロフのグループが流刑になったのは一八三四年ではなく、一八三二年二月である。
(44) ミハイル・ニキーフォロヴィチ・カトコーフ、一八一八―八七、政府系の評論家、四〇年代には自由主義的なグループに接近していた。
(45) 兄コンスタンチン・セルゲーエヴィチ・アクサーコフ、一八一七―六〇、評論家、歴史家、作家、スラヴ派。弟イワン・セルゲーエヴィチ・アクサーコフ、一八二三―八六、評論家、詩人、スラヴ派。
(46) ユーリー・フョードロヴィチ・サマーリン、一八一九―七六、評論家、スラヴ派。
(47) 一八四〇年八月八日ネヴェーロフに宛てたグラノーフスキーの手紙からの引用。
(48) ボトキンは商家の出身であった。
(49) チェンバルは中部ロシアのペンザ県の小さな町。ベリンスキーの父は海軍の軍医であった。
(50) ワシーリー・イワーノヴィチ・クラーソフ、一八一〇―五五、詩人。

訳者解説2

一　「流刑地」での体験

この分冊の中でゲルツェンは「流刑地」にいる。一八三四年七月、社会主義思想を宣伝しようとしていたという理由で逮捕されたゲルツェンとその仲間たちは、翌三五年三月、「罪状」に応じてそれぞれ、無期の禁錮刑や遠隔の地方都市への追放などの処分を受けたが、ゲルツェンに下された判決はペルミという小さな町への追放であった。この流刑地はひと月後にヴャトカに変えられ、さらに三年後の一八三八年一月にはウラジーミルへと変わる。本分冊では四〇年三月、流刑を解かれてモスクワへ帰還を果たすまでの、五年ほどのことが回想されている。

この間には、老官吏の美貌の若妻との「道ならぬ」恋の顚末（ヴャトカ）や、従妹のナターリアをモスクワから「略取」して結婚する（ウラジーミル）などという、ドラマを地で行くような話も織り込まれている。ゲルツェン、二十三歳から二十八歳という青年時代も「真っ盛り」の中の出来事である。

最初の流刑地ペルミはヴォルガ河の支流、カマ川に面した人口四万ほどの小さな町で、同名の県の県庁所在地、銅の精錬工場のために開かれた工業都市である。ゲルツェンはここには数週間を過ごしただけだったが、それでもポーランド人流刑者たちと知り合いになり、彼らの窮状をその目で見るという、得難い体験をしている。

次の流刑地ヴャトカも同名の県の県庁所在地で、カマ川の更に支流であるヴャトカ川の畔にある、当時人口十七万ほどの小都市であった。町の周辺には農業地帯は当然のこととして、皮革産業を中心とする家内工業地帯もあり、そこには分離派教徒(別称「古儀式派」「旧教徒」)の集落があったことでも知られている。このような小都会にゲルツェンは二年半ほどを過ごしたのである。

三番目の流刑地ウラジーミルはクリャジマ川の畔、モスクワの東方二百キロほどのところに位置する古都で、今でこそ、セルギエフ・ポサド(聖人セルギー・ラドネシスキーの開いた修道院)やスーズダリ、ロストフなどと共に、モスクワを囲む「黄金の輪」の一環として、観光地というイメージが強いが、タタールの侵入を前にしたキエフ国家崩壊期の十三世紀頃には、キエフに並ぶ有力な公国の中心地として栄え、一時は北東ルーシに覇を唱えたこともある。だが、内訌《ないこう》が災いして勢力は著しく減退し、十四世紀には「北東ルーシの覇者」たる地位をモスクワに譲った。ゲルツェンは一八四〇年三月に正式に流刑を解かれるまでの二年三か月を、このような由緒ある都会で過ごすことになったのである。この地でゲルツェンは今日言うところの「遠距離恋愛」を実らせ、息子も生まれた。これから先の多難な人生行路を知る者から見れば、この時期のゲルツェンは、「流刑囚」という身分にもかかわらず、私生活の上では、人生の最も幸せな時期を楽しんでいたのである。

合計するとほぼ五年、ここで見聞きしたことはゲルツェンのその後の思想にとって並々ならぬ意味を持った。ゲルツェンはこの間に、首都だけで生活している者たちには、到底、理解も想像も及ばないような、ロシアの「生の現実」を数々体験したのである。概ね、醜悪で腹立たしいことに満ちたこれらの体験は、ゲルツェンの後の思索にとっての、いわば「武器庫」となったと言えるだろう。

それらの体験がいかなるものであったか――その詳細は本分冊を読んでいただくとして、ここでは、ゴーゴリの『検察官』と『死せる魂』とを引き合いに出しておこう。

『検察官』の舞台はヴャトカと同様、首都から離れたところにある小さな県の県庁所在地。ある時、中央からお忍びで検察官がやってくるという情報を得た役人たちが、旅の若いペテン師をそれと取り違え、役所のみならず、町を挙げて下へも置かぬ接待に相勤めながら、結局、騙されたと気付いたその時に、本物の検察官が登場するというドタバタ「喜劇」である。これが一八三六年四月にペテルブルクで初演された時、それを観た皇帝ニコライは息を詰まらせるほどに笑い、同席した高官や役人たちも大いに笑った。心ならずも、揶揄したはずの人たちの満足げな笑いを取ってしまったことに当惑した作者は、この劇には「笑いの後ろに哀しみが隠されているのです」と、敢えて言い添えねばならなかった。

こんな曰くつきの芝居をゲルツェンが初めて見たのは一八三九年十月、流刑それ自体は解かれてはいないながら、モスクワへの出入りは許されるようになってから間もない頃のことだったが、劇の滑稽さとは比べ物にならないほどのシリアスな現実を、リアルタイムで見聞きしつつあった彼には、この「喜劇」を首都の人々のようにただ「げらげら」と笑って観ていることはできなかった。彼は観劇後にオガリョーフ宛の手紙の中で、「胆汁質の印象」、つまり苦々しい思いを伝えている。ゲルツェンには、ここにあるのが「笑い」ばかりで、「怒り」のないことが不満だったのである。

これに対して、『死せる魂』（第一部、一八四二年）については、ゲルツェンには別の感想があった。

この作品は、次の国勢調査まで「死んだ農奴」（即ち「死せる魂」）たちの分も税を払い続けなくてはならないという、地主にとっては不都合な法律に付けこみ、彼らの名義を買い集めることによって膨大な数の農奴の所有者、すなわち大地主であることを装い、何事かを企む都会の男と、農奴所有者たる地主との「虚々実々」の駆け引きを描いた、喜劇仕立ての長編小説だが、以下では先ず、一八五〇年ごろ、つまり、ゲルツェンが亡命した後に、西欧の人々向けに書いた著作『ロシアの革命思想――その歴史的展開』（長縄光男訳、岩波文庫）の中の文章を引用しよう。

『検察官』の後、ゴーゴリは領地の貴族たちに目を向け、街道筋からも大きな町からも遠く離れた舞台裏に隠れ、農村の奥深いところに身を潜めてきた、この未知の人種を白日の下に引きずり出した。これは所領の経営にひっそりと専念しつつ、西欧の貴族の堕落よりも遥かに深い堕落を隠している、貧乏貴族たちのロシアである。ゴーゴリのおかげでわれわれは彼らの地主屋敷、彼らの邸宅の敷居の向こうに、彼らの姿をとうとう見ることになったのである。彼らはわれわれの前を仮面も付けず、素顔のままに通り過ぎる。それはいつでも酔漢であり大食漢であり、権力の卑屈な奴隷であり、自分の奴隷に対する無慈悲な暴君であり、赤子が母乳を飲むように、当たり前の顔をしてごく無邪気に、民衆の命と血を吸っている連中である。
『死せる魂』はロシアを震撼させた。（邦訳一八〇ページ）

実のところ、『検察官』の世界こそゲルツェンにとって日常的に見聞きする世界ではあったが、『死せる魂』で描かれる世界、すなわち、ディープな田舎貴族の世界のことは、ゲルツェンはあまり知悉《ちしつ》してはいなかった。現に、この分冊の中でもこの世界のことは何も触れられていない。

それというのも、ゲルツェンが生活していたところは、首都から見ればいかに「田舎」とはいえ、いずれも県庁所在地であり、しかも役所勤務が中心となれば、貧乏な田舎貴族の生活の内情にまで立ち入る機会は皆無だったからだ。たとえそのような機会があったとしても、相手からすれば彼がれっきとした県庁の役人である以上、彼らがゴーゴリに見せたような「素顔」を、彼にも見せてくれることは決してなかったことだろう。

そもそも、彼が流刑者として滞在した町の内、ペルミとヴャトカはいずれもロシア平原が終わり、北ロシアのバルダイ高地からウラル山脈へと連なる丘陵地帯の中の町で、ヴャトカは十二世紀にカザンとアルハンゲリスクを結ぶ交易の拠点として、ノヴゴロドの商人たちによって開かれた町であり、ペルミの方は一七八一年に銅の精錬工場を基盤として開かれた新興の町であった。いずれもロシアに典型的な農村地帯、言い換えれば、農奴制が「最悪な」という意味で、典型的に見聞できる場所ではなかったということであり、それはつまり、旧来の貴族層の希薄なところだったということでもある。そうであればこそ、ヴャトカの知事、チュファーエフのような、大いにいかがわしい経歴の人物が、これほどまでの地位にのし上がることができたのである。

このような人物は、ピョートルの改革の一つの産物であった。彼の改革の眼目は西欧に引けを取らない強大な国家組織をつくることにあったが、そのために、彼は既存の貴族層からのみならず、農奴農民以外のあらゆる階層からも人材を広く登用しなくてはならなかった。その結果、下層の民衆の中からロモノーソフやスペラーンスキーのような有能な人材が輩出したことは確かではあったが、しかし、チュファーエフのように、社会の淀みの中から泡のように浮かび上がって来る者をも、数多く生み出したのであった。そして、ペルミやヴャトカのように、既存の貴族階級のいない僻遠の地、すなわち『検察官』の世界こそ、こうした者たちが増殖するには最も適した場所であった。ゲルツェンが日々格闘しなくてはならなかった相手というのは、まさに、そうした連中だったのである。その意味からも、ゴーゴリの描く貧乏な田舎貴族の生態は、彼にも新しい知見であったことだろう。この小説に「震撼」させられたのは、ゲルツェン自身でもあったのである。

二　「シベリア」流刑ということ

ゲルツェンは幾度となく、自分の流刑されたのが「シベリア」であったと書いている。事実、第十五章は「シベリアの行政」と題されてすらいる。だが、亡命後、ゲルツェンに敵対する人々の中から、彼が「シベリア」に流刑されたというのは「嘘」だという噂が広がったことがある。

この指摘は必ずしも間違ってはいない。というのは、通常の地理的観念からすれば、「シベリア」はウラル山脈以東を指すものとされているからだ。そうした見方に立てば、ゲルツェンの流刑地はいずれもウラル山脈の西側なのだから、ここはまだ「シベリア」ではない。かのデカブリストたちの配所は、主として、バイカル湖の畔なるイルクーツク、ロシア・インテリゲンツィアの最初の受難者ラジーシチェフのそれは、そこからさらに北の小さな町イルムスク、ドストエフスキーの流刑地はオムスクと、いずれも「れっきとしたシベリア」であったことを思うと、ゲルツェンが「シベリア送り」になったという表現には、少々無理があることは否めない。ゲルツェンは自分の経歴を「盛って」吹聴していると思われてしまったのである。

だが、別に、ここでゲルツェンを弁護するまでもないが、この時代、ヴォルガ河を渡ればそこはすでにシベリアの始まり、と見なされていたのではないだろうか。少なくとも、ゲルツェンはそのように受け止めている。そのことは、例えば、一八三五年七月十八日付、ヴャトカからモスクワの友人たちに宛てた手紙の一節から知ることができるだろう。

> シベリアとは何か。諸君はこの国のことを知らない。僕はウラル山脈の氷のような空気を吸った。その空気は冷たかった。しかし、それは新鮮で健康的だ。シベリアは全く新しい国だ。一種独特なアメリカだ。というのは、そこには貴族の出自を持った者がいないからだ。この国は氏素性というものを知らない盗賊やコサックの娘だからだ。そこにやって来たのは過去の生活の全てに目を瞑《つぶ》り、生まれ変わらされた人々だからだ。彼らにとってこの過去の生活は暗い牢獄と鎖の長い道のりと、しばしば鞭しか想い起こさせないのだ。（強調原文）

ゲルツェンの「シベリア」体験の中で最も意義深いのは、カザンで過ごした数日の見聞である。そのことは本書の中ではほとんど触れられていないだけに、少し立ち止まって紹介するに値するだろう。

そもそもカザンとは、ロシアを二百五十年にわたり支配し続けて来たモンゴル帝国の一支国「カザン汗国」の首都のあったところで、これがロシアの手に落ちたのはやっと一五五二年、イワン四世(雷帝)の時代のことであった。そうした歴史の故に、この町にはアジア的色彩が濃く、文化的には東西両文明の交差する場所となっていたのである。こうしたことを念頭において、一八三六年、ヴャトカで書かれた「田舎からの手紙」の一節を読んでみよう。

概して、カザンの意義は偉大である。これは二つの世界が出会い、そして別れる場所である。それゆえに、ここには東と西の二つの原理がある。……東に行くにつれてヨーロッパ的原理は弱まり、西へ行くに従って東方的原理が消えて行く。ピョートル大帝が予見したように、西方をアジアにもたらし、東方をヨーロッパに知らしめることがロシアの使命とされているとするならば、カザンはヨーロッパの諸理念がアジアに、アジア的性格がヨーロッパへと行き交う、そんな道筋にある隊商の大きな宿のようなものだ。

以後、「東西両文明の交差する隊商の宿営地」という表現は彼のお気に入りとなり、ここでは「カザン」がその宿に擬せられているのに対して、後には「ロシア」そのものにその役割が振り当てられるようになる。例えば、一八五〇年ごろに執筆された『ロシアの革命思想』の中では、こう書かれている。

> ヨーロッパから見ればロシアはアジア的であったが、アジアの目から見ればロシアはヨーロッパ的であった。この二重性は、ヨーロッパとアジアの文明を結ぶ隊商の偉大な宿営所たるべきこの国の性格と運命に、完全に合致していた。（邦訳四五ページ）

「隊商の宿営地」がカザンからロシアに変わっているということの意味を詮索するのはしばらく措《お》くとして、先の「田舎からの手紙」の一節からは、「カザン」という小さな窓を通じて、ゲルツェンの視野が格段に広がって行く様が見て取れることは確かだろう。このように拡大した視野の延長上に、本書の中でも書かれているような「太平洋は未来の地中海である」という、瞠目すべきフレーズが出てくるのである（強調原文。本巻九七ページ)。ゲルツェンがこれに続けて「太平洋と南アジアとロシアとの間の国である シベリアの未来の役割は極めて重要である」と書いているのを見れば、数日のカザン体験ではあったが、ここで「シベリア」を遠望したことにより、ゲルツェンの目線は地球儀を俯瞰できるまでに高まることになったのである。

三　「流刑」ということ

さる人からゲルツェンは本当に「流刑」になったのですか、と問われた。その人から見れば「役所勤め」するなど、おおよそ「流刑囚」のイメージにはふさわしくない、というのだ。こうした疑問、と言うより「疑惑」の声は「シベリア」流刑についてと同様、西欧の人々の中からも上がったことがある。そこで、以下では、このことについてコメントしておこう。

先ず、「流刑」とはロシア語の「ススィルカ(ссылка)」を訳したものだが、この語の訳語としては「追放」というのもある。ゲルツェンの境遇の実態は、日本語のイメージからすれば、むしろ、「追放」の方が近い。事実、私は翻訳の中で幾度となく「追放」という語を使ってもいる。だが、「流刑」の方を多用したことには、正直のところ、私がゲルツェンの蒙った刑罰を重い方へと「盛って」表現したきらいがあるのである。

「流刑」関連の言葉には「徒刑」というのもある。これはロシア語の「カートルガ（каторга）」を訳したものだが、こちらには明確に「肉体労働」が前提されている。一般民衆の「流刑」には常に「徒刑」も伴うから、彼らは「流刑囚」というよりは「徒刑囚」である。貴族身分の者の場合は、その身分内の上下によって、また罪状によって、徒刑を科せられる場合もあった。例えば、ラジーシチェフが徒刑を科せられたという話は聞かないが、デカブリストは、全員ではないが、何らかの労働に従事していた。ドストエフスキーの場合、彼は一般の囚人並みの獄房に住まわされ、肉体労働も科せられている。つまり、彼は「徒刑囚」であった。これは彼の罪状の重さと、貴族身分の低さのせいだろう。もっとも、彼が「体罰」を免れていたのは、いかに低いとは言え、一応は「貴族」だったからだ。

このように見てくると、ゲルツェンは「流刑囚」としては格段に厚遇されていたと言わねばならない。彼は「流刑地」に赴くにあたり、馬車で行くことが許された。これが庶民の流刑囚（徒刑囚）ともなれば、重い枷を嵌められ、多くの場合、徒歩で行かされるのである。しかも、彼の父は家人を「流刑地」に先発させ、彼の住む家の手配までさせている。そしてそこには、当然のことのように、モスクワから派遣された従僕もいたのである。こうした厚遇はオガリョーフの場合も同様だった。彼の配所は父の住む所領であった。「刑罰」とは言いながら、何のことはない、自領に蟄居《ちっきょ》を命ぜられただけのことだった。他の仲間の境遇については仔細を承知していないが、長期にわたる獄中生活を強いられた者もいたことを思えば、同じ事件の「罪人」への罰として、その軽重の差は余りにも大きかったと言わねばならないだろう。

こうした差がどこから来たのか、裏の事情を実証することはできないが、これが家格の高さや、政府高官筋とのコネクションの大きさの然らしむるところであっただろうとは、想像に難くない。何と言っても、ゲルツェンの実家であるヤーコヴレフ家はロマノフ王家に連なる「公家《こうか》」の一門であったし、オガリョーフ家の方は、家格的にはそれほど高くはなかったとはいえ、中部ロシアの肥沃な三つの県にまたがり十数か所の所領を有し、四千人を超える農奴を抱える、ロシアでも有数の富裕な地主貴族だったのである。

ゲルツェンの乗る馬車がペルミに近付いたある日の明け方のこと、彼はシベリアに向かう徒刑囚たちの群れに追いついた。彼はその時のことをモスクワのナターリアにこう書き送っている。

目を覚ました時、鎖につながれ、荷馬車に乗せられ、あるいは徒歩でシベリアに向かう人たちの群れを見ました。彼らの恐ろし気な顔付き、恐ろしい物音、そして、くっきりとした夜明けの明るい光と冷たい朝の風――そうしたことが、僕の心を余りにも寒さと恐怖で満たしたので、僕は身震いして目を逸らせました。この瞬間を僕は生涯忘れないでしょう。

庶民の徒刑囚が味わう痛みや苦しみ、嘆きや悲しみに比べれば、上流貴族ゲルツェンとオガリョーフが味わったそれらには、何程のこともなかったことは確かである。しかし、だからと言って、彼らの体験したことの意味も、何程のことはなかったということにはならないだろう。ここではむしろ、彼らを護っていた力が大きければ大きいほど、それを捨ててまでして彼らが志したことの大きさも分かると、考えるべきではあるまいか。

（長縄光男）

略年譜 2

（日付は露暦．これに12を加えると西暦になる．年齢は各年の誕生日現在）

1835年（23歳）

4月10日，流刑囚としてペルミに赴く（オガリョーフは中部ロシアのペンザへ）．**5月19日**，流刑地の変更によりヴャトカに移送される．**8月**，官吏の妻，プラスコーヴィア・メドヴェージェワ（P）と知り合い，恋に落ちる．**11月**，建築家ヴィトベルクと知り合う．

1836年（24歳）

1月，Pの夫死去．Pへの恋が冷め，ナターリアへの恋心が募る．**10月**，《テレスコープ》15号にチャアダーエフの「哲学書簡」掲載，大きな衝撃を受ける．

1837年（25歳）

5月18日，皇太子アレクサンドル（後の2世）のヴャトカ行啓．博覧会で説明を仰せつかり，大いに面目を施す．随行した詩人ジュコーフスキーの口添えを得て，流刑地の変更を依願．**8月**，ヴャトカの新知事からトクヴィルの『アメリカのデモクラシー』を贈られる．

1838年（26歳）

1月2日，新しい流刑地ウラジーミルに移る．**3月1日**，兄エゴールの下僕を装いモスクワに潜入．ナターリアと密会．**5月8日**，再度モスクワに潜入．ナターリアを伴いウラジーミルに帰り，**翌9日**，ナターリアと結婚．この頃，「現代」の歴史的位置を巡る著作を企図．その一環として戯曲『リキニウス――ローマの舞台から』を執筆．

1839年（27歳）

2月頃，シェリング，ヘーゲルを読む．**3月中旬**，オガリョーフ

夫妻ウラジーミルを訪問，オガリョーワ夫人に違和感を覚える．この頃，戯曲『ウィリアム・ペン』を執筆．**6 月 13 日**，息子(アレクサンドル，愛称サーシャ)誕生．この頃，ポーランドの歴史家チェシコーフスキの『歴史のプロレゴメナ』を読み，深く共感．**7 月**，警察の監視を解かれる．**10 月以降**，モスクワを頻繁に訪問．**12 月**，新しい任地(内務省)ペテルブルクを下見のために訪問．正式の着任(翌年 5 月)までにウラジーミルとモスクワとペテルブルクの間を頻繁に往来．この間にベリンスキー，ボトキン，バクーニン，グラノーフスキーらスタンケーヴィチのサークルの人々と知り合い，ヘーゲルの理解を巡り論争．

1840 年(28 歳)

3 月，流刑を正式に解かれ，一家を挙げてモスクワに帰還．**5 月**，内務省勤務のためにペテルブルクに赴任．

過去《かこ》と思索《しさく》（二）〔全7冊〕 ゲルツェン著

2024年5月15日 第1刷発行

訳 者 金子《かねこ》幸彦《ゆきひこ》 長縄《ながなわ》光男《みつお》

発行者 坂本政謙

発行所 株式会社 岩波書店
〒101-8002 東京都千代田区一ツ橋 2-5-5

案内 03-5210-4000 営業部 03-5210-4111
文庫編集部 03-5210-4051
https://www.iwanami.co.jp/

印刷・三秀舎 カバー・精興社 製本・中永製本

ISBN 978-4-00-386041-0 Printed in Japan

読書子に寄す

——岩波文庫発刊に際して——

岩波茂雄

真理は万人によって求められることを自ら欲し、芸術は万人によって愛されることを自ら望む。かつては民を愚昧ならしめるために学芸が最も狭き堂宇に閉鎖されたことがあった。今や知識と美とを特権階級の独占より奪い返すことはつねに進取的なる民衆の切実なる要求である。岩波文庫はこの要求に応じそれに励まされて生まれた。それは生命ある不朽の書を少数者の書斎と研究室とより解放して街頭にくまなく立たしめ民衆に伍せしめるであろう。近時大量生産予約出版の流行を見る。その広告宣伝の狂態はしばらくおくも、後代にのこすと誇称する全集がその編集に万全の用意をなしたるか。千古の典籍の翻訳企図に敬虔の態度を欠かざりしか。さらに分売を許さず読者を繋縛して数十冊を強うるがごとき、はたしてその揚言する学芸解放のゆえんなりや。吾人は天下の名士の声に和してこれを推挙するに躊躇するものである。このときにあたって、岩波書店は自己の責務のいよいよ重大なるを思い、従来の方針の徹底を期するため、すでに十数年以前より志して来た計画を慎重審議この際断然実行することにした。吾人は範をかのレクラム文庫にとり、古今東西にわたって文芸・哲学・社会科学・自然科学等種類のいかんを問わず、いやしくも万人の必読すべき真に古典的価値ある書をきわめて簡易なる形式において逐次刊行し、あらゆる人間に須要なる生活向上の資料、生活批判の原理を提供せんと欲する。この文庫は予約出版の方法を排したるがゆえに、読者は自己の欲する時に自己の欲する書物を各個に自由に選択することができる。携帯に便にして価格の低きを最主とするがゆえに、外観を顧みざるも内容に至っては厳選最も力を尽くし、従来の岩波出版物の特色をますます発揮せしめようとする。この計画たるや世間の一時の投機的なるものと異なり、永遠の事業として吾人は微力を傾倒し、あらゆる犠牲を忍んで今後永久に継続発展せしめ、もって文庫の使命を遺憾なく果たさしめることを期する。芸術を愛し知識を求むる士の自ら進んでこの挙に参加し、希望と忠言とを寄せられることは吾人の熱望するところである。その性質上経済的には最も困難多きこの事業にあえて当たらんとする吾人の志を諒として、その達成のため世の読書子とのうるわしき共同を期待する。

昭和二年七月

《哲学・教育・宗教》〔青〕

ソクラテスの弁明・クリトン　プラトン　久保勉訳
ゴルギアス　プラトン　加来彰俊訳
饗宴　プラトン　久保勉訳
テアイテトス　プラトン　田中美知太郎訳
パイドロス　プラトン　藤沢令夫訳
メノン　プラトン　藤沢令夫訳
国家　全二冊　プラトン　藤沢令夫訳
プロタゴラス　―ソフィストたち　プラトン　藤沢令夫訳
パイドン　―魂の不死について　プラトン　岩田靖夫訳
アナバシス　―敵中横断六〇〇〇キロ　クセノポン　松平千秋訳
アリストテレス　ニコマコス倫理学　全二冊　高田三郎訳
アリストテレス　形而上学　全二冊　出隆訳
アリストテレス　弁論術　戸塚七郎訳
アリストテレース　詩学　ホラーティウス　詩論　松本仁助・岡道男訳
物の本質について　ルクレーティウス　樋口勝彦訳
エピクロス　―教説と手紙　出隆・岩崎允胤訳

生の短さについて　他二篇　セネカ　大西英文訳
怒りについて　他二篇　セネカ　兼利琢也訳
エピクテトス　人生談義　全二冊　國方栄二訳
人さまざま　テオプラストス　森進一訳
マルクス・アウレーリウス　自省録　神谷美恵子訳
老年について　キケロー　中務哲郎訳
弁論家について　全二冊　キケロー　大西英文訳
キケロー書簡集　高橋宏幸編
平和の訴え　エラスムス　箕輪三郎訳
方法序説　デカルト　谷川多佳子訳
哲学原理　デカルト　桂寿一訳
情念論　デカルト　谷川多佳子訳
パンセ　全三冊　パスカル　塩川徹也訳
スピノザ　神学・政治論　全二冊　畠中尚志訳
知性改善論　スピノザ　畠中尚志訳
スピノザ　エチカ（倫理学）　全二冊　畠中尚志訳
スピノザ　国家論　畠中尚志訳

スピノザ往復書簡集　畠中尚志訳
デカルトの哲学原理　―附　形而上学的思想　スピノザ　畠中尚志訳
スピノザ　神・人間及び人間の幸福に関する短論文　畠中尚志訳
モナドロジー　他二篇　ライプニッツ　谷川多佳子・岡部英男訳
市民の国について　全二冊　ヒューム　小松茂夫訳
自然宗教をめぐる対話　ヒューム　犬塚元訳
エミール　全三冊　ルソー　今野一雄訳
人間不平等起原論　ルソー　本田喜代治・平岡昇訳
ルソー　社会契約論　桑原武夫・前川貞次郎訳
言語起源論　―旋律と音楽的模倣について　ルソー　増田真訳
ディドロ　絵画について　佐々木健一訳
道徳形而上学原論　カント　篠田英雄訳
啓蒙とは何か　他四篇　カント　篠田英雄訳
純粋理性批判　全三冊　カント　篠田英雄訳
カント　実践理性批判　波多野精一・宮本和吉・篠田英雄訳
判断力批判　全二冊　カント　篠田英雄訳
永遠平和のために　カント　宇都宮芳明訳

プロレゴメナ　カント／篠田英雄訳
学者の使命・学者の本質　フィヒテ／宮崎洋三訳
シュライエルマッハー 独白　木場深定訳
ヘーゲル 政治論文集 全二冊　金子武蔵訳
哲学史序論 ―哲学と哲学史　ヘーゲル／武市健人訳
歴史哲学講義 全二冊　ヘーゲル／長谷川宏訳
法の哲学 ―自然法と国家学の要綱　ヘーゲル／上妻精・佐藤康邦・山田忠彰訳
学問論　シェリング／西川富雄・藤田正勝監訳
自殺について 他四篇　ショウペンハウエル／斎藤信治訳
読書について 他二篇　ショウペンハウエル／斎藤忍随訳
知性について 他四篇　ショーペンハウエル／細谷貞雄訳
不安の概念　キェルケゴール／斎藤信治訳
死に至る病　キェルケゴール／斎藤信治訳
体験と創作 全二冊　ディルタイ／柴田治三郎・小牧健夫訳
眠られぬ夜のために 全二冊　ヒルティ／草間平作・大和邦太郎訳
幸福論 全三冊　ヒルティ／草間平作・大和邦太郎訳
悲劇の誕生　ニーチェ／秋山英夫訳

ツァラトゥストラはこう言った 全二冊　ニーチェ／氷上英廣訳
道徳の系譜　ニーチェ／木場深定訳
善悪の彼岸　ニーチェ／木場深定訳
この人を見よ　ニーチェ／手塚富雄訳
プラグマティズム　W・ジェイムズ／桝田啓三郎訳
宗教的経験の諸相 全二冊　W・ジェイムズ／桝田啓三郎訳
日常生活の精神病理　フロイト／高田珠樹訳
純粋現象学及現象学的哲学考案 全二冊　フッセル／池上鎌三訳
デカルト的省察　フッサール／浜渦辰二訳
愛の断想・日々の断想　ジンメル／清水幾太郎訳
ジンメル宗教論集　深澤英隆編訳
笑い　ベルクソン／林達夫訳
道徳と宗教の二源泉　ベルクソン／平山高次訳
時間と自由　ベルクソン／中村文郎訳
ラッセル教育論　安藤貞雄訳
ラッセル幸福論　安藤貞雄訳
存在と時間 全四冊　ハイデガー／熊野純彦訳

学校と社会　デューイ／宮原誠一訳
民主主義と教育 全二冊　デューイ／松野安男訳
我と汝・対話　マルティン・ブーバー／植田重雄訳
アラン 幸福論　神谷幹夫訳
アラン 定義集　神谷幹夫訳
天才の心理学　E・クレッチュマー／内村祐之訳
英語発達小史　H・ブラッドリ／寺澤芳雄訳
日本の弓術　オイゲン・ヘリゲル述／柴田治三郎訳
ことばのロマンス ―英語の語源　ウィークリー／寺澤芳雄・出淵博訳
ヴィーコ 学問の方法　上村忠男・佐々木力訳
国家と神話 全二冊　カッシーラー／熊野純彦訳
天才・悪　ブレンターノ／篠田英雄訳
人間の頭脳活動の本質 他一篇　ディーツゲン／小松摂郎訳
プラトン入門　R・S・ブラック／内山勝利訳
反啓蒙思想 他二篇　バーリン／松本礼二編
マキアヴェッリの独創性 他三篇　バーリン／川出良枝編
ロシア・インテリゲンツィヤの誕生 他五篇　バーリン／桑野隆編

論理哲学論考　ウィトゲンシュタイン　野矢茂樹訳
自由と社会的抑圧　シモーヌ・ヴェイユ　冨原眞弓訳
根をもつこと　全二冊　シモーヌ・ヴェイユ　冨原眞弓訳
重力と恩寵　シモーヌ・ヴェイユ　冨原眞弓訳
全体性と無限　全二冊　レヴィナス　熊野純彦訳
啓蒙の弁証法　―哲学的断想　M・ホルクハイマー　T・W・アドルノ　徳永恂訳
ヘーゲルからニーチェへ　十九世紀思想における革命的断絶　全二冊　レーヴィット　三島憲一訳
統辞構造論　付『言語理論の論理構造』序論　チョムスキー　福井直樹　辻子美保子訳
統辞理論の諸相　方法論序説　チョムスキー　福井直樹　辻子美保子訳
快楽について　ロレンツォ・ヴァッラ　近藤恒一訳
古代懐疑主義入門　判断保留の十の方式　J・アナス　J・バーンズ　金山弥平訳
ニーチェ　みずからの時代と闘う者　ルドルフ・シュタイナー　高橋巖訳
フランス革命期の公教育論　コンドルセ他　阪上孝編訳
フレーベル自伝　長田新訳
旧約聖書　創世記　関根正雄訳
旧約聖書　出エジプト記　関根正雄訳
旧約聖書　ヨブ記　関根正雄訳

旧約聖書　詩篇　関根正雄訳
新約聖書　福音書　塚本虎二訳
文語訳　新約聖書　詩篇付
文語訳　旧約聖書　全四冊
キリストにならいて　トマス・ア・ケンピス　大沢章　呉茂一訳
聖アウグスティヌス　告白　全二冊　服部英次郎訳
アウグスティヌス　神の国　全五冊　服部英次郎　藤本雄三訳
新訳　キリスト者の自由・聖書への序言　マルティン・ルター　石原謙訳
キリスト教と世界宗教　シュヴァイツェル　鈴木俊郎訳
水と原生林のはざまで　シュヴァイツェル　野村実訳
コーラン　全三冊　井筒俊彦訳
エックハルト説教集　田島照久編訳
ムハンマドのことば　ハディース　小杉泰編訳
新約聖書外典　ナグ・ハマディ文書抄　荒井献　大貫隆　小林稔　筒井賢治　編訳
後期資本主義における正統化の問題　ハーバーマス　山田正行・金慧訳
シンボルの哲学　―理性、祭礼、芸術のシンボル試論　S・K・ランガー　塚本明子訳

ジャック・ラカン　精神分析の四基本概念　全二冊　ジャック＝アラン・ミレール編　小出浩之　新宮一成　鈴木國文　小川豊昭　訳
精神と自然　生きた世界の認識論　グレゴリー・ベイトソン　佐藤良明訳
人間の知的能力に関する試論　全二冊　トマス・リード　戸田剛文訳
開かれた社会とその敵　全四冊　カール・ポパー　小河原誠訳

《法律・政治》〔白〕

人権宣言集　高木八尺・末延三次・宮沢俊義 編
新版 世界憲法集 第二版　高橋和之 編
君主論　マキアヴェッリ　河島英昭 訳
フィレンツェ史 全二冊　マキァヴェッリ　齊藤寛海 訳
リヴァイアサン 全四冊　ホッブズ　水田洋 訳
法の精神 全三冊　モンテスキュー　野田良之・稲本洋之助・上原行雄・田中治男・三辺博之・横田地弘 訳
教育に関する考察　ロック　服部知文 訳
完訳 統治二論　ジョン・ロック　加藤節 訳
寛容についての手紙　ジョン・ロック　加藤節・李静和 訳
キリスト教の合理性　ジョン・ロック　加藤節 訳
ルソー 社会契約論　桑原武夫・前川貞次郎 訳
アメリカのデモクラシー 全四冊　トクヴィル　松本礼二 訳
リンカーン演説集　高木八尺・斎藤光 訳
権利のための闘争　イェーリング　村上淳一 訳
近代人の自由と古代人の自由・征服の精神と簒奪 他一篇　コンスタン　堤林剣・堤林恵 訳
民主主義の本質と価値 他一篇　ハンス・ケルゼン　長尾龍一・植田俊太郎 訳
外交談判法　カリエール　坂野正高 訳
危機の二十年 ―理想と現実　E・H・カー　原彬久 訳
ザ・フェデラリスト　A・ハミルトン　J・ジェイ　J・マディソン　斎藤眞・中野勝郎 訳
アメリカの黒人演説集 ―キング・マルコムX・モリスン 他　荒このみ 編訳
モーゲンソー 国際政治 全三冊 ―権力と平和　原彬久 監訳
ポリアーキー　ロバート・A・ダール　高畠通敏・前田脩 訳
現代議会主義の精神史的状況 他一篇　カール・シュミット　樋口陽一 訳
政治的なものの概念　カール・シュミット　権左武志 訳
第二次世界大戦外交史 全二冊　芦田均
憲法講話　美濃部達吉
日本国憲法　長谷部恭男 解説
民主体制の崩壊 ―危機・崩壊・再均衡　ファン・リンス　横田正顕 訳
憲法　鵜飼信成

《経済・社会》〔白〕

政治算術　ペティ　大内兵衛・松川七郎 訳
国富論 全四冊　アダム・スミス　水田洋 監訳　杉山忠平 訳
法学講義　アダム・スミス　水田洋 訳
コモン・センス 他三篇　トーマス・ペイン　小松春雄 訳
経済学における諸定義　マルサス　玉野井芳郎 訳
オウエン自叙伝　ロバアト・オウエン　五島茂 訳
戦争論 全三冊　クラウゼヴィッツ　篠田英雄 訳
自由論　J・S・ミル　塩尻公明・木村健康 訳
大学教育について　J・S・ミル　竹内一誠 訳
功利主義　J・S・ミル　関口正司 訳
イギリス国制論 全二冊　バジョット　遠山隆淑 訳
ユダヤ人問題によせて ヘーゲル法哲学批判序説　マルクス　城塚登 訳
経済学・哲学草稿　マルクス　城塚登・田中吉六 訳
新編輯版 ドイツ・イデオロギー　マルクス　エンゲルス　廣松渉 編訳　小林昌人 補訳
マルクス エンゲルス 共産党宣言　大内兵衛・向坂逸郎 訳
賃労働と資本　マルクス　長谷部文雄 訳
賃銀・価格および利潤　マルクス　長谷部文雄 訳
マルクス 経済学批判　武田隆夫・遠藤湘吉・大内力・加藤俊彦 訳
マルクス 資本論 全九冊　エンゲルス 編　向坂逸郎 訳
トロツキー わが生涯 全二冊　森田成也・志田昇 訳

空想より科学へ —社会主義の発展　エンゲルス　大内兵衛訳
帝国主義論 全二冊　ホブスン　矢内原忠雄訳
帝国主義　レーニン　宇高基輔訳
国家と革命　レーニン　宇高基輔訳
ローザ・ルクセンブルク 獄中からの手紙　秋元寿恵夫訳
雇用、利子および貨幣の一般理論 全二冊　ケインズ　間宮陽介訳
シュムペーター 経済発展の理論 全二冊　塩野谷祐一　中山伊知郎　東畑精一訳
シュムペーター 経済学史 —学説ならびに方法の諸段階　中山伊知郎　東畑精一訳
租税国家の危機　シュムペーター　木村元一　小谷義次訳
日本資本主義分析　山田盛太郎
恐慌論　宇野弘蔵
経済原論　宇野弘蔵
資本主義と市民社会 他十四篇　大塚久雄　齋藤英里編
共同体の基礎理論 他六篇　大塚久雄　小野塚知二編
ユートピアだより　ウィリアム・モリス　川端康雄訳
社会科学と社会政策にかかわる認識の「客観性」　マックス・ヴェーバー　富永祐治　立野保男訳　折原浩補訳
プロテスタンティズムの倫理と資本主義の精神　マックス・ヴェーバー　大塚久雄訳

職業としての学問　マックス・ヴェーバー　尾高邦雄訳
社会学の根本概念　マックス・ヴェーバー　清水幾太郎訳
職業としての政治　マックス・ヴェーバー　脇圭平訳
古代ユダヤ教 全三冊　マックス・ヴェーバー　内田芳明訳
宗教と資本主義の興隆 —歴史的研究 全二冊　トーニー　出口勇蔵・越智武臣訳
世論 全二冊　リップマン　掛川トミ子訳
鯰絵 —民俗的想像力の世界　C・アウエハント　小松和彦・中沢新一・飯島吉晴・古家信平訳
贈与論 他二篇　マルセル・モース　森山工訳
国民論 他二篇　マルセル・モース　森山工編訳
ヨーロッパの昔話 その形と本質　マックス・リュティ　小澤俊夫訳
独裁と民主政治の社会的起源 —近代世界形成過程における領主と農民 全二冊　バリントン・ムーア　宮崎隆次　森山茂徳　高橋直樹訳
大衆の反逆　オルテガ・イ・ガセット　佐々木孝訳

《自然科学》〔青〕

ヒポクラテス医学論集　國方栄二編訳
科学と仮説　ポアンカレ　河野伊三郎訳
ロウソクの科学　ファラデー　竹内敬人訳
種の起原 全二冊　ダーウィン　八杉龍一訳

自然発生説の検討　パストゥール　山口清三郎訳
完訳ファーブル昆虫記 全十冊　山田吉彦　林達夫訳
科学談義　T・H・ハックスリ　小泉丹訳
メンデル 雑種植物の研究　岩槻邦男　須原準平訳
アインシュタイン 相対性理論　内山龍雄訳・解説
相対論の意味　アインシュタイン　矢野健太郎訳
アインシュタイン 一般相対性理論　小玉英雄編訳・解説
自然美と其驚異　ジョン・ラバック　板倉勝忠訳
ダーウィニズム論集　八杉龍一編訳
ニールス・ボーア論文集1 因果性と相補性　山本義隆編訳
ニールス・ボーア論文集2 量子力学の誕生　山本義隆編訳
ハッブル 銀河の世界　戎崎俊一訳
パロマーの巨人望遠鏡 全二冊　D・O・ウッドベリー　関正雄　湯澤博　成相恭二訳
生物から見た世界　ユクスキュル　クリサート　日高敏隆　羽田節子訳
ゲーデル 不完全性定理　林晋　八杉満利子訳
日本の酒　坂口謹一郎
生命とは何か —物理的にみた生細胞　シュレーディンガー　岡小天　鎮目恭夫訳

《ロシア文学》〔赤〕

オネーギン　プーシキン　池田健太郎訳
スペードの女王・ベールキン物語　プーシキン　神西清訳
狂人日記 他二篇　ゴーゴリ　横田瑞穂訳
外套・鼻　ゴーゴリ　平井肇訳
日本渡航記 ―フレガート「パルラダ」号より　ゴンチャロフ　井上満訳
貧しき人々　ドストイェフスキイ　原久一郎訳
二重人格　ドストエフスキー　小沼文彦訳
罪と罰 全三冊　ドストエフスキー　江川卓訳
白痴 全二冊　ドストエーフスキイ　米川正夫訳
カラマーゾフの兄弟 全四冊　ドストエーフスキイ　米川正夫訳
幼年時代　トルストイ　藤沼貴訳
戦争と平和 全六冊　トルストイ　藤沼貴訳
トルストイ民話集 人はなんで生きるか 他四篇　中村白葉訳
トルストイ民話集 イワンのばか 他八篇　中村白葉訳
イワン・イリッチの死　トルストイ　米川正夫訳
復活 全二冊　トルストイ　藤沼貴訳
人生論　トルストイ　中村融訳
かもめ　チェーホフ　浦雅春訳
ワーニャおじさん　チェーホフ　小野理子訳
桜の園　チェーホフ　小野理子訳
チェーホフ 妻への手紙 全二冊　湯浅芳子訳
ゴーリキー短篇集　上田進・横田瑞穂訳編
どん底　ゴーリキイ　中村白葉訳
ソルジェニーツィン短篇集　木村浩編訳
アファナーシエフ ロシア民話集 全二冊　中村喜和編訳
われら　ザミャーチン　川端香男里訳
プラトーノフ作品集　原卓也訳
悪魔物語・運命の卵　ブルガーコフ　水野忠夫訳
巨匠とマルガリータ 全二冊　ブルガーコフ　水野忠夫訳

《ドイツ文学》〔赤〕

ニーベルンゲンの歌 全二冊　相良守峯訳
若きウェルテルの悩み　ゲーテ 竹山道雄訳
ヴィルヘルム・マイスターの修業時代 全三冊　ゲーテ 山崎章甫訳
イタリア紀行 全三冊　ゲーテ 相良守峯訳
ファウスト 全二冊　ゲーテ 相良守峯訳
ゲーテとの対話 全三冊　エッカーマン 山下肇訳
スペインの太子 ドン・カルロス　シルレル 佐藤通次訳
ヒュペーリオン —希臘の世捨人　ヘルデルリーン 渡辺格司訳
青い花　ノヴァーリス 青山隆夫訳
夜の讃歌・サイスの弟子たち 他一篇　ノヴァーリス 今泉文子訳
完訳 グリム童話集 全五冊　金田鬼一訳
黄金の壺　ホフマン 神品芳夫訳
ホフマン短篇集　池内紀編訳
影をなくした男　シャミッソー 池内紀訳
流刑の神々・精霊物語　ハイネ 小沢俊夫訳
ブリギッタ・森の泉 他一篇　シュティフター 宇多五郎 高安国世訳

みずうみ 他四篇　シュトルム 関泰祐訳
村のロメオとユリア　ケラー 草間平作訳
沈鐘　ハウプトマン 阿部六郎訳
地霊・パンドラの箱 ルル二部作　F・ヴェデキント 岩淵達治訳
春のめざめ　F・ヴェデキント 酒寄進一訳
花・死人に口なし 他七篇　シュニッツラー 番匠谷英一 山本有三訳
ゲオルゲ詩集　手塚富雄訳
リルケ詩集　高安国世訳
ドゥイノの悲歌　リルケ 手塚富雄訳
ブッデンブローク家の人びと 全三冊　トーマス・マン 望月市恵訳
トオマス・マン短篇集　実吉捷郎訳
魔の山 全二冊　トーマス・マン 関泰祐 望月市恵訳
トニオ・クレエゲル　トオマス・マン 実吉捷郎訳
ヴェニスに死す　トオマス・マン 実吉捷郎訳
講演集 ドイツとドイツ人 他五篇　トーマス・マン 青木順三訳
講演集 リヒァルト・ヴァーグナーの苦悩と偉大 他一篇　トーマス・マン 青木順三訳
車輪の下　ヘルマン・ヘッセ 実吉捷郎訳

デミアン　ヘルマン・ヘッセ 実吉捷郎訳
シッダルタ　ヘッセ 手塚富雄訳
ルーマニア日記　カロッサ 高橋健二訳
幼年時代　カロッサ 斎藤栄治訳
ジョゼフ・フーシェ —ある政治的人間の肖像　シュテファン・ツワイク 高橋禎二 秋山英夫訳
変身・断食芸人　カフカ 山下肇 山下萬里訳
審判　カフカ 辻瑆訳
カフカ短篇集　池内紀編訳
カフカ寓話集　池内紀編訳
ドイツ炉辺ばなし集 —カレンダーゲシヒテン　ヘーベル 木下康光編訳
ウィーン世紀末文学選　池内紀編訳
チャンドス卿の手紙 他十篇　ホフマンスタール 檜山哲彦訳
ホフマンスタール詩集　川村二郎訳
ドイツ名詩選　生野幸吉 檜山哲彦編
聖なる酔っぱらいの伝説 他四篇　ヨーゼフ・ロート 池内紀訳
暴力批判論 他十篇 —ベンヤミンの仕事1　ベンヤミン 野村修編訳
ボードレール 他五篇 —ベンヤミンの仕事2　ベンヤミン 野村修編訳

- パサージュ論 全五冊　ヴァルター・ベンヤミン／今村仁司・三島憲一・大貫敦子・高橋順一・塚原史・細見和之・村岡晋一・山本尤・横張誠・與謝野文子・吉村和明 訳
- ジャクリーヌと日本人　ヤーコプ／相良守峯 訳
- ヴォイツェク ダントンの死 レンツ　ビューヒナー／岩淵達治 訳
- 人生処方詩集　エーリヒ・ケストナー／小松太郎 訳
- 終戦日記一九四五　エーリヒ・ケストナー／酒寄進一 訳
- 第七の十字架 全二冊　アンナ・ゼーガース／山下肇・新村浩 訳

《フランス文学》〔赤〕

- ラブレー第一之書 ガルガンチュワ物語　渡辺一夫 訳
- ラブレー第二之書 パンタグリュエル物語　渡辺一夫 訳
- ラブレー第三之書 パンタグリュエル物語　渡辺一夫 訳
- ラブレー第四之書 パンタグリュエル物語　渡辺一夫 訳
- ラブレー第五之書 パンタグリュエル物語　渡辺一夫 訳
- ピエール・パトラン先生　渡辺一夫 訳
- エセー 全六冊　モンテーニュ／原二郎 訳
- ラ・ロシュフコー箴言集　二宮フサ 訳
- ブリタニキュス ベレニス　ラシーヌ／渡辺守章 訳
- ドン・ジュアン ―石像の宴　モリエール／鈴木力衛 訳
- いやいやながら医者にされ　モリエール／鈴木力衛 訳
- 守銭奴　モリエール／鈴木力衛 訳
- 完訳 ペロー童話集　新倉朗子 訳
- ラ・フォンテーヌ 寓話 全二冊　ラ・フォンテーヌ／今野一雄 訳
- カンディード 他五篇　ヴォルテール／植田祐次 訳
- ルイ十四世の世紀 全四冊　ヴォルテール／丸山熊雄 訳
- 美味礼讃 全二冊　ブリア＝サヴァラン／関根秀雄・戸部松実 訳
- 近代人の自由と古代人の自由・征服の精神と簒奪 他一篇　コンスタン／堤林剣・堤林恵 訳
- 恋愛論 全二冊　スタンダール／杉本圭子 訳
- 赤と黒 全二冊　スタンダール／桑原武夫・生島遼一 訳
- ゴプセック・毬打つ猫の店　バルザック／芳川泰久 訳
- 艶笑滑稽譚 全三冊　バルザック／石井晴一 訳
- レ・ミゼラブル 全四冊　ユーゴー／豊島与志雄 訳
- ライン河幻想紀行　ユーゴー／榊原晃三 編訳
- ノートル＝ダム・ド・パリ 全二冊　ユーゴー／辻昶・松下和則 訳
- モンテ・クリスト伯 全七冊　アレクサンドル・デュマ／山内義雄 訳
- 三銃士 全二冊　デュマ／生島遼一 訳
- カルメン　メリメ／杉捷夫 訳
- 愛の妖精（プチット・ファデット）　ジョルジュ・サンド／宮崎嶺雄 訳
- ボオドレール 悪の華　鈴木信太郎 訳
- 感情教育 全二冊　フローベール／生島遼一 訳
- 紋切型辞典　フローベール／小倉孝誠 訳
- サラムボー 全二冊　フローベール／中條屋進 訳

岩波文庫の最新刊

カント著／大橋容一郎訳

道徳形而上学の基礎づけ

カント哲学の導入にして近代倫理の基本書。人間の道徳性や善悪、正義と意志、義務と自由、人格と尊厳などを考える上で必須の手引きである。新訳。

〔青六二五－一〕　定価八五八円

カント著／宮村悠介訳

人倫の形而上学

第二部　徳論の形而上学的原理

カント最晩年の、「自由」の「体系」をめぐる大著の新訳。第二部では「道徳性」を主題とする。『人倫の形而上学』全体に関する充実した解説も付す。（全二冊）

〔青六二六－五〕　定価一二七六円

高浜虚子著／岸本尚毅編

新編 虚子自伝

高浜虚子（一八七四－一九五九）の自伝。青壮年時代の活動、郷里、子規や漱石との交遊歴を語り掛けるように回想する。近代俳句の巨人の素顔にふれる。

〔緑二八－一二〕　定価一〇〇一円

末永高康訳注

孝経・曾子

『孝経』は孔子がその高弟曾子《そうし》に「孝」を説いた書。儒家の経典の一つとして、『論語』とともに長く読み継がれた。曾子学派による師の語録『曾子』を併収。

〔青二一一－一〕　定価九三五円

……今月の重版再開……

久保田 淳校注

千載和歌集

〔黄一三二－一〕　定価一三五三円

南原 繁著

国家と宗教

―ヨーロッパ精神史の研究―

〔青一六七－二〕　定価一三五三円

岩波文庫の最新刊

ゲルツェン著／金子幸彦・長縄光男訳
過去と思索（一）
人間の自由と尊厳の旗を掲げてロシアから西欧へと駆け抜けたゲルツェン（一八一二―一八七〇）。亡命者の壮烈な人生の幕が今開く。自伝文学の最高峰。（全七冊）
〔青N六一〇－二〕 **定価一五〇七円**

ゲルツェン著／金子幸彦・長縄光男訳
過去と思索（二）
逮捕されたゲルツェンは、五年にわたる流刑生活を余儀なくされた。「シベリアは新しい国だ。独特なアメリカだ」。二十代の青年は何を経験したのか。（全七冊）
〔青N六一〇－三〕 **定価一五〇七円**

復本一郎編
正岡子規スケッチ帖
子規の絵は味わいある描きぶりの奥に気魄が宿る。最晩年に描かれた画帖『菓物帖』『草花帖』『玩具帖』をフルカラーで収録する。子規の画論を併載。
〔緑一三－一四〕 **定価九二四円**

ハインリヒ・マン作／今井敦訳
ウンラート教授
あるいは一暴君の末路

酒場の歌姫の虜となり転落してゆく「ウンラート（汚物）教授」を通して、帝国社会を諧謔的に描き出す。マレーネ・ディートリヒ出演の映画『嘆きの天使』原作。
〔赤四七四－一〕 **定価一二二一円**

……今月の重版再開……

揖斐高訳注
頼山陽詩選
定価一一五五円
〔黄二三一－五〕

魯迅作／竹内好訳
野草
定価五五〇円
〔赤二五－一〕